用友 ERP-U8 （V13版）

业务、财务模拟实战

何 平◎编著

人民邮电出版社

北京

图书在版编目（CIP）数据

用友ERP-U8业务、财务模拟实战：V13版 / 何平编
著. -- 北京：人民邮电出版社，2023.9
ISBN 978-7-115-59853-0

Ⅰ. ①用… Ⅱ. ①何… Ⅲ. ①会计信息－财务管理系
统 Ⅳ. ①F232

中国版本图书馆CIP数据核字(2022)第147496号

内 容 提 要

本书从用友 ERP-U8 初学者的角度出发，以入门、实操、扩展、深入应用为学习路径，辅以大量工作实例，使读者能从用友 ERP-U8 的新手，轻松、快速地转变为专家级的应用者。

本书主要内容包括会计信息系统概述，安装用友软件，系统管理，基础设置，总账，UFO 报表系统，应收款、应付款管理系统，固定资产管理系统，薪资管理系统，出纳管理系统，业务系统等。对于本书所介绍的基于用友 ERP-U8 的业务、财务的相应科目，精心设计了实验练习题，以更好地帮助读者将所学知识融入实际工作，达到学以致用的目的。

本书不仅适合初学者学习，也可以作为高等院校相关专业师生的参考书。

◆ 编　著　何　平
　　责任编辑　李永涛
　　责任印制　王　郁　胡　南
◆ 人民邮电出版社出版发行　　北京市丰台区成寿寺路 11 号
　　邮编　100164　　电子邮件　315@ptpress.com.cn
　　网址　https://www.ptpress.com.cn
　　涿州市般润文化传播有限公司印刷
◆ 开本：787×1092　1/16
　　印张：19.5　　　　　　　　2023 年 9 月第 1 版
　　字数：511 千字　　　　　　2023 年 9 月河北第 1 次印刷

定价：99.90 元

读者服务热线：(010)81055410　印装质量热线：(010)81055316
反盗版热线：(010)81055315
广告经营许可证：京东市监广登字 20170147 号

前　言

用友 ERP-U8 是用友软件公司开发的一套 ERP 产品，包括财务管理、物流管理、生产制造管理和人力资源管理等几大系统功能，是目前 ERP 市场上的主流产品之一。

本书全面讲解了总账、UFO 报表系统、应收款和应付款管理、固定资产管理系统、薪资管理系统、出纳管理系统、业务系统等，以完整的企业实际业务处理流程为学习导向，让读者能快速、轻松地学会用友 ERP-U8 的应用。本书介绍了如何将企业生产经营过程中原有的通过纸制单据或借助于 Office 软件处理企业业务转化为使用用友 ERP-U8 进行处理，实现了企业内部资源信息的互联互通（资源共享），为公司的经营提供了各种高效的分析与决策支持。

由于用友 ERP-U8 功能强大，很多业务处理都可以搭配不同的设置来实现，但受本书篇幅影响，不可能一一展示，只期望本书能起到"抛砖引玉"的作用。读者在学习过程中，对软件有了基本了解后，可以按照"多看、多想、多试"的原则去学习：多看，多注意各个处理窗口上有些什么项目；多想，思考为什么要这样操作，能否那样操作；多试，根据自己的设想去练习。在学习过程中，读者可以本着这是一个练习的账套，做错、做坏也不会影响工作，并且能提高自己的操作水平的思想去做练习。

注　关于用友 ERP-U8 软件的使用及相关技术问题，可发送邮件至 2432706062@qq.com。

本书由何平主笔，参与编写的还有何亮、张芳威、龚解园、陈静等。由于作者水平有限，书中难免存在不足，希望读者批评指正，联系邮箱为 liyongtao@ptpress.com.cn。

作者

2023 年 4 月

用友 U8+云演示平台使用说明

用友 U8+云演示平台是北京霆智科技有限公司推出的针对用友 U8+产品的云端服务，具有无须安装用友 U8+客户端、免维护、更安全等特点，是 U8+管理软件上云的专属配套解决方案。

U8+云演示平台提供了已建好的 001、003、009 账套供读者练习使用。

U8+云演示平台不开放"系统管理"功能，如需练习此功能，可以参考书中内容自行安装用友软件。

1．U8+13.0 云演示平台账号申请流程

扫描二维码进行注册，用户名为手机号码，密码默认为手机号码的后 6 位，请注意查收邮件中的相关信息。

如二维码变化无法注册，请登录 http://www.tzfse.com.cn/page121 页面查询最新的二维码。

2．下载并设置接入端

（1）登录 http://www.tzfse.com.cn/page121 页面下载接入端，然后双击下载的文件进行安装。

（2）打开接入端，单击"虚拟应用"→"集群"→"新增集群"，如图 1 所示。

图 1

（3）在弹出的窗口中（见图 2）输入集群名称"U8"、集成主机"222.128.67.107"、集群端口"6320"、用户名（手机号）和密码（手机号后 6 位）等集群信息。

图 2

（4）单击"确定"按钮登录，登录集群后右击集群名称，可以利用弹出的菜单修改密码，如图 3 所示。

图 3

3. 进入用友 U8+

双击 U8+图标，弹出图 4 所示窗口，保持默认设置，输入密码"DEMO"并选择相应的账套，即可进行操作。

- 001 账套，登录日期为 2016 年 1 月任一时间，在此账套中可以参考本书内容建立基础档案、录入期初余额、进行业务处理工作。
- 003 账套，登录日期为 2021 年 7 月任一时间，此账套已建好基础档案和期初余额，可参考本书内容进行业务处理工作。
- 999 账套，登录日期为 2015 年 1 月任一时间，此账套已建好基础档案、期初余额和业务单据，读者可以学习参考。

图 4

 提示　如果使用中遇到技术问题或提相关意见，请添加服务微信：t6865198 或致电：010-59699927。

目　录

第1章　会计信息系统概述

学习目标

通过本章的学习，可以了解会计信息系统的内涵、发展历程，认识会计信息系统与 ERP 系统的关系，了解会计信息系统的发展趋势，学习实施会计信息系统的基础知识。

1.1　会计信息系统的内涵

1.1.1　信息系统

信息系统是指通过计算机对输入的原始数据进行收集、存储、传输、加工等处理，并输出有用信息的计算机系统。

1. 信息系统的基本功能

信息系统的基本功能可归纳为以下几个方面。

（1）数据的收集和输入。

数据的收集和输入功能是指将待处理的原始数据集中起来，转化为信息系统所需要的形式输入系统中。在衡量一个信息系统的性能时，必须考虑以下因素：收集数据的手段是否完善，准确性和及时性如何，具有哪些校验功能，输入方法是否方便易用，数据收集和输入的制度是否严密等。

（2）信息的存储。

数据进入信息系统后，经过加工或处理，变成了对操作用户有用的信息。信息系统负责把信息按照一定的方法存储、保管起来。

（3）信息的传输。

为了让信息的使用者更方便地使用信息，信息系统能够迅速、准确地将信息传递到各个相关部门。

（4）信息的加工。

信息系统对进入系统的数据进行加工处理，加工的过程包括查询、计算、排序、归并、汇总等。

（5）信息的输出。

信息输出的目的是将信息系统处理的结果以各种形式提供给信息的使用者。

2. 信息系统的类型

随着通信和网络技术的不断发展，信息系统出现了各种分支，其类型如下。

（1）电子数据处理系统。

20 世纪 50 年代中期到 70 年代初期，由于当时计算机硬件、软件功能的限制，计算机主要被用来进行单纯的数据处理，比如解决数据计算、检索问题，并没有将管理模型与数据处理有机结合起来。因此，传统的电子数据处理系统（electronic data processing system，EDPS）是信息系统各分支中唯一较少涉及管理的系统，是以计算机应用技术、通信技术和数据处理技术为主的系统，不进行任何预测、规划、调节和控制操作。传统的电子数据处理系统有会计数据处理系统、状态报告系统等。电子数据处理系统是其他信息系统的基础，能够向其他类型的信息系统提供数据。

（2）管理信息系统。

20 世纪 70 年代中期，随着数据库和网络技术的不断发展，现代管理信息系统（management information system，MIS）逐渐成熟。它以电子数据处理系统为基础，充分利用电子数据处理系统的数据和大量定量化的科学管理方法来实现对生产经营和管理过程的预测、管理、调节、规划和控制。该系统主要采用管理决策模型和最优化技术来辅助管理者进行决策。管理信息系统主要解决例行的高度结构化（可程序化的）管理决策问题。管理信息系统有会计管理信息系统、企业管理信息系统等。

（3）决策支持系统。

20 世纪 70 年代后期，人工智能和数据库技术进一步发展，促进了管理信息系统的进一步发展，为高层决策提供更多决策的决策支持系统（decision support system，DSS）应运而生。决策支持系统是以管理信息系统为基础，充分利用数据、知识、人工智能和模块技术来辅助高级决策者解决复杂决策问题的人机交互系统。决策支持系统改善和加强了管理信息系统的"决策支持"能力，更加强调管理决策中的人工作用，支持面向决策者处理半结构化（不可完全程序化）的管理决策问题。决策支持系统的研究方向是以不确定型的、多方案综合比较的、智能型的、充分考虑人（决策者）的因素以支持其决策的方法为主。决策支持系统有投资决策信息系统、生产决策信息系统等。

（4）专家系统。

专家系统（export system，ES）是指根据某一领域的专家在长期实践中积累起来的经验和知识，特别是他们在处理该领域问题时所用的事实和决策准则来编成计算机程序，供决策人员使用，从而提高决策质量的系统。实质上，专家系统属于人工智能的范畴，是一个具有很大发展潜力的新领域，如远程医疗系统、中医专家系统等。

（5）办公自动化系统。

办公自动化系统（office automation，OA）是在 20 世纪 80 年代，随着计算机技术、网络技术和数据库技术等的迅速发展而产生的多功能综合信息系统，其目标是提高办公室工作人员的工作效率，如文字处理系统、电子邮件系统、网上会议系统等。办公自动化系统的出现正在改变传统的机关事务型办公业务，改变人们的观念和劳动力就业结构，为未来信息化的社会提供一个高效、迅速甚至智能化的办公环境。

（6）国际电子商贸系统。

将数据处理技术运用于商业和贸易领域中的信息处理最早起源于 20 世纪 60 年代。90 年代，随着区域（或全球）商贸一体化和 Internet 的出现，特别是 EDI 技术的兴起，国际电子商贸系统（international electronic business processing system，IEBPS）得到了快速发展。国际电子商贸系统是一个以电子数据处理、环球网络、数据交换和资金汇总技术为基础，集订货、发货、运输、报关、保险、商检和银行结算为一体的综合商贸信息处理系统。国际电子商贸系统的出现不但大大简化了商贸业务的手续，加速了业务开展的全过程，而且规范了整个商贸业务的发生、发展和结算过程。国际电子商贸系统有电子报税、网络商业系统等。

上述信息系统的划分只是一个粗略的分类。实际上，各分支既相互独立又相互渗透，同时，随着科技的进步和发展，各分支也在不断丰富与完善，以使其满足社会的需要。

　　信息系统的载体和范围等也在不断发生着变化，从传统的计算机进一步拓展到各种无线移动应用终端（如手机），也由原来的对信息的记录、查询、统计等应用拓展到大数据下的跨平台、跨系统之间的监控、预测、分析等应用。

1.1.2　会计信息系统

　　会计信息系统（accounting information system，AIS）是管理信息系统的一个子系统，是企事业单位用于处理会计业务，收集、存储、传输和加工各种会计数据，输出会计信息，并将其反馈给各有关部门，为企业的经营活动和决策提供帮助，为投资人、债权人、政府部门提供财务信息的系统。它运用本身所特有的一套方法，从价值方面对企业、事业、团体的生产经营活动和经营成果进行全面、连续、系统的定量描述。会计的各项活动都与信息有关，取得原始凭证是收集原始数据，填制记账凭证和记账是把会计数据转换成会计信息并进行信息的传递和存储，提供账簿和报表是会计信息的输出和使用。显然，会计活动的每个步骤都有信息处理任务，每一步都服从于一个统一的目标，所有步骤及在各步骤中所采用的方法和程序加起来就形成了一个可以活动的有机整体，这个整体就是会计信息系统。

　　若从处理手段的角度来看，会计信息系统可分为计算机会计信息处理系统（或称为电算化会计信息系统）和手工会计信息系统（或称为传统会计信息系统）。但随着手工会计信息系统的应用越来越少，人们习惯将"计算机会计信息系统"简称为"会计信息系统"或"电算化会计"。电算化是我国经济领域对计算机处理经济事务通俗、笼统的称呼。"会计电算化"一词是 1981 年中国会计学会在长春市召开的"财务、会计、成本应用电子计算机专题讨论会"上提出的，它是指将计算机技术应用到会计业务处理工作中，用计算机来辅助会计核算和管理，通过会计软件指挥计算机替代手工可以完成或手工很难完成的会计工作。

1.1.3　会计信息系统的分类

　　按照不同的标准，会计信息系统可以进行如下分类。

1. 按照会计信息系统所能提供的会计信息深度和服务层次划分

（1）会计核算系统。

　　会计核算系统是会计信息系统的基础，也是其基本构成。不论会计信息系统在会计信息处理上有何种深度和广度，这一层次都是必不可少的，其主要功能是处理传统财务信息，并向会计管理系统和会计决策支持系统提供来自企事业单位经济事项的最原始的会计核算数据，如总账核算、工资核算、材料核算、成本核算和固定资产核算等。

（2）会计管理系统。

　　会计管理系统是会计决策支持系统的基础，也是会计信息系统的中间层次，其主要作用是在核算处理的基础上根据会计决策支持系统的会计决策信息完成对资金、成本、销售收入和利润等方面的管理和控制，并将决策执行的结果反馈给会计决策系统，充分发挥会计信息系统的监督、管理和控制职能。例如，资金管理子系统用于对资金的使用、周转、控制和分析。

（3）会计决策支持系统。

　　会计决策支持系统是会计信息系统的最高层次，其主要理论依据是一些有关的数字经济预决策模型。同时，它建立在前两个层次之上，其规模是具有弹性的。虽然各组织的实际情况和管理水平差别很大，导致每个组织对会计决策支持系统的要求也有很大不同，但都会应用会计决策支持系统的基本功能——帮助会计问题的决策者进行科学的经营决策和预测工作。会计决策支持系统的基本内容包括长短期投资预测、风险预测与控制、利润预测、不同情况下的投入产出预测和决策等。

需要强调的是，会计核算系统、会计管理系统、会计决策支持系统不是截然分开的，而是有着密切联系的。

2．按照不同组织类型划分

（1）工业企业的会计信息系统。

工业企业的会计信息系统主要对供、产、销过程进行核算、反映和控制。它一般分为总账、会计报表、工资管理、固定资产管理、材料管理、往来处理、成本管理、销售管理和采购管理等子系统。

（2）商业企业的会计信息系统。

商业企业的会计信息系统主要反映商品的采购、商品的存放管理、商品的销售业务。它一般分为总账、会计报表、工资、采购管理、库存管理、销售管理和采购管理等子系统。

（3）行政事业单位的会计信息系统。

行政事业单位的会计信息系统主要核算国家财政的拨入款项，并对各种费用支出进行监督。它一般分为总账、会计报表、工资管理、预算管理和专项费用支出等子系统。

（4）科技贸易及服务类型组织的会计信息系统。

科技贸易及服务类型组织的会计信息系统主要核算所提供的劳务和归集的费用，同时对债权和债务进行分析。它一般分为总账、应收款管理、应付款管理和工资管理等子系统。

（5）金融机构的会计信息系统。

金融机构的会计信息系统可以核算、反映和监督银行账户的正常经营活动情况，而且核算、反映和监督各部门、各组织的资金活动情况。它一般分为柜台业务、同城资金核算、电子联行、转账、国际资金结算、固定资产管理、会计报表和决策支持等子系统。

3．按照会计信息的开展范围和组织形式划分

（1）单位会计信息系统。

单位会计信息系统是指一个法人单位或独立核算单位的会计部门开展的会计信息系统。此处的单位包括各行各业的单位，它是行业会计信息化系统和地区会计信息化系统的基础。但是行业不同，其核算范围和深度也有所不同。

（2）行业会计信息系统。

行业会计信息系统有两种含义：一是行业各单位的会计部门实现会计信息化；二是全行业的会计部门实现报表和报表汇总的会计信息化。行业会计信息系统的第一种含义在于单位的会计信息化全部实现，所以各个行业的主管领导在开展会计信息化工作时，应把近期的工作着眼点放在此项工作上。实现行业内报表的收集和汇总相对简单一些，但也应抓紧。

（3）地区会计信息化。

地区会计信息化也有两种含义：一是全地区所有单位的会计部门都已实现会计信息化；二是全地区的会计部门都已实现报表的收集和汇总会计信息化。

1.1.4 会计信息系统的特点

会计信息系统具有如下特点。

1．提高了数据的准确性

由于计算机具有高精度、高准确性和逻辑判断的特点，使得数据的准确性有了明显的提高。

例如，在审核记账凭证的过程中，如果一张凭证不满足"填制人与审核人不能为同一人"的原则，计算机则会立即给出错误提示，并不允许该凭证通过审核。记账过程完全由计算机自动、准确、快速地完成。显然，在会计信息系统中，减少了由于人为因素造成的错误（如记账凭证借贷不平），提高了会计信息的质量。

2．提高了数据的处理速度

计算机具有调整数据处理的能力。会计信息系统利用计算机自动处理会计数据，使得数据处理速度大大提高，增强了系统的及时性。例如，如果需要查某张凭证，只要告诉计算机有关该凭证的数据（凭证号、审核人、日期等数据中的一个或多个数据），计算机就会迅速从数万张凭证中找出该凭证，并显示在屏幕上。如果需要查看某本账，只需将科目代码和日期告诉计算机，计算机就会迅速将该账簿显示在屏幕上。如果需要任意期间的会计信息，只要告诉计算机日期，计算机便能及时、准确地按年、季、月、日提供信息。会计信息系统从根本上改变了手工系统反应迟缓的弊病，同时使广大财会人员从繁杂的数据抄写和计算中解脱出来，大大减轻了财务人员的工作强度。

3．提高了会计信息的系统性、全面性

计算机的运用，一是扩大了信息的存储量，在存储介质上可以存放多年的数据；二是提高了信息的反映程度，由过去的粗放型向精细型转变。在手工方式下，财务人员由于劳动强度较大，对会计信息的处理较粗糙，导致会计信息容易失真；而在计算机方式下，这种情况得到了有效的改变，极大地提高了会计信息的全面性、系统性，增强了信息处理的深度。

4．提高了会计信息的共享性

随着 Internet 的全面普及，计算网络的建设、运作、管理和发展已成为一个国家经济发展的重要环节。Internet 作为世界上的最大网络和世界信息高速公路的基本框架，正成为连接未来信息化社会的桥梁。信息的使用者只需几秒钟即可从地球的任何一个地方将信息传递到另一个地方，又可以从不同的地方获取所需的信息。网络会计信息系统的发展实现了企业内部、同城市企业与企业之间、海内外企业之间数据共享和信息的快速传递，极大地提高了信息的使用效率和共享速度，加快了信息的披露，更好地为管理者、投资人、债权人、政府部门提供信息。

1.1.5　会计信息系统的组成

从物理组成来看，会计信息系统是由计算机硬件、计算机软件、数据、会计规范、人员组成的；从职能结构来看，是由若干个职能子系统组成的。

1．会计信息系统的物理组成

（1）计算机硬件。

计算机硬件是指进行会计数据输入、处理、存储、输出及通信的各种电子设备。输入设备有键盘、光电扫描仪、条形码扫描仪等；处理设备有计算机和主机；存储设备有硬盘、光盘和 U 盘等；输出设备有显示器和打印机等；通信设备有传输介质、路由器等。硬件设备不同的结构及组合方式决定了会计信息系统不同的工作方式。目前常见的硬件设备有单用户结构、多用户结构、局域网结构和广域网结构 4 种类型。

（2）计算机软件。

计算机软件包括系统软件和应用软件。系统软件主要是指中文操作系统、数据库管理系统等，一般在购买硬件设备时由计算机厂商提供或自行购买。应用软件主要指会计软件，是会计信息系

统的一个重要组成部分。有关会计软件的一些文档资料也包括在会计软件内，使用单位可组织开发会计软件或购买商品化会计软件。

（3）数据。

会计信息系统的数据包括输入的原始数据（如原始凭证）、处理后的中间结果数据（如明细账、总账、多栏账等），以及系统处理结果向组织内部和外部有关人员提供的会计数据（如会计报表等）。由操作人员把产生的会计数据输入计算机，计算机进行处理后，再输出相应的各种数据。由于会计信息涉及面广且量大，必须由专门的数据库系统集中处理这些数据，而且其结构也是十分复杂和庞大的。

（4）会计规范。

会计规范是指保证会计信息系统正常运作的各种制度和控制程度，如硬件管理制度、数据管理制度、会计人员岗位责任制度、内部控制制度、会计制度、会计准则等。

（5）人员。

人员一般是指从事系统的规划、开发、维护和使用的人员，有系统管理员、系统分析员、系统维护员和会计档案保管员等。人员也是会计信息系统中的一个重要因素，如果没有一支高水平、高素质的会计人员队伍和系统管理员队伍，硬件、软件再好，系统也难以稳定、正常地运作。

2. 会计信息系统的职能结构

会计信息系统从其系统的职能结构来看可分为会计核算职能和会计管理职能，会计核算职能目前较为成熟。下面以工业企业会计信息系统为例来介绍其构成。

（1）会计核算职能。

① 总账系统。用于日常账务处理，从记账凭证的录入开始，完成凭证的复核、记账、结账等业务处理，并对凭证、总账、明细账、日记账、科目汇总表和多栏账等账表进行查询，提供各种形式的查询打印功能。总账系统是整个会计信息系统的核心。各业务系统，如工资核算、材料核算等生成的凭证需要转入总账系统进行登账，同时，总账、明细账等会计信息也是会计报表系统的基础。

② 会计报表系统。根据总账系统有关账簿、凭证的数据，自动生成会计报表，包括资产负债表、利润表和现金流量表等。根据企业管理的要求，也可以设计相应的内部报表，自动从账务处理系统或其他业务系统提取数据，进行会计信息的分析。

③ 应收款、应付款管理系统。专门负责企业的应收款和应付款管理，从发票的登记，收款和付款的录入，进行往来数据的核销，随时查询、分析往来数据的汇总报表和明细表，及时了解往来单位的余额等情况，并可进行账龄分析等。

④ 固定资产管理系统。用于管理固定资产卡片信息，根据原始固定资产卡片信息自动登记固定资产明细账，每月根据折旧方法计提折旧凭证传递到账务处理系统，可以随时了解固定资产卡的信息和折旧分配表等账表的内容。

⑤ 工资管理系统。用于处理职工工资核算，以及考勤记录、扣款、扣税等基础数据，自动计算职工应发工资和实发工资等，完成工资的汇总、分配和福利费的提取等工作，编制输出工资条和分析报表等，自动生成工资核算的有关凭证并传递到账务处理系统。

⑥ 销售系统。负责管理客户的产成品销售业务，包括销售订货、销售发货单的处理，销售发票的登记，销售费用、税金的处理，从中可以查询销售收款、欠款和利润等情况，并将有关系统凭证传递到总账系统。

⑦ 采购系统。负责原材料采购的业务处理，包括采购订货、采购收货的处理，采购发票的

登记，采购费用和税金的处理，从中可以查询采购付款、欠款和成本降低等情况，并将有关系统凭证传递到总账系统。

⑧ 库存系统。主要负责材料的收、发、存储和使用的有关核算工作。通过录入材料入库凭证、发料凭证及委托加工凭证，自动登记库存台账、进出库流水账和收发存汇总表等。

（2）会计管理职能。

① 投资决策系统。根据不同的决策方法对组织的投资方案进行测算、对比和分析，从中选择最优的方案。

② 销售预测分析系统。根据预测的对象、目的、时间及精确程度而选择不同的预测方法，对事物的未来销售情况作出预测和分析。

③ 全面预算系统。根据不同的管理理念采用不同的预算编制方法，在销售预测的基础上，对组织未来特定时期生产经营活动所作的数量进行说明。

④ 成本控制系统。根据不同的成本控制目的采用不同的成本控制方法，对产品进行事前、事中、事后控制，分析实际成本与标准成本的差异，找出成本升降的原因，为成本决策提供依据。

⑤ 存货控制系统。根据不同的存货控制方法分析构成存货成本的各个项目，得出最适当的存货数量，使库存成本最小化。

1.1.6　应用会计信息系统的意义

会计信息系统是传统会计信息处理技术的重大变革，对提高会计工作在管理工作中的地位，实现会计工作现代化，促进微观管理和宏观管理的现代化有着十分重要的意义。

1. 会计信息系统实现了会计工作的现代化

会计信息系统要求会计凭证规格化、标准化，账簿体系也要重新规划与设计，这为会计改革及有效使用现代管理理论和方法提供了条件。同时，很多传统的内部控制制度都与会计信息系统不相适应，因此应当建立权限控制、硬件控制、运行控制、保密控制等新的内部控制制度。

2. 会计信息系统减轻了财务人员的劳动强度，提高了工作效率

应用会计信息系统后，只要将原始数据输入计算机，大量的数据计算、分类、归集、汇总和分析工作就全部由计算机完成。这将使会计人员从繁重的登账、算账和报账中解脱出来，降低了劳动强度。同时，由于计算机处理速度每秒达百万次，是手工处理速度的无数倍，从而使大量的会计信息得到及时、迅速的处理，提高了工作效率。例如，用手工编制资产负债表和损益表时，少则几天，多则十几天才能完成，而应用会计信息系统后，少则几秒，多则几分钟就可以全部自动生成相应的报表。

3. 会计信息系统提高了会计工作质量

应用会计信息系统后，规范统一的输入、输出格式，简洁、清晰、友好的输入、输出数据多重校验，极大地提高了会计工作的质量。当出现凭证借贷不平、科目缺少等情况时，计算机不允许保存，以保证数据的质量。

4. 会计信息系统促进了会计工作职能的转变，使财务人员有时间和精力参与经营决策

在手工处理模式下，财务人员整天忙于登账、算账、报账，很难有时间和精力对会计信息进行分析、控制或参与经营决策；同时，由于手工处理方式的客观限制，会计信息很难得到全面、详细、及时、准确的处理，使分析、预测缺少科学的依据。应用会计信息系统后，不仅可以将财务人员从繁重的事务中解放出来，使其可以将主要精力用于经济活动的分析、预测，同时也提供了更全面、更科学的决策依据，可以更加充分地发挥会计的预测和决策职能。

5. 会计信息系统不仅实现了会计信息的共享，而且及时地为利益相关者提供了所需的会计信息

Internet 的出现、运用和普及为会计信息的远程传递、及时传递提供了可能，使利益相关者在世界上任一角落都能及时了解某组织在某一时期的会计信息。

6. 会计信息系统对财务人员提出了更高的要求

会计信息系统的应用，促进了会计队伍素质的提高。一方面，会计信息处理方式的改变，要求财务人员学习和掌握更新的知识；另一方面，会计职能的转变，需要财务人员更多地参与经济活动的分析和预测，探索经济活动的规律。

7. 会计信息系统加快了信息流速，促进了组织管理的全面现代化

应用会计信息系统后，会计信息可以得到及时、准确的处理，加快了信息流速，有助于管理者及时作出决策。同时，应用会计信息系统后，大量的信息可以得到共享，促进和带动了其他业务部门、管理部门的计算机应用，使整个管理更加现代化。事实证明，只有先实现会计信息系统的现代化，才能比较顺利地实现其他系统和管理信息系统的现代化。

1.2　会计信息系统的发展历程

会计信息系统在短短的几十年中，从刚起步的会计核算发展到现在的企业资源计划（enterprise resource planning，ERP）系统乃至云计算，并逐步派生出适合网络时代发展的新功能，发展异常迅速，下面将介绍会计信息系统的发展历程。

从会计信息系统的软件结构和功能划分，可分为核算型会计软件阶段、管理型会计软件阶段、业务一体化阶段和 ERP 阶段。从会计信息系统的软件开发及商品化过程划分，可分为理论研究与定点开发阶段、第一批商品化会计软件开发阶段、商品化会计软件不断成熟阶段和财务一体化管理（ERP）阶段。下面重点介绍后一种划分方法。

1.2.1　理论研究与定点开发阶段

在 20 世纪 70 年代后期，随着计算机技术在我国的发展，部分单位开始考虑将计算机应用于企业管理工作中。这种将计算机应用于企业管理工作中的尝试，首先起始于易于解决的会计核算工作和工资发放管理工作。在这种背景下，部分高校和研究所的一批学者开始了对会计电算化的研究，框架性地提出了会计信息系统的结构与主要功能。在进行会计电算化教学和研究的同时，部分单位开始了会计信息系统的定点开发工作。

这一时期的定点开发工作进行得非常艰难，由于应用单位并不完全了解计算机技术，不懂得计算机管理与手工处理的差异是什么，不能全面系统地描述自己的业务需求，更不能站在系统的高度提出较高的设想，只能阐述手工记账、算账与形成报表的过程。而软件开发人员对会计业务不熟悉，对计算机技术与会计业务处理的结合尚不能达到整合贯通，由此形成系统开发人员与使用者在表达和理解上的差异，这种差异最终影响到软件的质量，导致开发人员只能依靠个人的理解开发软件，其功能也仅限于模拟手工业务处理过程。

可以说，早期的开发工作处于非常盲目的状态。尽管后来随着定点开发工作的深入，开发的盲目性逐渐降低，会计信息系统开发的规律也逐渐被人们掌握，定点开发的成功率在一定程度上也有所提高。但总体来说，早期会计信息系统定点开发工作的成功率还是处于一个非常低的水平。

　　会计信息系统的定点开发工作大多是在 DOS 操作系统下的 dBASE III 等小数据库上进行的，开发出的软件功能也比较简单，主要集中在账务处理、报表、工资核算等功能模块上。由于早期会计信息系统的开发主要是企业请高等院校、科研院所合作开发，研究与探索过程必然要付出一定的代价：一些软件开发出来之后，一是由于服务跟不上，造成软件没有发挥应有的作用；二是由于企业没有自己的管理维护人员，其业务稍有变化，就会影响软件的运行，甚至整个系统遭到废弃。

1.2.2　第一批商品化会计软件开发阶段

　　为了克服专用财务软件重复开发而导致的资源浪费这一缺陷，业界提出了开发和使用通用化、商品化财务软件的要求，并为此于 1988 年 8 月在吉林市召开了财务管理信息化专业讨论会，也称为第一届会计电算化学术讨论会，其主题是会计核算软件的通用化问题。该讨论会还提出了设计开发此类软件的几项措施。

1. 第一批商品化会计软件的开发措施

　　（1）确定通用化财务软件的适用范围。因为各行业差异很大，不可能设计开发出适用于所有企事业单位的通用化财务软件，只能在一定的适用范围内进行开发，若适用范围过大，则设计开发难度极大；若适用范围过小，则缺乏实用及推广价值。所以一般应按工业、商业、外贸、金融、保险、机关、学校、科研等单位的特点，分别开发出适用于各行业的通用财务软件。

　　（2）找出各行业应用单位的共同点，设计出通用功能模块。由于国家会计制度上的统一性，以及同一行业机构设置、业务处理等内容和计算机财务数据处理技术上的相似性，同一类企事业单位财务数据处理中有许多相同或相似之处。针对这些相同或相似之处，设计出通用化功能模块。

　　（3）解决同一类型企事业单位业务处理中的差异性问题。工业企业由于生产组织、技术流程的不同，成本计算和管理也不完全相同。这时可以根据各单位的不同特点，在采用结构化、模块化设计原则的前提下，开发和设计出适用于本单位的选用功能模块，并将适用于本单位特点的选用功能模块和通用功能模块组装起来使用。

　　（4）设计通用化财务软件时，不要做得太"死"。设计通用化财务软件时，有些内容可以留待用户根据本单位的需求选用后，由用户自己来定义（要尽量扩大自定义的内容）。

　　如上述几项措施仍不能满足用户的特殊需求，则必要时可以做二次开发。但作为通用化软件，二次开发不宜过多，一般限制在编程总量的 10%左右，最多不能超过 20%。

2. 第一批商品化会计软件出现时的环境

　　（1）计划经济体制向社会主义市场经济体制转轨时期。在该阶段，企业管理主要注重按照一定的生产计划进行生产管理，财务只是作为记账或会计核算部门，在企业管理中发挥的作用很小。在这种体制下开发出的会计软件，其开发和应用必然只注重会计核算。

　　（2）核算型会计软件开发仍然处在探索阶段。该阶段的软件开发一般从账务处理功能开始，然后逐步扩大系统的边界和范围，扩展系统功能，但软件开发缺乏总体的设计环节。不断推出的外围专项业务处理系统与账务处理系统之间不存在真正的结构关联性，众多模块不能构成一个系统整体。

　　（3）软件设计以用户描述为准则。在该阶段，在会计人员与计算机开发人员合作的过程中，会计人员总是强调对手工会计业务处理过程的模拟却不考虑计算机信息处理的特点，而计算机软件开发人员在不精通会计业务的情况下只能根据会计人员对业务的描述进行开发，所以只能机械地追求在计算机屏幕上模仿手工凭证与印刷账簿的逼真性。

（4）模块功能局限于业务部门。由于该阶段的核算型会计软件开发主要是模拟手工业务处理流程，而在手工业务处理过程中，财务部门与材料、销售等部门的业务相对独立，导致资金与实物管理相分离。

3. 第一批商品化会计软件的特点和局限性

（1）第一批商品化会计软件的特点。

该阶段开发的商品化会计软件主要是以计算机替代手工会计核算和减轻会计人员的记账工作量为目的，一般称之为"核算型"会计软件，其主要功能包括财务处理、财务分析、工资核算、固定资产核算、材料核算、销售核算和成本核算。各功能可以独立运行，且各功能在结构关联上是松散的，不能称为一个系统整体，因此未能解决数据重复录入和数据一致性控制机制等问题。"核算型"会计软件的功能结构如图 1-1 所示。

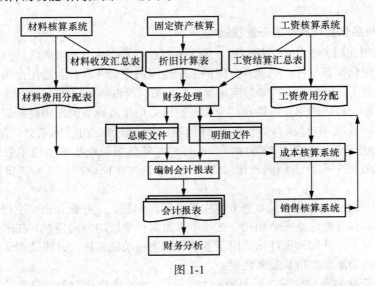

图 1-1

（2）第一批商品化会计软件的局限性。

① 在工资系统中录入的工资数据不能自动生成工资费用分配凭证及其他工资核算凭证，只能从工资系统中打印输出工资汇总表、工资费用分配表等信息，再到账务处理系统中手工制作工资核算凭证。

② 固定资产变动时，不能在进行固定资产卡片信息维护的同时，自动生成固定资产核算凭证，而必须由会计人员到账务处理系统中依据相关原始票据手工制作凭证。

③ 材料采购必须在材料系统录入采购单和入库单以便进行材料数量、单价和金额的管理，而材料核算则只能由会计人员在账务处理系统中依据相同的原始单据来制作核算凭证。

1.2.3 商品化会计软件不断成熟阶段

财政部提出的会计核算软件功能规范和财政部门对会计核算软件进行的规范化评审，对提高会计核算软件质量和促进商品化发展起到了积极的作用。在 20 世纪 90 年代，用友、金蝶、浪潮等公司迅速发展。该阶段的软件与前一阶段的相比，其优势体现在以下几方面。

1. 开发过程规范化

在开发过程中，以系统总体设计为指导，实现了会计信息系统各模块数据关联的融合化与集成化。

2. 功能结构的变化

20 世纪 90 年代中期推出的商品化会计软件从一开始就进行了规范化总体设计，力求克服第一批商品化会计软件结构上的缺陷，并在功能上做了较大的调整，主要功能包括账务处理、资金管理、报表、工资核算、固定资产核算、采购与应付账款核算、销售与应收账款核算和存货核算等。

（1）实现数据的一次录入与共享使用的机制。

① 由工资模块进行工资计算并自动生成工资费用分配及其他工资核算凭证进入账务处理模块。

② 由固定资产模块录入固定资产变动原始资料，以便对固定资产进行管理，与此同时，自动生成固定资产变动核算凭证进入账务处理系统。此外，在自动计算每月固定资产折旧额的同时，也能自动生成折旧核算凭证进入账务处理系统。

③ 在采购模块录入采购原始单据对采购业务、应付账款及其核销进行管理的同时，自动生成采购核算凭证进入账务处理系统。

④ 在销售模块录入销售原始单据对销售业务、应收账款及其核销进行管理的同时，自动生成销售核算凭证进入账务处理系统，同时自动结转销售成本。

⑤ 采购和销售模块的信息变动自动改变原材料和产成品的库存信息，在实现对库存数量、警戒线等管理的同时，自动按照预先设置的库存成本计价方法进行库存核算。

（2）加强凭证往来管理功能。明细被划分为应收账款管理和应付账款管理，并成为相对独立的功能模块，加强了对客户与供应商信息、信誉以及应收账款与应付账款余额的管理，强化了对应收账款、应付账款和货币资金的管理功能，体现了企业强化对流动资金管理的意识，这也适应了新时期社会主义市场经济发展的需要。

（3）将材料管理模块划分为采购和库存管理两大模块。采购模块与应付账款管理模块相结合，便于企业对订单、供应商、采购价格、应付账款及其核销的管理，并为企业制定科学的资金支付策略提供支持。库存管理模块不仅注重对生产过程中原材料使用的管理，而且增强了对在产品的库存管理。

从商品化会计软件的功能结构和特点，不难看出该阶段的软件在逐步向核算管理型转变，凸显了数据共享机制和往来管理，并将应收账款管理和应付账款管理从总账系统中独立出来，实现了与相关的销售、采购业务管理系统的协同运作。

3. 商品化会计软件运行环境的变化

为了满足不同规模单位的要求，会计软件开发商逐渐将软件分为大、中、小 3 个层次来进行开发，使会计软件更具有针对性。商品化会计软件基本上具备了网络功能，网络结构体系主要有 F/S（文件/服务器）和 C/S（客户机/服务器）两种。部分会计软件使用了服务器数据库，如 Sybase、Oracle、Informix、SQL Server、DB2 和 Access 等，提高了数据的安全性。网络操作系统除了 Netware 之外，还有 Windows NT 和 UNIX 等。

1.2.4　财务一体化管理（ERP）阶段

随着市场经济体制改革的不断深入，越来越多的中国企业迈进了市场，走向了规模化生产，企业管理的自主性和自主权越来越高，单纯记账与核算已经无法满足企业管理决策的需求，Novell 局域网的应用与具备财务管理和决策设计理念的软件产品相结合，丰富了财务（管理）软件的阵营。

Windows 平台的问世带来了技术上的革命，财务软件模块从分离走向整合，使集成管理思想技术的实现成为可能，从而掀起了中国财务管理软件第二次革命的浪潮。在 1997 年年末，一股

ERP 风潮迅速在中国财务软件市场中蔓延开来。当时所称的 ERP 软件仅仅是 ERP 的部分模块，也就是我们现在所说的一体化管理软件。

1. 财务业务一体化管理软件产生的背景

（1）信息技术的发展。

计算机技术、网络技术、分布式数据库技术等的飞速发展，开放数据库连接（open database connectivity，ODBC）技术及强大的开发工具，为一体化管理软件的产生提供了技术支撑。

（2）全球经济一体化进程的加快。

随着中国企业参与世界市场的竞争逐步推进，要求企业尽快在内部管理和财务制度方面与国际接轨，实现管理的现代化。

（3）企业经营的转型。

企业由过去的计划管理转为经营决策管理，企业需要将内部经营方面的情况和外部多方面的情况相联系，进而形成以财务核算数据为基础的、全面动态分析和判断企业经营成效和财务状况的理论体系和理论方法。

（4）国外厂商的拉动。

1995 年后，外国财务软件和 ERP 软件厂商开始进入中国。当时认识到中国是财务软件的巨大市场的外国管理软件企业还不多，多数财务软件都是通过其在国外的用户、外资企业或合资企业逐步进入中国。

2. 一体化管理软件的目标

实现企业资金流与物流的一体化管理，从企业经营管理的角度进行设计，实现购销存业务管理、会计核算和财务管理的一体化，提供经营决策的预测、控制和分析手段，能有效控制成本和经营风险，帮助企业提高竞争力。这种建立在一体化基础之上的会计信息系统能够跨部门应用，使信息资源充分共享，企业管理中各部门都能够在第一时间得到最需要的信息，从而以最快的速度做出经营决策，实现企业资金流、物流、信息流的一体化管理目标。

3. 一体化管理软件的开发与特点

企业管理软件服务端大都运行在 Windows 平台上，现在也有好多可以布局到移动终端，所以也支持安卓系统和苹果系统。一些大型的企业管理软件的服务端还可以跨平台布局，将不再使用桌面数据库，而多数使用服务器数据库。网络体系结构主要采用三层（数据库服务器/应用服务器或事务处理服务器/客户机）或多层结构，以克服传统 C/S 结构易出现的网络瓶颈的现象。此外，在企业管理软件系统中，还采用浏览器和 Web 服务器技术（B/S 结构），以实现软件系统数据的标准化、跨地区和跨平台运行，同时已经开始考虑电子商务（E-Business）在软件功能中的应用。一体化管理软件具备如下特点。

① 有效控制工业生产成本。在成本数据归集方面，设计了与相关子系统的数据接口，可实现动态成本核算。在成本计划方面，可以编制全面的成本计划，并可用成本计划控制实际发生的成本，实现动态成本控制。

② 有效控制企业财务运营风险。信用控制机制由信用等级、信用发生控制及信用分析等一系列流程组成。付款控制机制由预付款信用控制、付款节奏控制、应付款分析等一系列流程组成。库存资金占用控制机制由存货控制、库存资金占用规划及库存资金占用分析等业务流程来保障实现。

③ 提供企业级的分析决策信息。一体化管理软件提供了完善的现金流理表解决方案；提供了全面而深入的企业财务分析手段，通过财务分析模块来达到这种具体要求；提供完整而及时的企业决策支持手段，通过可与财务核算及业务管理各模块挂接的决策支持模块来完成。

1.3 会计信息系统与 ERP 系统的关系及会计信息系统的发展趋势

计算机技术，特别是数据库技术的发展为企业建立管理信息系统，甚至对改变管理思想起着不可估量的作用，管理思想的发展与信息技术的发展是互成因果的环路，而实践证明，信息技术已在企业的管理层面扮演着越来越重要的角色。

1.3.1 会计信息系统与 ERP 系统的关系

财务管理一直是 ERP 的核心，国内的老牌 ERP 厂商，如用友、金蝶、新中大等，就是沿着这样一条轨迹清晰的路线走向成功的。

实际上，无论在传统的 MRP Ⅱ 还是在 ERP 中，财务管理始终是核心的模块，会计和财务管理的对象是企业的资金流，这是企业运营效果和效率的衡量及表现，因而财务信息系统一直是各行业实施 ERP 所关注的重点。随着企业外部经营环境和内部管理模式的不断变化，企业对财务管理功能提出了更高的要求。主要的 ERP 供应商，如 SAP、用友、金蝶等，都提供了功能强大、集成性好的财务系统。

1.3.2 会计信息系统的发展趋势

随着互联网的迅速发展，包括财务管理、生产管理、人力资源管理、供应链管理、客户关系管理和电子商务应用在内的完整的企业管理信息系统都将会得到全面发展。供应链管理（supply chain management，SCM）系统得到的重视将逐渐超过财务系统；以提高客户满意度、快速扩张市场份额为目标的客户关系管理（customer relationship management，CRM）系统将成为热点；ERP系统将得到广泛应用。财务专项管理向全面企业管理的转变，将实现对企业物流、资金流和信息流一体化、集成化的管理。

虽然企业的规模和类型不同，发展也会不平衡，但主要都是向着集成化、网络化和智能化的方向发展。

1. 集成化

做好财务管理工作，不仅需要有财会数据，还必须有供、产、销、劳资、物资和设备等多方面的经济业务信息。因此，不仅要有会计核算系统，还必须建立以财务管理为核心的企业全面管理信息系统（财务是企业业务的反映和监督，业务最终都将传到财务系统中进行记录和处理），同时还要建立决策支持系统等。集成化不仅体现在内部集成，将具有多种不同功能的系统，通过系统集成技术组合在一起，形成一个综合化与集成化统一的信息系统，从而实现互相衔接、数据共享；而且还体现在与其他第三方系统的集成上，如与银行系统的对接，实现银企互联；与税务系统的对接，实现纳税申报、电子发票处理；与办公自动化（office automation，OA）软件（如钉钉、企业微信）对接，实现费用报销处理等。

2. 网络化

局域网的广泛应用实现了会计数据处理的并发操作、统一管理和数据共享。随着互联网技术的发展，财务人员的工作方式也发生了巨大的变化。网络化体现在实现了互联网在线办公，互联网上的计算机就是财务人员的工作台，大部分工作均在互联网的计算机上完成；实现移动办公，无论何时何地，只要将计算机连接到互联网上，就可以向公司发送订单，查看上级的工作安排，了解市场行情；实现远程传输和查询，远程查账、远程报账和远程审计变得随手可得。在多组织集团型企业中，可由集团成立财务共享中心来统一处理各分子公司的财务工作，从而取消或减少分子公司的财务职能人员数量。

3. 智能化

随着市场经济的发展，影响企事业单位生产经营活动的因素越来越复杂，预测、决策、控制、分析和管理的难度越来越大，企事业单位除了要加大数据的采集和运用，不断提高数据处理、分析和判断能力外，还要逐步实现信息系统的智能化。利用人工智能研究的新成果，汲取专家的经验和智慧，归类存入计算机。在预测与决策过程中，当决策目标确定以后，利用专家系统中的专家经验和智慧，进行辅助决策，进而极大地提高决策的可靠性。

1.4　实施会计信息系统的基础

会计信息系统不仅仅是会计电算化，它还涉及人、财、物、供、产、销等诸多方面，覆盖企业生产经营活动的所有领域，是有效利用企业资源集成化的企业级信息系统，是一个具有系统复杂、实施难度大、应用周期长等特点的企业管理系统工程。因此，企业在实施会计信息系统时，必须从系统工程和科学管理的角度出发，建立并健全管理体系和运作机制，打好系统实施所需的基础。这些工作主要包括企业的领导班子具有改革进取的决心，对实施的系统有一致的明确目标；建立现代企业制度，制定明确、量化的应用目标；扎实做好信息资源的基础管理工作；建立一支高素质的信息技术队伍；制定和完善企业信息化工作规范；建立与会计信息系统相匹配的网络环境。

通过实施会计信息系统可促进企业解决以下问题：基础管理不扎实，具体表现在：人、财、物、供、产、销离制度化、规范化、科学化有相当大的距离，人为因素和主观因素的影响都非常大；战略管理不到位，这是由于企业对内部资源的状况及环境资源的状况不了解，对市场变化的趋势不能很好地把握，尤其在信息量不够的情况下，决策往往容易盲从；信息资源不共享，由于企业内部的物资、财务、技术及其他的部门信息不共享、不集成，沟通严重不足，导致大量的信息是孤岛式的、滞后的，甚至是虚假的和部门利益化了的，管理的依据失真严重。即使是某个部门做得很好，但企业整体的管理水平却很难提高。通过实施会计信息系统，可利用计算机的准确性和非情感性，使基础管理固化，使综合管理集成，大大减少决策者日常管理时间的消耗，大大提高投入市场和研发上的精力，提高战略管理的准确性。

实施会计信息系统要进行总体规划并分步实施。第一阶段是基础管理阶段，本阶段重点解决基础数据管理、基本业务流程设计、内部控制设计、员工业务规范的管理等方面的问题。企业通过对这些基础内容的梳理和规范化，初步形成对企业资源的了解，从而能够有选择地对重点资源进行控制和把握。第二阶段是理顺业务流程，规范企业管理。在实施会计信息系统的过程中，借助管理理念对企业的流程进行优化，当优化后的流程（流程步骤和岗位相结合）借助软件和计算机硬件得以实现后，任何业务操作都必须遵守所制定的规则。企业的业务流程集中体现在采购流程、库存管理流程、生产制造流程、销售流程和财务结算流程，不同的步骤由不同的岗位来处理，且严格按照系统控制流程，对企业内部的所有环节进行有效的控制和管理，这样就从管理范畴为企业提供了更丰富的功能和工具。

1.4.1　管理基础

实现财务管理与业务处理的协同，必须科学地规范企业的管理工作、设计业务流程、统一基础数据管理，如果这些工作做不好，再先进的系统也无法实现设计的目标。首先要扎实地做好信息资源的基础管理工作，包括财务管理、人事劳资管理、采购管理、存货管理、生产管理、成本管理、固定资产管理、销售管理、计量数据采集管理等，做到数据准确、完备、客观、及时，为会计信息系统提供足够的基础支持。

1. 管理工作制度化

管理工作必须有相配套的管理制度，这些制度是为使用系统的"人"和系统制定的"规矩"，只有严格遵守这些"规矩"，才能保证会计信息系统的有效运作，实现会计信息系统的高度集成，实现物流、资金流、信息流的同步，并通过业务处理系统，预制每个业务的财务处理凭证，当特定的业务触发相应的处理时，系统自动生成凭证，保证会计信息及时从业务系统中获取。

（1）企业管理模式。

从企业内部的高层管理制度来讲，每个企业都有自己独特的管理模式，大致可分为以下几种。

① 内部核算制。我国大部分大型企业都推行内部核算制，如邯郸钢铁公司、涟源钢铁公司、水口山有色金属集团有限公司等。采用内部核算制，必须制定与该制度相配套的内部价格和内部利润的核算办法，以及考核指标、奖惩制度等，形成一套量化指标和相对稳定的制度。

② 集中管理制。有些大型企业采用集中管理制，总部设立财务部、物资部、销售部，将各分厂的财务、采购、销售业务进行一级管理，二级厂只负责生产。这种管理制度需要清楚地界定各自的权力、责任及明确的目标，并且均以量化的指标表示。

当企业决定采用某种模式后，根据选定的管理模式，进行基础资料的整理、系统参数的设置、工作流程的设计等工作。管理模式是会计信息系统设置的大前提，必须由最高层领导集体决定。

③ 同时兼顾集权与分权。在传统的用手工进行信息处理和传递的情况下，由于信息反馈不及时，使得集团公司的管理模式遭遇两难境地。企业若要增加基础部门的经营灵活性，就要弱化企业的集权管理；反之，要加强组织的集权管理，势必要牺牲基础部门的经营灵活性。运用信息系统可以使企业摆脱这种顾此失彼、两者无法兼顾的情况。信息网络使企业总部与基层部门能同时获得同样的信息，共享信息资料，每一个基层部门实际上都成为了企业总部的一部分，这意味着企业能实现集权与分权的有机统一。

（2）企业管理制度化。

管理制度是指导职工进行各项管理活动（即调整人、机、环境之间的关系）的规范和准则，是根据企业生产、经营、管理的客观规律要求，对各项管理工作的范围、内容、程序和方法所作的规定。管理制度的涉及面广，所含内容繁杂，只有使管理制度与会计信息系统的设计要求相匹配，才能真正发挥信息系统的作用。因此，管理制度标准化是实施会计信息系统的首要基础。

① 采购管理所涉及的制度具体包括以下两种。

a. 采购计划制度。编制采购计划时，必须根据部门的主生产计划、物料需求计划、库存管理需要、销售订货或零星需求等实际情况，审核各部门提交的采购申请单，将已审核的采购申请单进行归类、合并处理，编制统一的采购计划，并以此作为向主管领导报批的采购申请单，经批准审核后方可执行。

b. 采购管理制度。采购的管理制度包括采购执行情况的考核、采购过程中各种费用的控制指标、各种物资采购价格的限定、采购部门的业绩考核指标等。这些指标都必须进行具体的量化，以便进行管理和控制。

② 存货管理制度。存货管理涉及的部门很多，各项具体管理办法的内容也不相同。因此，存货核算与管理就要按照国家制度的要求，与有关部门共同研讨和协商，把各项规章制度拟订好。比

如，要同供应部门共同拟订材料管理办法，要同销售部门共同拟订产成品管理办法。拟订规章制度是一件相当复杂的工作，既要熟悉国家的有关政策，又要了解本企业的具体情况，还要总结工作经验，按照当前的管理需要，提出新的举措。必要的存货管理方面的规章制度应包括以下几种。

    a. 材料的采购、验收、领退、保管制度。

    b. 材料的节约、代用、综合利用办法。

    c. 低值易耗品的领用、摊销、报废管理办法。

    d. 包装物的出租、出借及押金管理办法。

    e. 委托外单位加工的合同管理制度。

    f. 在产品、半成品的内部转移、定期盘点，以及领、退、保管制度。

    g. 产成品收发、退货、保管的办法。

    h. 存货定额管理制度。

    i. 存货归口分级管理责任制度。

    j. 存货清查盘点制度。

    ③ 生产管理制度。生产管理制度包括生产计划的编制、生产任务单的下达与排程。

    ④ 成本管理制度。成本管理制度包括成本计算方法的制定、成本分配标准的制定、计划成本的制定、标准成本的制定及成本考核制度的制度等。

    ⑤ 销售管理制度。销售管理制度包括销售信用政策的制定、销售折扣标准的制定及客户信用额度的制定。

    不同的企业有不同的管理制度，在此不一一列举，只是通过上述所列内容使读者理解，管理制度是规范和约束管理行业的"规矩"，是人和系统共同遵守的"规矩"，只有按照规定的"规矩"进行管理，才能实现系统设计的目标。

    （3）管理制度标准化。

    国家标准对管理标准的定义：在企业标准化领域中，对需要协调统一管理的事项所制定的标准。管理事项主要指在营销、设计、采购、工艺、生产、检验、能源、安全、卫生、环保等管理中与实施技术标准有关的重复性的事务和概念。管理标准也是为了调整人、机、环境之间的关系，是指导职工进行与实施技术标准有关的各项管理活动的规范和准则，并按标准化制定程序，对有关的管理工作范围、内容、程序、方法、检查与考核等进行统一规定。

    管理制度产生的基础是实践经验，因此往往在工作中有了失误之后才建立。而管理标准是在原制度的基础上，纳入科技最新成果，运用标准化原理方法，经过提炼、加工、升华而来，因而管理标准比原管理制度更具有科学性。由于管理标准具有特定的格式和严格的审批、发布手续，因而管理标准比原管理制度具有更高的规范化程度。

    可以转换为管理标准的管理制度是那些涉及生产、经营全过程的技术性管理，主要包括营销管理、设计和开发管理、采购管理、生产管理、设备管理、产品检验管理、测量和试验设备控制、不合格及纠正措施管理、科技档案管理、定额管理、安全管理、环保卫生管理、质量成本管理、能源管理等。企业应将这些管理制度标准化，使管理目标数字化，做到一切用数字说话，真正实现企业的"数字化"管理。

    2. 业务流程科学化

    会计信息系统涉及人、财、物、供、产、销等诸多方面，覆盖企业生产经营活动的所有领域，是物流、信息流、资金流高度集中的系统，这无疑就要求企业对原有的组织机构、人员设备、工作流程进行重新安排，以保证系统功能的实现。实施信息系统的过程就是依据市场竞争规则的企业再造过程，所以企业实施会计信息系统必须进行业务流程重组，也就是打破企业基于职能结构为基础的、流程被肢解成碎片分布于企业各职能部门的框架，重新整合流程，使之以一种全新而完整的方式运转起来。

（1）以流程为中心。

坚持以流程为导向的原则，使再造的目标始终围绕将企业由过去的"以任务为中心"改变为"以流程为中心"。以流程为中心还意味着企业形态的弹性特征，即流程是直接面对客户需求的，随着市场的变化，流程也必须随之变化。要贯彻以流程为导向的原则，使企业真正走上以流程为中心的模式。

（2）整体最优。

管理者要具有注重整体流程最优的系统思想，在工作中不断理顺和优化业务流程，使流程中每一个环节上的活动尽可能实现最大化增值，尽可能减少无效的或不增值的活动，以整体流程全局最优为目标来设计和优化流程。

（3）强化流程管理。

企业管理的核心是流程管理。任何一家企业，无论是资源型企业、商业企业，还是金融企业、制造企业及社会中介机构，都有其独特的主营业务，即核心业务，而核心业务的运作过程就是企业的主导流程。

许多成功的企业在搞企业信息化时，都是紧紧地围绕着企业的核心业务和主导流程来开展的。零售帝国沃尔玛的核心业务是商品零售，而要保证其遍布全球的连锁店能够正常经营，货物配送就成为它的主导流程，因此，沃尔玛不惜花费巨资来强化它的核心业务和主导流程。再如，青岛海尔是一家制造型企业，它在国内率先采用了计算机集成制造系统并取得了非常好的效果。现在，海尔全面实行了内部市场链管理制度。"市场链"实质上是以订单信息流为中心，带动物流和资金流的运行。

一种系统化的管理模式必须讲求管理优化的整体性、管理目标的系统性、管理过程的完整性、管理主体的全员性、管理职能的综合性、管理方法的先进性及管理程序的循环性，系统模式的这些特点为流程的再造指明了方向。柔性化的管理模式是协作满意和抉择的要求，只有柔性化管理模式能做到快速响应和弹性运作。而网络化管理为实现企业信息集成提供了基础，信息网络对企业内部各个部门、各个岗位的普遍覆盖，使员工可以通过网络得到与自己业务相关的任何信息，大大节省了报表、数据在不同职能部门间的流转，缩短了整个生产周期，精简了管理人员，提高了工作效率，从而使生产技术柔性自动化、智能化及组织结构扁平化成为可能。

企业必须从自身的实际条件出发，逐步推进企业信息化与流程再造进程。企业流程再造必须同企业的信息化水平相适应，充分发挥信息化对流程再造的催化作用。再造以信息化为基础的企业作业流程，才能真正发挥信息系统的强大功能，在全球化、知识化、信息化的新经济时代取得竞争优势。

1.4.2　数据基础

数据基础包括基础数据、财务数据和历史数据，这几种数据的规范化非常重要。

1. 基础数据规范化

实施会计信息系统要从基础工作抓起，必须保证基础数据的完整性、准确性和可靠性，同时要对原来管理系统的每一环节进行整顿提高。实施信息化成功的企业和专家总结出了这样的名言："三分技术、七分管理、十二分数据"。可以说，数据是信息系统的基础和核心，一个数据失真、不完整或采集不及时的信息化系统，无论其功能多么完善，使用如何方便，都不会有任何意义。然而，要使系统中的数据准确、及时、全面，还应该有一套与之适应的管理规范。

（1）业务数据的规范化。

业务数据是会计信息的基础和载体，因此，必须从根本上保证业务数据的准确、及时、全面、完整。下面以主要业务为例，来说明对业务数据进行规范整理为何是一项艰巨而细致的工作。它所涉及的面之广、量之大，不是单个部门就能够独立承担的，它的完成需要多部门遵守共同的设计规范标准协同工作。

① 物料清单数据的规范整理。在工业制造中，物料清单（bill of material，BOM）描述了物料（包括成品、半成品）的组成情况，即该物料是由哪些原材料、半成品组成的，每一组成分的用量是多少及各成分之间的层次关系如何。在流程型行业中，物料清单被配方取代，它描述的是产品由哪些原料配合而成，并说明各原料所占的比重。物料清单是工业企业最基本的资料之一，其应用于企业销售、计划、生产、供应、物料、成本、设计、工艺等各个业务环节，充分体现了企业业务的数据共享和信息集成。物料清单数据的准确与否，直接影响到其他系统。建立物料清单，必须同时规范并确定与物料清单相关的数据，通常包含物料单位、成品率、物料清单状态、子件编码、子件规格、用量、工位、发料仓库、损耗率和工序等内容。

② 与物料清单相关的数据。物料清单数据项中的工序号是产品在某一工作中心加工的过程，而工艺路线是生产产品的一组工序的有机序列，所以直接与物料清单相关的数据是划定工作中心，建立相关的部门、工作中心与工序，建立工艺路线组，最后才能建立工艺路线清单。

工作中心主要应用于工艺路线、能力需求计划、工序计划、工序排程与工序汇总及成本归集等。在编制工艺路线前，先要划定工作中心。

工艺路线的每道工序都要消耗资源，每个资源对应一个工作中心，也可以是几道连续串行工序对应一个工作中心。工件经过每个工作中心都要产生费用，产生加工成本，在作业成本中可定义一个或几个工作中心为一个成本中心。在建立工艺路线前，首先要建立工艺路线组，每一个工艺路线必须归属于某个工艺路线组。

物料清单数据贯穿了企业的物流过程，是联系与沟通各业务部门的纽带，它涉及企业内部的销售、计划、生产、供应、物料、成本、设计、工艺等部门，体现了数据共享和信息集成。通过物料清单可以查询任何一个物料从属的上层父项物料和顶层的最终成品，也可以查询物料的需求量。物料清单是网络层次结构的扩展，这种网络性质使它可以扩展到多方面的用途。例如，赋予每项物料以成本信息，构成成本物料清单，利用子项和父项的数量关系，形成计划物料清单。

（2）采集数据的计量设施。

科学管理的基础是计量管理，而计量数据是科学管理的重要依据，因此，计量数据管理应成立计量管理中心。为加强企业内部管理，企业都在推行成本、费用的考核制度。首要的是把各种产品在生产过程中投入产出的各种数据搞清楚，这些数据经测量后都要整理成计量结算数据。因此，计量结算数据管理体制的建立，是企业实行成本否决经营机制的必要计量条件。在计量数据中，对企业管理最直接相关的就是计量结算数据，它是企业财务结算、产品统计、指标考核、成本核算的依据。

① 生产过程中水、电、燃料等消耗的计量。生产过程的消耗构成了不同的成本要素，准确采集其数据是成本核算的基础。如果企业没有在应该采集的数据点配备计量仪表或计量不准，就无法获取结算数据，因而也不能进行正确的费用分配。例如，成本核算要以产品或工作步骤为对象进行费用的归集与分配，但是整个分厂只安装一个水表、一个总电表，由此造成水费、电费的

分配只能按某种比例在各车间分配。这种分配比例一般不变，不管浪费是由哪个车间造成的，均由分厂共同承担。

② 生产过程中物料投入的计量。生产过程中各物料投入的计量设施，如炼钢厂的电子秤和轨道衡等，是自动采集数据的必要条件。只有精确计量投入量，才能精确地计算成本，因为这些物料构成了产品的直接材料成本。计量设施的不完备或精准度不高，会直接影响系统的输出结果。

2. 财务数据规范化

财务基础数据也包括为财务系统提供信息的各种业务数据、各种材料和产品信息、工艺配方、客户和供应商档案、固定资产及人事信息等。这些数据是企业最重要的资源，也是企业信息化建设的基石。通过实施会计信息系统，可以强行规范各种数据的建立，如在输入销售订单时，一定要输入客户编码信息、产品销售的行业流向等。这些规范的数据和特征值为今后信息的查询和决策分析提供了强有力的支持。

财务的基础数据主要有两类：一类是进行管理和会计监督所需的定额和费用而开发的标准和预算（或计划）体系；另一类是各种核算对象，如原材料、零配件、包装物、产成品、固定资产、低值易耗品等的名称和编码。对第一类基础数据，要结合管理制度和具体的管理办法制定出科学、合理、完整的标准，并规定相应的审核、批准权限。第二类基础数据是会计信息系统实施的基础，也是系统能够按照设计要求运行的基本保证，因此必须对这类数据进行系统的分类整理，为会计信息系统的顺利实施打好基础。

（1）完善各项定额。

定额是会计信息系统进行预测、计划、核算、分析的依据，是评价经济效益的标准。这些定额包括原料及主要材料、辅助材料、燃料及动力、修理用备件等消耗定额，以及各部门的管理费用定额、工程项目预算定额等，是事中控制的主要依据之一。

（2）制定企业内部价格。

企业内部价格是内部核算的必要条件之一，也是财务会计与责任会计有机结合的基础。在制定企业内部价格时，要结合企业的内部核算制度及责任单位的成本水平，确定合理的互供材料、燃料、动力、半成品、劳务等内部价格。这是计算成本及内部利润的依据。

（3）完善会计科目编码体系。

会计科目编码体系是会计信息系统的核心，它的二级科目或明细科目必然会与其他系统产生联系，这是以账务系统为核心，实现与专业核算系统集成的关键。因此，要明确每一个会计科目的经济意义、核算范围、与其他科目的对应关系及与其他系统的关系。总之，应从本单位的具体情况出发，遵照国家的统一规定，并充分考虑单位的变化和发展，建立规范、完整的会计科目体系。

（4）完善与会计科目体系相关的各项辅助编码。

① 单位往来核算科目。具体而言，这些科目就是应收账款和应付账款，应收账款下设的科目是一个个具体的客户，必须对每一个客户都编一个码。客户编码必须在账务系统、销售系统、应收款管理系统中保持一致，实现三者共享客户资料，保证基础资料的统一。应付账款下设的科目是一个个具体的供应商，必须对每一个供应商都确定一个编码。供应商编码必须在账务系统、采购系统、应付款管理系统中保持一致，实现三者共享供应商资料，保证基础资料的统一。

② 部门核算科目。部门核算主要涉及的是费用科目，如管理费用，设置部门核算的主要目的是控制各部门的费用，此处的部门编码必须与存货系统、制造与成本系统所使用的部门编码一致。

③ 个人核算科目。个人往来核算科目涉及其他应收款，需要对每一个职工进行编号，该编号应与人事、劳资系统中的职工编号一致，成为系统的共享资料。

（5）建立各系统主要管理对象的编码。

① 物料编码。物料编码是贯穿采购管理系统、存货管理系统、制造与成本管理系统及账务系统的项目核算管理。物料编码包括原料及主要材料、辅助材料、外购半成品（外购件）、修理用备件（备品备件）、包装材料、燃料等。要按照系统的编码规则，为企业所使用的每种物料进行逐一编码。

② 产品编码。产品是销售管理系统、存货管理系统、制造与成本管理系统的主要管理与核算对象，并且是账务系统项目核算管理的对象之一。产品的编码对应本企业生产的所有产品，包括生产过程中产生的副产品。

③ 半成品编码。半成品是生产与制造管理系统和存货系统的主要管理对象之一，它是非常复杂的。这是因为设置半成品编码，不仅仅要考虑它的唯一性，还要考虑它与产成品的联系，以及考虑它与生产工艺的联系，即要知道它是处于哪道工序、构成哪种产成品。

④ 固定资产编码。虽然固定资产管理系统是一个相对独立的系统，但设置其编码时必须考虑与账务系统会计科目的衔接，以便计提的折旧可直接生成转账凭证；同时要考虑与备品备件的联系，以保证备品备件的管理符合设备维修的需要。由于固定资产包括的类别较多，存放地点遍及企业各个角落，因此进行规范整理是一项繁重的工作。在启用固定资产管理系统前，必须先进行资产的清查，然后再进行逐一编码。

3. 历史数据规范化

为了保证会计信息系统初始化工作的顺利进行，还需要对有关的历史数据进行必要的规范整理。

（1）规范会计科目体系，整理期初数据。

按照选择的软件要求，设计企业的科目体系，然后对已使用的科目按照新的标准进行调整，使之与新系统对接，并按新科目准备期初数据，具体包括以下几个方面。

① 各科目（包括明细科目）的年初数、累计发生数、期末数。

② 辅助核算项目的期初余额，如在建工程项目的明细科目的实际余额。

③ 待清理的往来款项、数量金额账的数量和单价、外币金额账的外币和汇率等。

初始数据准备完毕之后，应进行正确性校验，包括明细科目与一级科目的平衡、辅助核算项目与一级科目的平衡，以保证会计信息系统有一个良好的运行基础。

（2）往来账户的清理。

对于历史遗留下的无望收回的呆账、乱账和难账，应组织整理和处理，不宜进入会计信息系统的往来账户。根据不同用户对往来账款管理的不同，可将往来账分为客户往来、供应商往来、个人往来辅助账。系统在登记往来账户明细账、总账的同时，还应按单位名称或个人姓名在辅助账数据文件中，按辅助账的特点进行汇总登记和明细登记。如果往来项目较少，也可把往来账当作普通明细账进行管理。有的会计软件为了加强往来账管理，将其分开设置为应收款管理系统、应付款管理系统管理。不论采用哪一种方式，都有必要清理手工方式下的往来账户，还应对往来账户的有关资料，如企业名称、个人姓名、地址、电话、邮政编码等资料进行仔细清理，做到名称使用规范、相关资料齐全，从而为建立会计信息系统打好基础。

（3）银行账的清理。

银行账的清理就是将单位的银行账与银行对账单进行核对，并查清未达账项的原因，以保证会计信息系统中银行账初始数据的准确性。

（4）存货的清理。

存货的清理就是将各仓库中的物料、半成品、产成品进行盘点，对盘点结果进行相应的处理，如物料编码、物料名称、型号规格、计量单位、计划价格、实际价格、库存量等，然后按照软件的设计要求进行整理。

（5）固定资产的清理。

固定资产的清理首先要对所有在册的固定资产进行实地盘点，对于盘亏、毁坏的资产进行清理处理，然后按照软件的设计要求对固定资产进行分类整理。具体工作包括整理卡片资料，确定每一资产的编号、原始价值、累计折旧、维修资料等变动项资料。

历史数据的正确与否，是决定系统运行结果是否准确、可靠的前提条件，这是因为会计信息系统中大多数数据的处理，都以期初数作为处理和结转的依据。

1.5　会计信息系统——用友 ERP-U8 介绍

用友 ERP-U8（以下简称为用友 U8）是一套财务与业务高度集成的会计信息系统软件，其既可以管理财务业务，又可以与购销存和精益生产等业务集成使用，以实现财务业务一体化的目的。

用友 U8 财务功能模块的组成和各模块之间的数据流向如图 1-2 所示。

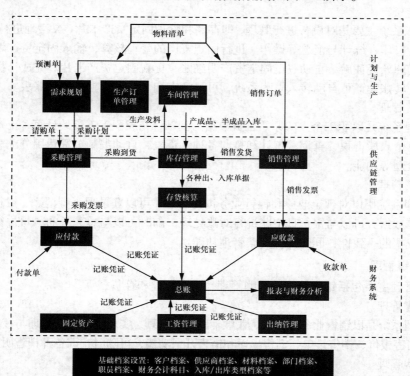

图 1-2

1. 财务系统

财务系统包括总账、报表与财务分析、应收款、应付款、固定资产、工资管理和出纳管理。

（1）总账。

总账系统是以凭证为原始数据，通过凭证的输入和处理，完成记账、结账、账簿查询及打印输出等工作，同时提供往来款核算和管理、部门核算和管理、项目核算和管理。总账系统与其他业务连接使用时，可以接收从业务传递过来的凭证进行会计核算，以达到财务业务一体化的目的。

（2）报表与财务分析。

报表与财务分析系统主要根据会计核算数据（如总账系统产生的总账及明细账等数据）完成各种会计报表的编制工作，如资产负债、利润表等，同时可以自定义报表，如部门费用情况表等。分析功能可以根据报表数据生成各种分析表和分析图等。

（3）应收款和应付款。

应收款系统主要管理销售发票、应收单、应收票据及销售收款单据的录入、审核，并进行应收款项与收款单的核销。应收款系统对企业的应收账款进行综合管理，生成相关单据和凭证并传递到总账系统，具有客户信用管理、现金折扣管理、坏账管理、抵销应付款及催收管理等功能，同时它还能生成应收账龄分析、欠款分析、回款分析、资金流入预测等销售业务的统计分析报表。应收款系统与销售系统联用时，能接收销售系统传递的销售发票并进行审核。应收款系统可单独使用，与总账系统联结使用，所生成的凭证即时传递到总账系统，确保财务信息的一致性。

应付款系统的功能与应收款系统的类似，但是数据为应收款的反向数据。

（4）固定资产。

固定资产系统主要是对设备进行管理，即存储和管理固定资产卡片，灵活地进行增加、删除、修改、查询、打印、统计与汇总等操作。进行固定资产的变动核算，输入固定资产增减变动或项目内容变化的原始凭证后，自动登记固定资产明细账，更新固定资产卡片。完成计提折旧和分配后，费用分配转账凭证可自动转入总账系统，可灵活查询、统计和打印各种账表。

（5）工资管理。

工资管理系统是以职工个人的原始工资数据为基础，完成职工工资的计算，工资费用的汇总和分配，计算个人所得税，查询、统计和打印各种工资表，自动编制工资费用分配表、转账凭证传递给账务处理等功能。

（6）出纳管理。

出纳管理系统用以对现金业务和银行业务进行管理，可以登录现金日记账、银行日记账，录入银行对账单数据，可以与银行日记账进行对账处理，随时可以与总账下的科目进行对账，以保证双方系统数据的一致性，同时提供支票管理功能。

2. 供应链管理

供应链管理主要包括销售管理、采购管理、库存管理和存货核算。

（1）销售管理。

销售管理系统是以销售业务为主线，兼顾辅助业务管理，实现销售业务管理与核算一体化。销售系统提供销售报价、销售订单、销售出库和销售开票功能，可随时查询各种销售明细账等账簿。

（2）采购管理。

采购管理系统可以实现对采购业务的全程管理。采购管理提供采购订单、采购入库和采购开票功能，能从生产管理中生成采购建议后，直接生成采购订单并传递到采购管理系统，随时查询记录各种采购订单执行情况的明细账等账簿。

（3）库存管理。

库存管理系统主要以物料流动为处理对象，要达到账实相符。系统提供采购入库、产品入库、其他入库、盘盈入库、销售出库、生产领料、其他出库、调拨和组装业务处理等功能，可以随时查询即时库存和收、发、存汇总表等账簿。

（4）存货核算。

存货核算系统主要针对企业存货的收、发、存业务进行成本核算，首先核算出入库成本，再计算出库成本，从而及时掌握存货的耗用情况，及时、准确地把种类存货成本归集到各成本项目和成本对象上，为企业的成本核算提供基础数据；动态反映存货资金的增减变动，提供存货资金周转和占用的分析，为降低库存、减少资金积压、加速资金周转提供决策依据。各业务单据可以根据凭证模板生成凭证，然后传递到账务处理系统进行财务核算，使业务与财务形成无缝连接。

由于计划与生产系统在财务的实际工作中很少使用，因此本书中将不会讲述。

课后习题

（1）会计信息系统的含义是什么？
（2）会计信息系统按照所能提供的会计信息深度和服务层次，可以划分为哪几类系统？
（3）会计信息系统的特点有哪些？
（4）会计信息系统的物理组成有哪些？
（5）会计信息系统经历了哪几个发展时期？
（6）实施会计信息系统对历史数据的规范有哪些要求？
（7）请画出用友 U8 财务功能模块的组成和各模块之间的数据流向。

第 2 章 安装用友软件

通过本章的学习，了解用友 U8 的安装方法，学习引入演示账套数据。

2.1 用友 U8 所需的环境及安装方法

如果用户是从用友公司购买的软件，则用友公司将负责上门安装。当然，用户也可以自行安装。

 提示　由于用友软件在安装时对系统环境的要求比较高，所以常有用户反馈在自己的计算机上不能顺利安装用友软件，为此用友公司建议用户在干净的计算机上进行安装，所谓干净的计算机即除操作系统之外还没有安装任何应用程序的计算机。

使用用友 U8 的网络拓扑图如图 2-1 所示。

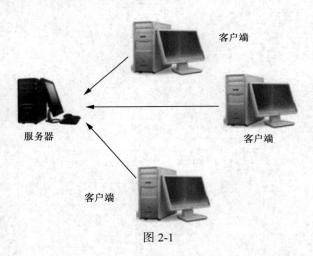

图 2-1

（1）在局域网环境下，如果有多台计算机都要使用用友软件，则可以指定一台计算机作为主机（服务器），其他计算机作为客户端。主机兼有计算、保存数据和响应客户端请求等功能，因此配置要求更高。在服务器上安装用友 U8 的服务器程序，在客户端上安装用友 U8 的应用客户端程序。

 提示　一般的中小型企业在使用用友 U8 时，只使用一台服务器来进行数据处理，但在一些大型企业中，用友 U8 也提供多台服务器部署功能。服务器可以分为数据服务器、应用服务器、加密服务器等。

（2）如果单机使用用友 U8，则该计算机既做服务器又做客户端，需要在该计算机上安装 SQL Server 数据库，还要安装用友系统的服务器和客户端程序。

提示　本书介绍的是在单机上安装用友 U8 的方法。

2.1.1　用友 U8 对硬件和软件环境的要求

1. 硬件环境

- 服务器：双核 CPU 或以上，内存 8GB 或以上，硬盘剩余空间大于 200GB。
- 客户端：内存 4GB 或以上，硬盘剩余空间大于 100GB。

2. 软件环境

- 服务器：操作系统为 Windows 2003/2008/2016 Server 及以上，后台数据库为 SQL Server 2008 及以上。
- 客户端：操作系统无要求。
- 网络协议：TCP/IP。

提示　如果只是在自己的计算机上安装单机版用友软件来学习的测试，则硬件环境配置参照服务器配置即可，软件环境配置除 Windows 7/10 的家庭版外的版本都可以。

2.1.2　安装数据库

用友 U8 使用的后台数据库是 Microsoft 公司开发的 SQL Server。下面先介绍 SQL Server 2008 的安装方法，因为安装用友 U8 之前需要先安装 SQL 数据库。

（1）打开 "sq2008" 安装程序文件夹，如图 2-2 所示。

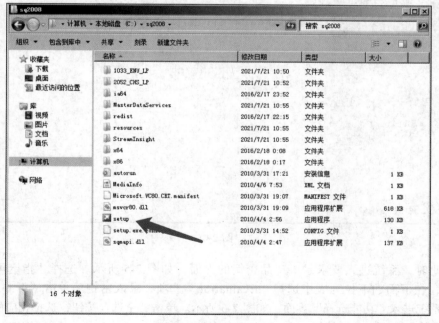

图 2-2

（2）双击"setup"安装程序图标，系统进入"Microsoft SQL Server 2008 R2 安装程序"窗口，提示"SQL Server 2008 R2 安装程序要求安装 Microsoft .NET Framework 和更新的 Windows Installer"，如图 2-3 所示。

图 2-3

（3）单击"确定"按钮，系统会自动安装 Microsoft .NET Framework，然后进入"SQL Server 安装中心"窗口，如图 2-4 所示。选择左侧的"安装"选项，然后选择右侧的"全新安装或向现有安装添加功能"选项进行安装。

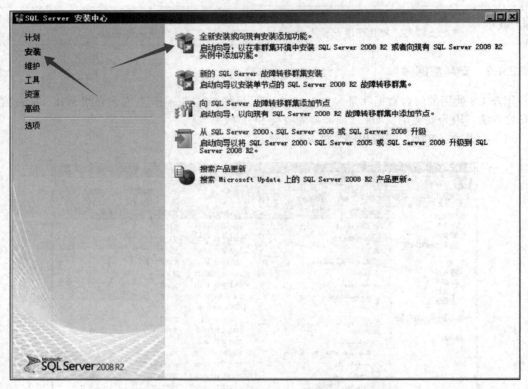

图 2-4

（4）此时，系统进入要求录入产品密钥的界面，如图 2-5 所示。选择"指定可用版本"单选按钮，在下面的下拉列表中选择"Evaluation"选项，录入密钥后单击"下一步"按钮。

（5）系统进入"功能选择"界面，如图 2-6 所示。单击"全选"按钮，选择相应的"共享功能目录"再单击"下一步"按钮。

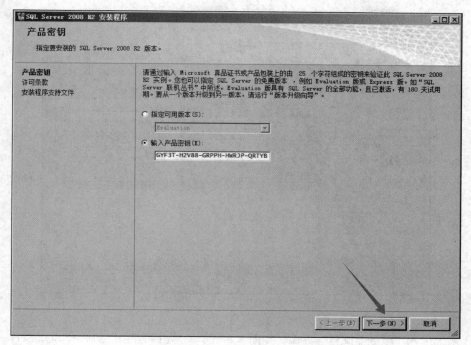

图 2-5

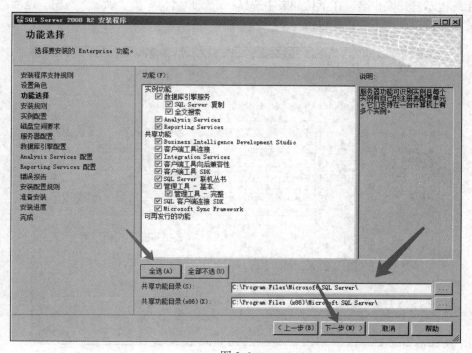

图 2-6

（6）系统进入"实例配置"界面，如图 2-7 所示。选择右侧的"默认实例"单选按钮，然后单击"下一步"按钮继续安装。

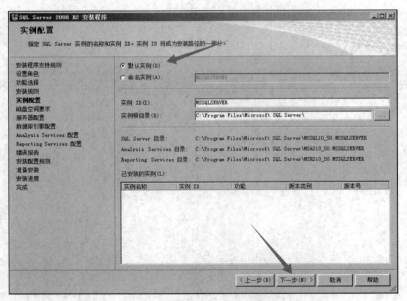

图 2-7

（7）系统进入"服务器配置"界面，如图 2-8 所示。单击列表中"对所有 SQL Server 服务使用相同的账户"（注：因翻译原因，软件中使用"帐户"一词，正文中使用其正确用法"账户"）按钮，系统提示选择账户名，在下拉列表中选择一个账户名，单击"确定"按钮，返回"服务器配置"界面，再单击"下一步"按钮。

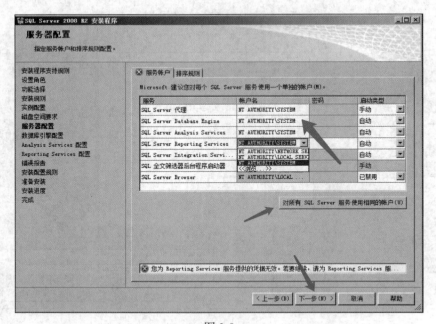

图 2-8

（8）系统进入"数据库引擎配置"界面，如图 2-9 所示，在"账户设置"选项卡中的身份验证模式中选择"混合模式（SQL Server 身份验证和 Windows 身份验证）"单选按钮，录入内置的

SQL Server 系统管理员账户密码，并牢记密码（密码只有是大小写英文字母与数字的组合才能生效），因为该密码会在安装用友软件后使用。单击"添加当前用户"按钮，系统将当前进入 Windows 系统的用户添加为 SQL Server 管理员，然后单击"下一步"按钮。

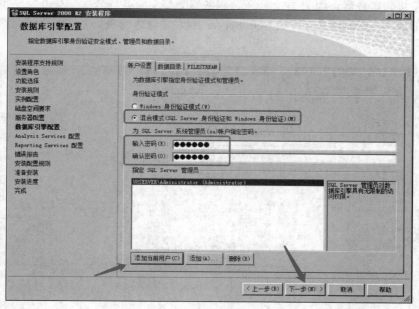

图 2-9

（9）此时，系统要求进行 Analysis Services 配置，如图 2-10 所示，在"账户设置"选项卡中，单击"添加当前用户"按钮为用户指定 Analysis Services 管理权限，再单击"下一步"按钮。选择"安装本机模式默认配置"单选按钮，单击"下一步"按钮继续完成 SQL Server 的安装。

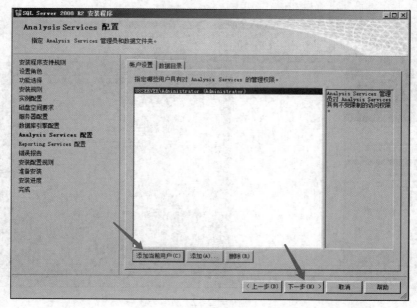

图 2-10

（10）系统要求指定 Reporting Services 配置模式，如图 2-11 所示。

（11）SQL Server 安装完成之后，选择"开始""所有程序""Microsoft SQL Server 2008 R2" "SQL Server Managnent Studio"命令，系统打开"Microsoft SQL Server Management Studio"窗口，并提示连接到服务器，如图 2-12 所示，服务器类型、服务器名称、身份验证和用户名都使用系统默认的选项，密码就是在安装 SQL Server 2008 时输入的密码（见图 2-9），然后单击"连接"按钮。

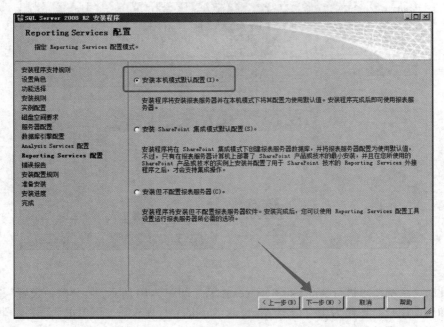

图 2-11

图 2-12

如果系统无错误提示，则表示连接成功，即 SQL Server 2008 安装成功，如图 2-13 所示。

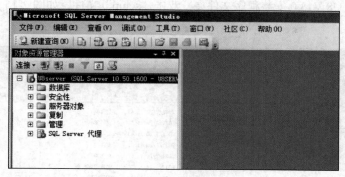

图 2-13

2.1.3　安装用友 U8

由于用友 U8 对软件系统的配置要求比较高，因此在服务器中安装用友 U8 时，要尽量安装服务器操作系统的补丁，否则有可能无法成功安装。

安装应用服务器的操作系统一定要安装 IIS 组件，安装 IIS 组件的方法是从"控制面板"中"所有控制面板项"的"程序和功能"中选择"启用或关闭 Windows 功能"，从"Windows 功能"窗口中选择"Internet Information Services"选项进行安装，如图 2-14 所示。

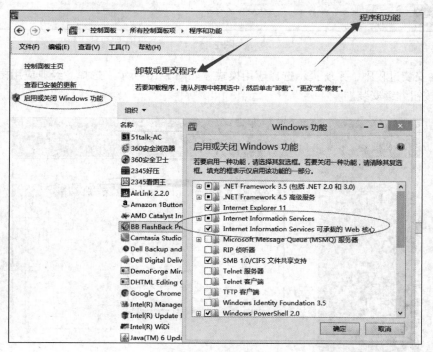

图 2-14

注意 ▏ 安装 IIS 组件时，需要准备好操作系统盘。

接下来介绍安装用友 U8 V13.0 的流程。

（1）打开用友 U8 V13.0 安装程序文件夹，双击"setup"文件，如图 2-15 所示，系统进入安装界面。

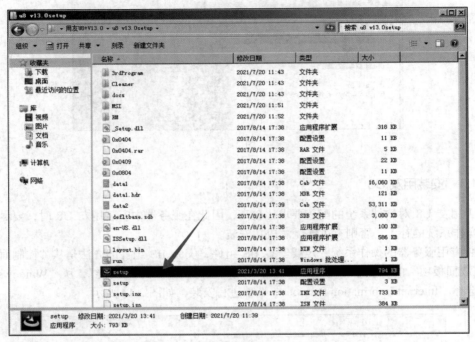

图 2-15

（2）在安装过程中，系统提示选择应用模式，如图 2-16 所示。选择"经典应用模式"，单击"下一步"按钮继续安装。

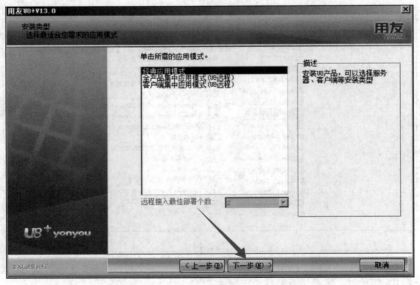

图 2-16

（3）在"安装类型"窗口中选择"全产品"选项，再单击"下一步"按钮，如图 2-17 所示。

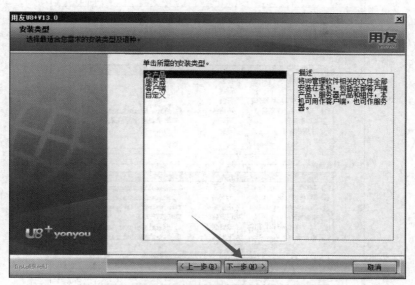

图 2-17

（4）系统进入"环境检测"界面，如图 2-18 所示。由于用友 U8 V13.0 的安装需要进行环境检测，如果环境检测不过关，则无法完成安装，因此需要单击"检测"按钮进行检测。

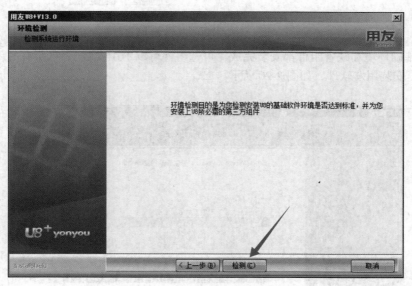

图 2-18

（5）系统给出环境检测结果，如图 2-19 所示。系统列出"基础环境"中的符合项和不符合项、"缺省组件"中的已安装项和未安装项，并且系统在"信息"资料中给出了使基础环境和缺省组件完全符合安装要求的安装程序链接，直接双击链接，就可以打开用友 U8 安装程序中该缺省组件的安装源程序，然后进行安装。

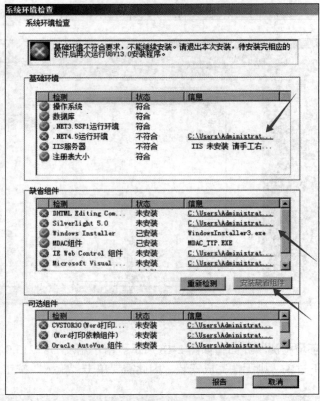

图 2-19

（6）在基础环境和缺省组件都安装完成（可选组件可以不用安装），且所有的环境检测合格之后便可继续安装用友软件，如图 2-20 所示。

图 2-20

（7）最终系统提示安装完成，要求重新启动计算机，如图 2-21 所示。选择"是，立即重新启动计算机。"单选按钮，然后单击"完成"按钮，重新启动计算机。

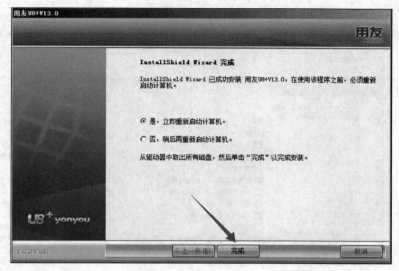

图 2-21

（8）重新启动之后，系统自动进入数据源配置窗口，如图 2-22 所示。在"数据库"文本框中输入安装 SQL Server 2008 时的数据库名称，如果安装 SQL Server 2008 时所用的数据库名称是系统的默认名称，则是指本台计算机的名称，录入 SA 口令（注：SA 口令就是安装 SQL Server 2008 时的口令），然后单击"测试连接"按钮，如果系统显示连接成功，则表示用友软件已经安装成功，单击"完成"按钮，系统将提示是否进行系统初始化，单击"是"按钮，系统开始进行初始化处理。

图 2-22

2.1.4　删除用友软件

如果用友软件安装有误，则可以将其删除，之后再重新安装。

在"控制面板"中选择"程序"，再选择"程序和功能"选项，在出现的窗口中选择，"用友

U8+V13.0"，如图 2-23 所示，单击"更改/删除"按钮，之后按照系统的提示对软件进行安装、更改或删除操作。

图 2-23

2.2 系统管理注册和引入演示账套

账套是指一组相互关联的数据，每一个企业（或者每一个核算部门）的数据在系统内都体现为一个账套。

2.2.1 系统管理注册

系统管理模块是用友软件用来完成账套的建立、修改、删除和备份，也是进行操作员的建立、角色的划分和权限的分配等操作的一个集中管理平台。

软件安装完成后，首先要做的就是注册并进入系统管理，因为此时系统内尚未有任何账套数据，所以只能使用 admin 的名称注册并进入系统管理（admin 是用友 U8 指定的系统管理员名称，不能更改），该用户的密码为空。如果以后有了账套数据，则可以用账套主管的身份进行注册并进入系统管理。具体登录方法如下。

（1）在"开始"菜单中找到"用友 U8+V13.0"，可以看到"系统服务"下的"系统管理"选项，如图 2-24 所示。

> 🐝 提示 "企业应用平台"以后会长期使用，可以考虑在桌面上建立快捷方式，以便后期使用。

（2）登录企业应用平台，系统弹出登录窗口，如图 2-25 所示。

● 登录到▣: 服务器计算机名（单机使用时，系统默认为本机计算机名）。
● 操作员▣: admin（系统默认）。

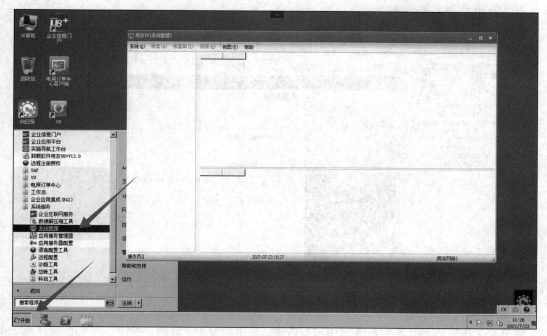

图 2-24

图 2-25

● 密码▣: 无（系统默认无密码，可勾选"修改密码"复选框，账套选择完成后，单击"确定"按钮，系统会提示更改密码）。
● 账套▣: 系统默认为 default。
● 语言选择: 可选择显示语言，语言类别包括简体中文、繁体中文和英文，如果安装用友U8 时没有指定语言，则在此不可选择。

（3）单击"登录"按钮完成登录。

在"用友 U8【系统管理】"窗口中可以建立账套，单击"账套"菜单，选择"建立"命令即可，如图 2-26 所示。

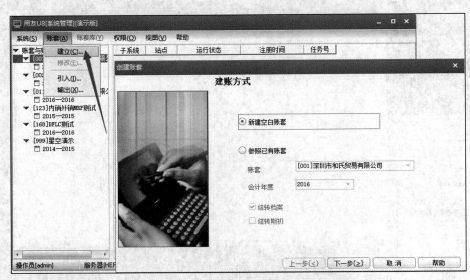

图 2-26

建立账套的方式将在本书第 3 章中进行讲解，这里先单击"取消"按钮，进入图 2-27 所示的"用友 U8【系统管理】"窗口。

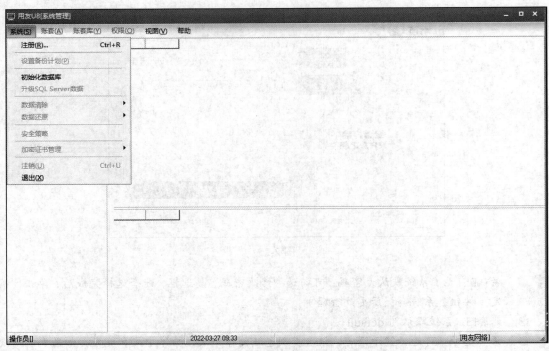

图 2-27

2.2.2　引入账套

以 admin 的身份注册并进入用友系统管理之后，需要将企业数据引入系统（即建账），然后进行日常操作。但是对于刚学习使用用友软件的用户来讲，可能并不知道该如何建立一套新账套，为此，用友 U8 提供了[999]（default）星空演示账套（即 999 电子行业演示账套）供用户学习。

注意　账套只能在应用服务器引入。

999 电子行业演示账套是一个生产、销售手机和计算机业务的企业的模拟账套，该账套的基础数据都已设置完毕，并且模拟了某企业从 2018 年 1 月建账起到 2018 年 3 月的财务、供应链、生产、人力资源等方面的运行数据。初学者在正式使用用友软件做账之前，最好先引入该套账中的数据来进行学习。

引入 999 电子行业演示账套的步骤如下。

（1）以 admin 的身份注册，单击"账套"菜单，选择"引入"命令，弹出"账套引入"窗口，单击"选择备份文件"按钮，在弹出的窗口中找到 999 电子行业演示账套的文件夹，从中选择"UfErpAct.Lst"文件，如图 2-28 所示。

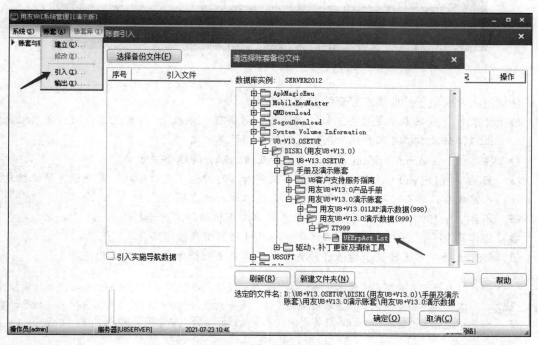

图 2-28

注意　如果 999 电子行业演示账套备份文件是一个压缩包，则先解压缩。

（2）然后单击"确定"按钮，根据系统的提示选择引入账套的存储位置，最后引入成功。

（3）此时可以注册进入 999 电子行业演示账套中，并进行相关操作。单击"开始"菜单，选择"程序/用友 ERP-U8/企业门户"命令，或者双击桌面的图标"企业应用平台"（可以在用友软件安装完成后将"企业应用平台"以快捷方式发送到桌面上，以便使用），系统弹出企业门户注册界面，如图 2-29 所示。

图 2-29

注册进入 999 电子行业演示账套的方法如下。

● 登录：如果本机是服务器端（网络中的服务器或单机），则系统会自动出现本机计算机名，如果本机是客户端，则应输入服务器计算机名。

● 操作员：demo（demo 是 999 电子行业演示账套的账套主管）。

● 密码：DEMO（注意，是大写的英文字母，可勾选"修改密码"复选框，登录信息录入完成后，单击"确定"按钮，系统会提示录入新密码）。

● 账套：[999]（default）星空演示（需单击下拉按钮进行选择）。

● 操作日期：2015-01-20（注意年度与月日之间用短横线隔开）。

● 语言选择：可选择显示的语言种类（有简体中文、繁体中文和英文供选择）。

提示　只有操作员和密码都输入正确，才能选择该操作员有权限操作的账套，那些没有权限操作的账套，在此系统不会显示出来供选择，这一点很好地起到了账套的保密作用。如果没有一个账套可供选择，则系统将提示"读取数据源出错：口令不正确！"。

（4）单击"登录"按钮就可以注册进入用友 U8 的操作界面，如图 2-30 所示。此时，可以对 999 电子行业演示账套内的数据进行操作。

如果引入的是用友 U8 老版本的账套数据，则在引入账套之后，在系统管理中，执行升级 SQL Server 数据操作即可，如图 2-31 所示。

账套升级之后，单击"开始"菜单，选择"程序/用友 ERP-U8/企业门户"命令进行账套操作。

图 2-30

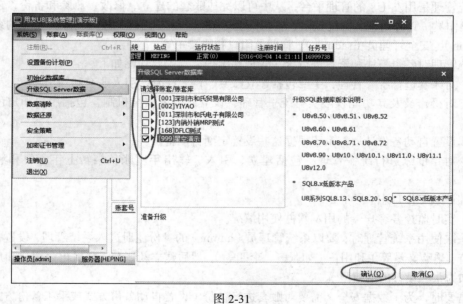

图 2-31

课后习题

（1）请简述用友 U8 所需的硬件环境和软件环境。

（2）用友 U8 使用什么数据库？

第 3 章　系统管理

通过本章的学习，了解如何新建操作员、账套，如何为操作员设置权限，如何备份账套，如何处理年度账等操作。

3.1　概述

用友 U8 由财务、业务、生产管理等系统组成，各个系统之间数据相互联系且资料共享。

系统管理是用友 U8 的管理平台，从中可以完成账套的建立、修改、删除和备份，还可以完成建立操作员、划分角色、分配权限、备份账套等操作。系统管理的使用对象为企业的系统管理员（admin）、安全管理员（sadmin）、管理员用户和账套主管。

系统管理对各个模块和资料进行统一管理和维护，其主要功能如下。

（1）对账套进行统一管理，主要包括建立账套、修改账套、引入账套和输出账套。

（2）对操作员及其功能权限实行统一管理，设立统一的安全机制，包括用户和角色的权限设置。

（3）设置自动备份计划，系统根据这些设置定期自动备份。

（4）对年度账进行统一管理，包括建立、引入、输出年度账，结转上年资料和清空年度资料。

（5）记录工作日志。

（6）实时监控各客户端的用友软件使用情况。

第一次使用系统管理时，要以系统管理员（admin）的身份注册进入系统管理，设置角色（如销售总监、采购文员等）和用户（如张三、李四等），然后建立新账套，之后再为用户和角色设置权限（如为张三设置出纳权限）。

在需要时，为了数据安全，需要对账套进行备份（设置自动备份方式或手工备份方式）。

可以以账套主管（一个具有指定账套主管权限的操作员）的身份注册，来进行账套信息的修改和年度账的结转等操作。

3.2　注册

在程序中找到用友软件的"系统管理"项目，如图 3-1 所示。

打开"用友 U8【系统管理】"窗口，单击"系统"菜单，选择"注册"命令，系统会弹出登录窗口，如图 3-2 所示。

图 3-1

图 3-2

此时可以根据需要选择不同的注册方式，主要以系统管理员（admin）的身份或账套主管（在已经存在账套的情况下）的身份进行注册。安全管理员、系统管理员和账套主管的功能是有区别的，具体如表 3-1 所示。

表 3-1 安全管理员、系统管理员和账套主管的功能区别

身份\项目	安全管理员（sadmin）	系统管理员（admin）	账套主管
系统	设置安全策略	（1）设置 SQL Server 口令 （2）设置备份计划（可进行年度账或账套备份） （3）升级 SQL Server 数据库 （4）注销功能	注销功能
账套		建立、引入和输出账套，但无法修改账套信息	修改所管的账套信息
年度账		—	可清空、引入、输出年度账

续表

身份 项目	安全管理员（sadmin）	系统管理员（admin）	账套主管
操作员及其权限		设置账套主管，增加或注销角色和操作员，修改角色或操作员的权限	改变角色或操作员的权限
视图		（1）能刷新系统和阅读上机日志 （2）清除异常任务、清除选定任务、清除所有任务、清退站点、清除单据锁定、刷新和阅读上机日志	

安全管理员（sadmin）主要负责设置安全策略，如密码的长度要求、复杂程度等。

系统管理员（admin）负责整个用友系统的总体控制和维护，管理该系统中的所有账套。系统管理员可以建立、引入和输出账套，设置用户、角色及其权限，进行备份计划设置，监控系统的运行过程以及清除异常任务等。系统管理员的名称是用友系统默认并固定的（用户名为 admin，初始密码默认为空，可修改）。

账套主管是系统管理员在建立账套过程中指定的管理该套账的主管。账套主管负责账套的维护工作，主要包括对账套进行修改，对所选年度内的账套进行管理（包括账套的创建、清空、引入、输出及各子系统的年末结转），以及设置该账套操作员的权限。

账套主管可以登录企业应用平台对有权限的账套进行业务操作，但系统管理员不能对账套业务进行操作。

3.3　用户（操作员）和角色

用户（操作员）是指有权限登录用友系统并进行操作的人员，每次注册、登录用友系统时，用友系统都要对用户身份的合法性进行检查，只有合法的用户才能登录用友系统。

角色可以理解为岗位（或职位）的名称（如财务总监、销售总监、仓库主管等）。

职员（用户）的岗位（或职位）变动时，重新为其分配操作权限会很烦琐，可以在系统中设置不同的岗位角色，然后为该角色设置相应的权限。设置用户时，为用户赋予相应的角色，用户就自动继承了该角色的权限，当用户岗位发生变化时，只需更改该用户所属的角色即可。当然，也可以独立给该用户赋予权限。用户可以不归属于任何角色。

建立新账时，需要统计使用用友软件的人员和岗位角色，以便随时调整，用户和角色一旦在作账过程中被引用，就不能删除。

提示

- 用户和角色的设置不分先后，用户可以根据自己的需要进行设置。但对于自动传递权限来说，首先应该设定角色，然后为其分配权限，最后进行用户的设置。这样在设置用户的时候，如果选择其归属哪一个角色，则用户将自动具有该角色的权限。
- 一个角色可以被赋予多个用户，一个用户也可以拥有多个不同的角色。
- 若角色已经被设置过，则系统会将所有的角色名称自动显示在角色设置中的所属角色名称的列表中。用户自动拥有所属角色所拥有的所有权限，同时可以额外增加角色中没有包含的权限。
- 若修改了用户的所属角色，则该用户对应的权限也跟着角色的改变而相应地改变。
- 所有新增用户默认都属于"普通用户"角色。
- 只有系统管理员才可以增加、删除、修改用户和角色。

例3-1　进行角色设置。

（1）在"用友 U8【系统管理】"窗口中，单击"系统"菜单，选择"注册"命令，弹出系统管理注册窗口，在操作员处输入 admin（首次登录时密码为空），在账套选择处，单击下拉箭头，选择"（default）"，单击"登录"按钮注册进入系统管理，如图 3-3 所示。

图 3-3

注意　如果进行用户设置、角色设置、新建账套、备份或导入账套的操作，则需要用友系统的系统管理员身份进行注册，默认的系统管理员名称为 admin，初始密码为空。为了保证系统的安全，系统管理员应及时修改并牢记密码。勾选"修改密码"复选框，单击"确认"按钮之后，系统会提示系统管理员输入新的密码。

（2）在弹出的窗口中，单击"权限"菜单，选择"角色"命令，系统弹出"角色管理"窗口，如图 3-4 所示。单击"增加"按钮，系统弹出"角色详细情况"窗口，在"角色编码"文本框中输入"YSKJ"，在"角色名称"文本框中输入"应收会计"，单击"增加"按钮保存设置并新增角色。

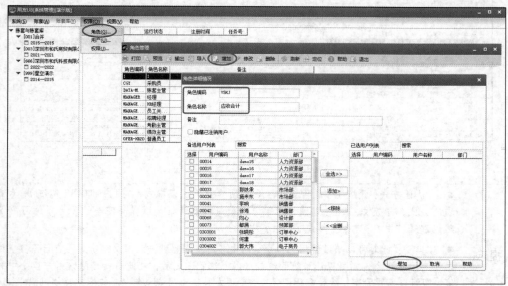

图 3-4

（3）在"用户名称"选项中，列出了当前系统中存在的用户名称，可选择属于该角色的用户，为此用户赋予该角色权限。

（4）单击"增加"按钮保存新增的角色设置，此时会重新弹出"角色详细情况"窗口以再次增加角色。单击"退出"按钮可以退出"角色管理"窗口。

例3-2 参照表3-2，进行操作员设置。

表 3-2

用户档案

编号	姓名
001	仁渴
002	陈静
003	王丽

（1）单击"权限"菜单，选择"用户"命令，系统弹出"用户管理"窗口，单击"增加"按钮，系统弹出"操作员详细情况"窗口，在"编号"文本框中输入"001"，在"姓名"文本框中输入"仁渴"，单击"增加"按钮保存并增加新用户。

（2）接着录入其他操作员的资料，如图 3-5 所示。

图 3-5

 提示

● 认证方式：用友 U8 软件提供了多种用户身份认证方式，"用户+口令（传统）"为最普通的方式，用友系统还可以通过第三方系统来进行认证，以提高安全性（为了练习方便，建议选择"用户+口令（传统）"的方式）。

● 口令：此时可以不设置用户口令，而由各用户在登录进入用友系统时再自行设置。如果用户忘记了口令，则可以让系统管理员进入系统管理之后，在此直接删除该用户口令中的内容，即将口令置为空，然后重新设置口令。用友系统为了安全起见，口令字符均以"*"显示。

● 默认语言：该用户在登录用友系统时，系统默认的语言（中文（简体）、中文（繁体）、English）。

（3）在"用户管理"窗口中，可以查看到已经存在的用户信息，如图 3-5 所示，选择需要修改的用户，然后单击"修改"按钮即可修改用户信息。

提示　　如果不再允许该用户使用用友软件（如该职员辞职），则可以在"操作员详细情况"窗口中，单击"注销当前用户"按钮。在需要重新使用被注销的用户时，仍然可以在"操作员详细情况"窗口中单击"启用当前用户"按钮启用该用户，如图 3-6 所示。

图 3-6

提示　　在"用户管理"窗口中，单击"转授"按钮可以将指定操作员的权限转授给其他操作员。

3.4　建立新账套

会计知识：会计主体

　　会计主体（economic entity）也被称为会计实体、会计个体或经济主体，是指会计核算、监督的特定单位或组织。每一个会计主体在社会上都应具有独立性，成为一个有独立资金、能独立进行生产经营活动和业务活动的独立会计核算单位。所有的会计业务工作都是在这个会计主体内进行的，而相应的会计报表也是只能反映这个主体的报表。会计主体有以下几种情况。

　　（1）某企业、某政府部门、某事业单位和某社会团体等，都可以是一个会计主体。

　　（2）对于集团企业来说，其下面有多个子公司，集团企业是一个会计主体，而核算时将每一个子公司看作一个会计主体进行核算，然后编制合并会计报表来反映整体的集团企业业务状况。

　　（3）根据管理的需要，企业也可以将内部的各部门单独看成一个会计主体进行核算。

建立新账套，即将会计核算主体的名称、所属行业、启用时间和编码规则等信息设置到系统中。建账完成之后，才可以启用各个子系统，进行相关的业务处理。

用友 U8 中一共可以建立 999 套账套（账套号从 001 到 999，账套号不能重复）。

例3-3　参照表 3-3，建立模拟企业账套。

表 3-3　　　　　　　　　　　　　　　　　账套基本信息

账套名称	深圳市和氏贸易有限公司
账套号	001
企业类型	商业
账套启用日期	2016 年 1 月 1 日
账套存储路径	系统默认路径
账套主管	何平
电子邮件	2432706062@qq.com
本位币	人民币
行业性质	2007 年新会计准则
启用模块	总账、应付、应收、出纳管理、存货核算、采购、销售、库存、固定资产、薪资管理，
备注	将会计科目级次分类编码设置为 "4-2-2-2"

（1）在"用友 U8【系统管理】"窗口中，以系统管理员（admin）的身份注册，然后单击"账套"菜单，选择"建立"命令，系统弹出"创建账套"窗口，如图 3-7 所示。

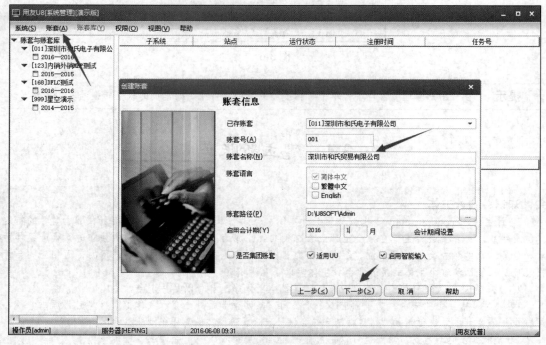

图 3-7

"创建账套"窗口中的部分内容介绍如下。

- 已存账套：为了避免重复建账，系统在此列出已存在的账套供参考，不能输入或修改。
- 账套号：新建账套的编号，也称为账套代码，为 3 位数字，范围为 001～999，并且不能与已存在的账套号重复。这里输入"001"。
- 账套名称：新建账套的名称。其作用是标识新账套，在显示和打印账簿或报表时都会用到。这里输入"深圳市和氏贸易有限公司"。
- 账套路径：新建账套的保存路径（最好使用系统默认的路径，以便日后资料出错时进行维护）。系统不支持网络路径。
- 启用会计期：套账的启用时间，便于确定应用系统的起点，确保证、账、表资料的连续性。启用会计期一旦设定，就不能更改（建议年初启用）。这里设置为 2016 年 1 月。

会计知识：会计期间

　　会计期间（accounting periodicity）是将会计主体的持续经营活动，按特定的时间量度分为均等的时间段落，这些时间段落就是会计期间。《企业会计准则——基本准则》第七条规定："企业应当划分会计期间，分期结算账目和编制财务会计报告。会计期间分为年度和中期。中期是指短于一个完整的会计年度的报告期间。"这就是对"会计分期前提"的规定和要求。

　　会计期间的划分是正确计算收入、费用和损益的前提，只有进行会计期间划分，才会产生上期、本期、下期等不同会计期间的区别，才能分别计算各会计期间的收入、费用和损益等。

　　会计期间分为以下 4 种。

　　（1）年度会计期间，又称会计年度。按年度编制的财务会计报表也称为年报。《中华人民共和国会计法》（以下简称为《会计法》）规定，年度会计期间是从公历的 1 月 1 日到 12 月 31 日。

　　（2）半年度会计期间。《会计法》规定，半年度会计期间是从公历的 1 月 1 日到 6 月 30 日。按半年度会计期间编制的财务会计报告被称为中期报告，或者称为中报。

　　（3）季度会计期间。按一年中的 4 个季度划分的会计期间。按季度会计期间编制的财务会计报告被称为季报。

　　（4）月度会计期间。公历的每个月份都为一个月度会计期间，也是最常见的会计期间。按月度会计期间编制的财务会计报告被称为月报。

🐝 **说明**　　企业的实际核算期间可能和正常的自然日期不一致，会计期间设置就用来解决此问题。系统根据"启用会计期"的设置，自动将启用月份以前的日期标识为不可修改；而将启用月份以后的日期（仅限于各月的截止日期，至于各月的初始日期则随上月截止日期的变动而变动）标识为可以修改，即用户可以任意设置。例如；某企业由于业务需要，每月 25 日结账，那么可以在"会计日历-建账"界面双击可修改日期部分（灰色部分），在显示的会计日历上输入每月的结账日期，系统自动将下月的开始日期设置为上月截止日期+1（26 日），每个月都以此类推，12 月仍然以 12 月 31 日为截止日期。设置完成后，企业每月 25 日为结账日，25 日以后的业务则被记入下个月。每月的结账日期可以单独设置，但其开始日期为上一个截止日期的下一天。

　　（2）单击"下一步"按钮，结果如图 3-8 所示。输入单位信息（单位信息用于记录本次新建账套的单位基本信息）。这里输入"深圳市和氏贸易有限公司"，在"单位简称"处输入"和氏贸易"。

🐝 **提示**　　可以在进行业务单据打印格式的设置时，将公司 Logo 设置到单据的页眉或页脚中。

　　（3）单击"下一步"按钮，弹出"核算类型"界面，如图 3-9 所示。

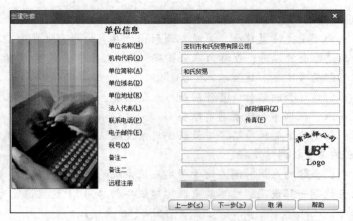

图 3-8

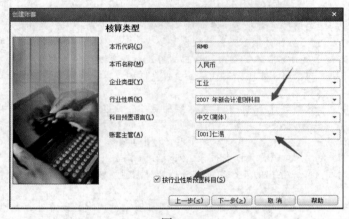

图 3-9

"核算类型"界面中的内容介绍如下。

● 本币代码：如 RMB、HKD 等。这里输入"RMB"。

● 本币名称：如人民币、港币、美元等。这里输入"人民币"。

会计知识：本位币

　　货币计量（monetary unit）是指会计主体在会计核算过程中采用货币作为计量单位来记录、反映会计主体的经营情况。《会计法》和《企业会计准则》都规定，会计核算以人民币为记账本位币，如果业务收支是以人民币以外的货币（如美元）为主的单位，则可以选定其中一种货币作为记账本位币，但是编制的财务会计报告中应当折算为人民币。

● 企业类型：分为工业和商业两种类型，这里选择"工业"。如果选择工业，则系统可以处理材料领用、产成品入库等业务，而选择商业则不可以处理这些业务（在库存管理系统中都不会显示这些业务命令的菜单）。

● 行业性质：为以后"按行业性质预置科目"确定科目范围，并且系统会根据企业所选的企业类型（工业或商业）预制一些行业的特定方法和报表，如工业有"原材料"科目，而商业则没有。这里选择"2007 年新会计准则科目"。

会计知识：2007 年新会计准则科目

会计制度是进行会计工作所遵循的规则、方法和程序的总称。我国的会计制度是国家财政部门通过一定的行政程序制定的、具有一定强制性的会计规范的总称。中华人民共和国财政部（以下简称财政部）于 2000 年 12 月 29 日颁布的《企业会计制度》被称为新会计制度。

我国财政部于 2006 年 2 月 15 日颁布了新企业会计准则和审计准则体系（包括 1 项基本准则和 38 项具体准则、48 项审计准则），2007 年 1 月 1 日起在上市公司中率先执行，其他企业鼓励执行。"2007 年新会计准则科目"就是此类科目。

- 科目预置语言：选择会计科目的预置语言。这里选择"中文（简体）"。
- 账套主管：从下拉列表中选择账套主管。
- 按行业性质预置科目：如果选此项，则系统会根据所选行业性质自动设置标准的会计科目，在此基础上，企业可以根据需求增加或修改会计科目；如果不勾选此项，则所有会计科目都需要用户自己设置。

（4）单击"下一步"按钮，弹出"基础信息"界面，如图 3-10 所示。

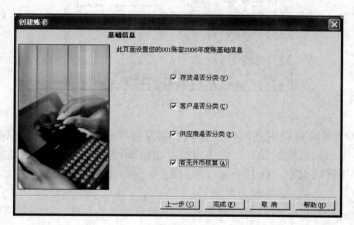

图 3-10

"基础信息"界面中的内容介绍如下。

- 存货是否分类：如果核算单位的存货较多且类别繁多，则可以勾选此项，表明要对存货进行分类管理。如果要对存货进行分类管理，则在进行基础信息设置时，必须先设置存货分类，然后才能设置存货档案。这里勾选此项。
- 客户是否分类：如果核算单位的客户较多且希望进行分类管理，则可以勾选此项，表明要对客户进行分类管理。如果要对客户进行分类管理，则在进行基础信息设置时，必须先设置客户分类，然后才能设置客户档案。这里勾选此项。
- 供货商是否分类：如果核算单位的供货商较多且希望进行分类管理，则可以勾选此项，表明要对供货商进行分类管理。如果要对供货商进行分类管理，则在进行基础信息设置时，必须先设置供货商分类，然后才能设置供货商档案。这里勾选此项。
- 有无外币核算：勾选此项表示核算单位有外币业务。

会计知识： 相对于本位币的其他币种，都称为外币。

（5）单击"完成"按钮，系统提示"是否可以建账了？"，单击"是"按钮开始建账。建账完成后，系统弹出"编码方案"窗口，如图 3-11 所示，这是本套账由系统预设置的编码方案。按要求进行修改之后，单击"确定"按钮即可。编码方案一旦使用就不能更改。若要更改，必须将相应的档案资料删除之后才能进行。

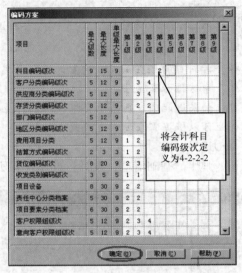

图 3-11

分类编码方案对系统将要用到的一些编码级次及每级位数进行定义，以便录入各类信息目录。编码级次和各级编码长度的设置，将决定核算单位如何对经济业务资料进行分级核算、统计和管理。它通常采用群码方案，这是一种段组合编码，每一段都有固定的位数。任何一个系统都必须设置编码。

例如，某企业会计科目的编码规则为 4-3-2，则科目级次为三级，一级科目编码为 4 位长（编码"1001"代表现金科目），二、三级科目编码均为 2 位长（编码"100101"代表现金下面的人民币科目）。

注意 这里将会计科目编码级次定义为 4-2-2-2，以便后期进行会计科目设置（请参阅 4.2.4 小节会计科目设置的内容）。

（6）这里使用系统默认的编码方案，单击"确认"按钮，系统弹出"数据精度"窗口，数据精度表示系统处理资料的小数位数，超过该精度的资料，系统会以四舍五入的方式进行取舍，如图 3-12 所示。

（7）如果要使用系统的默认设置，则单击"确定"按钮，账套建立完毕。此时系统提示是否启用模块，启用时系统记录启用日期和启用人。模块只有被启用之后，才能在用友软件中使用。

（8）单击"是"按钮直接进入"系统启用"窗口，如图 3-13 所示。勾选相应的模块，系统会提示输入启用会计日期。

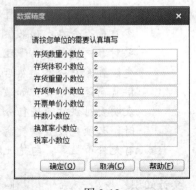

图 3-12

图 3-13

　　系统启用日期与功能模块的初始化资料相关，没有启用过的模块，不能被使用。这里勾选总账、应收款管理、应付款管理、固定资产、出纳管理、存货核算、销售管理、采购管理、库存管理、薪资管理，启用日期均设为 2016 年 1 月 1 日。

注意
- UFO 报表系统不需要启用，随时都可以使用。
- 只能启用已经安装的模块。
- 在进入系统时，系统会判断该系统是否已经启用，如果没有启用，则不能登录。
- 各系统的启用日期必须大于等于账套的启用日期。
- 各系统的启用日期可以不一致，但是要启用网上银行必须先启用总账。

例3-4 登录操作。

　　（1）选择"程序\用友 ERP-U8\企业应用平台"命令进行登录，如果如图 3-14 所示。在操作员文本框中输入"001"（仁渴），输入密码（如果没有密码，则密码为空），选择 001 账套，在操作日期处输入"2016-01-01"，语言选择为"简体中文"，然后单击"登录"按钮。

图 3-14

（2）系统打开"用友 U8⁺"窗口，如图 3-15 所示。在此所做的任何操作都是以用户 001（仁渴）的身份对 001 账套进行的。

图 3-15

（3）选择"业务导航"可以显示"经典树形"等菜单，可以单击图钉按钮将其锁定住，这样以后每次进入时，就不需要再打开业务导航来找菜单了。

 提示　只有在操作员编号和密码都完全正确的情况下，系统才会显示该操作员有权限操作的账套，而不会显示系统里面的所有账套，从而起到账套保密的作用。

3.5　用户和角色的权限设置

企业对管理的要求在不断变化和提高，越来越多的信息都表明权限管理必须向更细、更深的方向发展。用友 U8 提供集中权限管理，除了可以对各模块进行操作之外，还提供了金额的权限管理和资料的字段级和记录级控制，通过不同的权限组合方式，企业可以更好地对财务业务进行集中控制。

用友 U8 中可同时存在多位操作员，同一操作员可以对多个账套进行管理。在用户、角色设置完毕，并且新账套建立完成之后，需要为用户、角色设置具体权限。管理员和账套主管可以随时更改用户和角色的权限。

例3-5　参照表 3-4，为模拟账套中的各操作员设置权限。

表 3-4　　　　　　　　　　　　　　操作员权限

操作员编号	姓名	权限
001	仁渴	深圳市和氏贸易有限公司账套 2016 年度的账套主管权限
002	陈静	为其设置具有 001 账套 2016 年基本信息、总账、报表、应收、应付、薪资、固定资产、采购、销售、库存、存货模块的权限
003	王丽	为其设置具有 001 账套 2016 年基本信息、总账、报表、应收、应付、薪资、固定资产、采购、销售、库存、存货模块的权限

提示　为了更好地学习用友软件，建议读者以账套主管的身份登录账套进行操作，因为账套主管的权限不受限制。

（1）打开"用友 U8【系统管理】"窗口，以"admin"的身份注册，单击"权限"菜单，选择权限"命令，系统弹出"操作员权限"窗口，在此可以查询到用户和角色针对于不同套账不同年度所拥有的权限。

（2）选择操作员"002"，选择 001 账套，选择 2016 年度，为其设置相关权限，如图 3-16 所示。

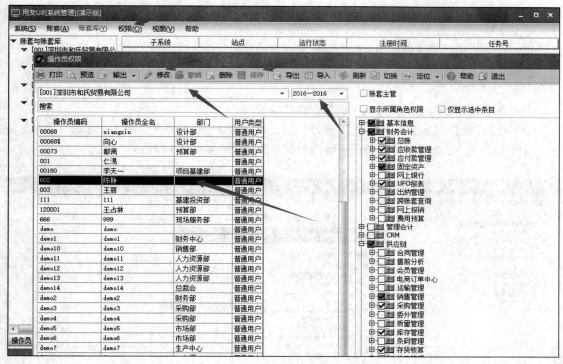

图 3-16

（3）然后再为其他操作员设置权限。

（4）权限设置完毕后，单击"保存"按钮，可以在"操作员权限"窗口中看到该操作员对指定年限的账套所拥有的权限。

会计知识： 凭证的制单人和审核人不能为同一个人。

新账中至少要有一位账套主管，负责管理整套账务，拥有套账的全部权限。此外，还应有另一个用户进行一些日常的账务处理工作，如填制凭证等。系统中必须有两个用户，因为用友系统中凭证的制单人与审核人不能为同一个人。

如果企业规模较小，只有一名财务人员，也必须创建两个用户。在进行凭证制单与审核工作时，需要用不同的用户身份登录系统。

当某操作员登录到用友系统时，系统只显示该操作员拥有的权限，当单击该操作员没有权限的菜单时，系统会提示"网络无法该问或该操作员权限受限不能访问此节点"。

3.6 账套备份

将企业资料备份并保存到不同的介质（如光盘、网络磁盘等）中是非常重要的，如果因为外界的原因（如地震、火灾、计算机病毒或人为的误操作等）使软件失效，则备份资料可以将企业的损失降到最小。

企业不仅应做好备份工作，还要处理好信息化系统的安全问题，如安装杀毒软件，使用不间断电源等加强资料的安全性；将备份的资料复制到不同的机器上进行保存；将年度资料刻录为光盘进行保存等。

下面介绍如何在系统管理中对账套数据进行备份。

3.6.1 手工备份

手工备份就是根据需要，用人工进行资料的备份。

（1）打开"用友 U8【系统管理】"窗口，用 admin 的身份进行注册，单击"账套"菜单，选择"输出"命令，系统提示选择备份账套的数据存储路径，如图 3-17 所示。

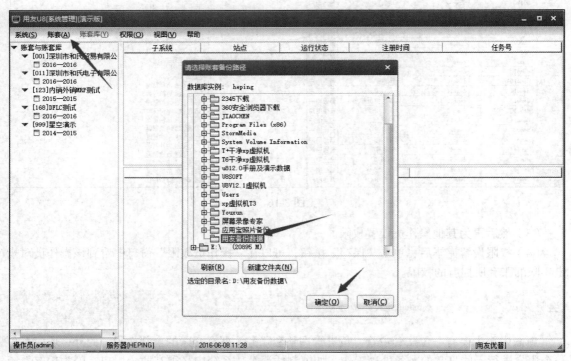

图 3-17

（2）选择好备份路径之后，再选择需要备份的账套，如图 3-18 所示，单击"确认"开始备份。如果希望备份完成之后删除原用友系统中的账套数据，则需要勾选该项账套之后的"删除当前输出的账套"复选框。

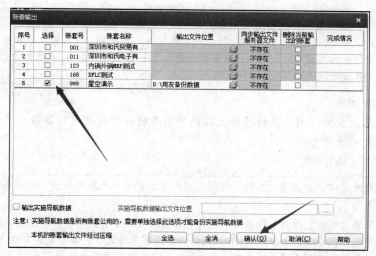

图 3-18

注意 是删除用友系统内的账套数据，而不是删除备份好的账套数据。

3.6.2 自动备份

用友 U8 具有自动备份功能，能够自动对账套进行备份。系统可以定时备份账套，也可以同时备份多个账套，这在很大程度上减轻了系统管理员的工作量。

（1）以 admin 的身份登录系统管理。

（2）单击"系统"菜单，选择"设置备份计划"命令，系统弹出"备份计划设置"窗口，如图 3-19 所示。

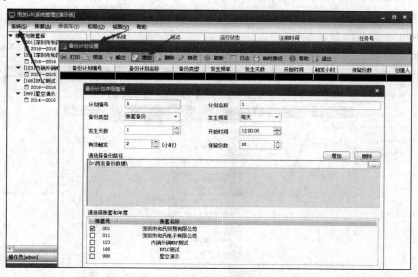

图 3-19

（3）单击"增加"按钮，系统弹出"备份计划详细情况"窗口，输入计划编号为"1"、计划名称为"1"，备份类型选择"账套备份"，发生频率选择"每天"。

选择"每周"时，发生天数为"1～7"的数字，对应星期一～星期日。

说明 选择"每月"时，发生天数为"1～31"的数字，如果某月的天数小于设置的天数，则系统按最后一天进行备份。例如，设置的天数为 31，但在 4 月只有 30 天的天数，则系统会在 4 月的最后一天（30 日）进行备份。

其他项的设置如下。

- 开始时间：备份时间，最好选择无人使用用友软件的时间进行备份。这里选择 12:00。
- 有效触发：选择 2。
- 保留份数：选择 10。

说明 有效触发是指在备份开始后，每隔一定时间就进行一次触发检查，如果备份不成功，则重新备份。

如果备份资料在硬盘中保存的时间超过保留天数，则会被系统自动删除，如果设置为 10，则系统以机器时间为准，将 10 天前的备份资料自动删除。如果设置为 0，则系统认为永不删除备份（最好不要设置为 0，否则重复备份的数据会不断增加）。

- 请选择备份路径：可以选择备份的目的地，但只能选择本地硬盘。

（4）单击"增加"按钮保存设置，单击"退出"按钮退出设置。

系统会根据备份计划的设置将账套数据备份到指定的文件夹中，并且以日期作为备份文件夹的名称。系统将账套的备份数据自动备份在指定文件夹中，并且以备份的日期作为自动备份的文件夹名。

提示 账套自动备份的操作只有在服务器开机的情况下才能进行。

3.6.3 账套引入

账套引入是指将系统外的某账套数据引入本系统中。有时账套数据被损坏，也要将原来备份好的资料重新引入。

（1）用 admin 的身份登录系统管理。

（2）单击"账套"菜单，选择"引入"命令，系统弹出"账套引入"窗口，如图 3-20 所示。

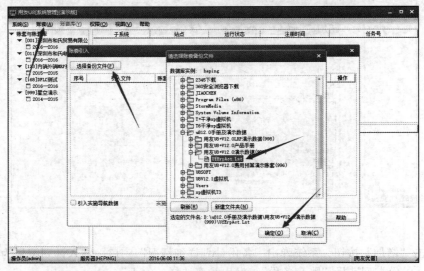

图 3-20

（3）选择需引入的账套数据，然后单击"确定"按钮，系统提示是否更改引入的目标账套路径，单击"否"按钮，即表示使用系统默认的路径，即可把账套数据引入进来。

用友 U8 引入用友账套备份数据文件的默认文件名是"UfErpAct.Lst"（读者也可以参阅第 2 章 2.2.2 小节的内容）。文件"UfErpAct.Lst"包含该备份账套的基本信息，所引入账套的账套编号不能与用友 U8 中已存在的账套编号重复（如用友 U8 系统中已存在一个 001 账套，而现在又引入一个 001 账套），否则系统会提示是否覆盖或取消引入，有效的方法是更改需引入账套（即备份账套）的基础信息，操作方式如下。

（1）找到账套备份数据中的"UfErpAct.Lst"文件，然后用文本文件方法将其打开，将文件内容中代表账套编号的字符更改为另一个编号（如 001 账套的备份数据，则可以将"001"字符全部更改为"005"字符），然后保存该文件，如图 3-21 所示。

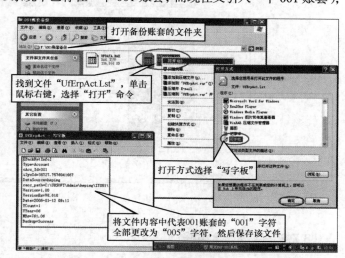

（2）将该备份数据引入用友系统中，就可以生成另一个与备份账套数据一模一样的账套。该功能常常用于数据测试，为了不将原有的账套数据破坏，就以复制一套账的方式来进行处理。

图 3-21

3.7　系统管理的其他功能

系统管理还有修改账套信息、设置安全策略、视图、升级 SQL Server 数据等功能。

3.7.1　修改账套信息

在系统管理中注册时，可以以账套主管的身份进行注册（不是 admin），如图 3-22 所示。

图 3-22

以账套主管的身份注册之后，可以修改注册账套的账套信息，如账套名称（见图 3-23），单击"下一步"按钮还可以修改公司名称、Logo 等信息。

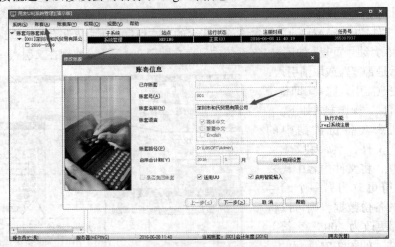

图 3-23

3.7.2　设置安全策略

用友 U8 的安全策略包括用户身份和密码管理，子系统和用户特权管理，数据、功能等权限管理，安全日志等。

在系统管理中，以"sadmin"的身份进行登录，然后单击"系统"菜单，选择"安全策略"命令，系统将弹出"安全策略"窗口，如图 3-24 所示。

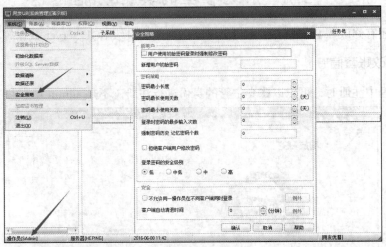

图 3-24

"安全策略"窗口中的部分内容介绍如下。

- 用户使用初始密码登录时强制修改密码：如果勾选此项，则不管是新增用户还是老用户，只要没有修改初始密码，登录时都会强制其修改后才能登录。
- 新增用户初始密码：为了便于管理，在此系统管理员可以设置一个企业级的用户初始密码，即新增用户时的默认密码，可修改。

● 密码最小长度：此项控制用户设置的密码必须达到一定的字符长度，默认为 0，即不控制长度。

● 密码最长使用天数：用户密码从设置起开始计算的最长使用天数，达到使用期限后，用户必须修改密码才能正常登录。只能输入数字，单位为天，默认为 0，即不控制密码的最长使用天数。

● 密码最小使用天数：用户密码从设置起开始计算的最短使用天数。用户每次设置的密码都必须被使用一定天数之后才可以进行修改。只能输入数字，单位为天，默认为 0，即不控制密码的最小使用天数。建议此项与"强制密码历史 记忆密码个数"结合使用。

● 登录时密码的最多输入次数：只能输入数字，为数字型可用的最大位数，默认为 0，即表示不限制次数。例如，在此输入数字"1"时表示：在登录用友系统时，必须一次性将操作员的密码输入正确才能进行登录，一旦密码输入错误，系统就会将该操作员在后台进行注销，而不管后面输入的密码是否正确，用友系统都将拒绝该操作员的登录，只有系统管理员去重新启用该操作员才可重新登录（请参阅图 3-6），该功能主要是为了防止那些知道操作员编号，而不断去尝试该操作员密码的不良企图者。

● 强制密码历史 记忆密码个数：用友 U8 会保存用户曾经使用过的密码，系统管理员在此处输入的个数意味着用户在修改密码时，不能重复修改为在这个数字内的前几个使用过的密码。建议此项与"密码最小使用天数"结合使用。

● 拒绝客户端用户修改密码：此项用以满足用户在 IT 管理方面的需求，如统一分配用户及密码，方便系统的进行维护。

● 登录密码的安全级别：设置密码的安全度，安全度分为低。中低、中、高，默认为低。修改密码时，按安全策略的密码安全度设置进行控制。

3.7.3　视图

系统管理主界面还将显示此时网络中各工作端计算机、操作员、打开子系统的运行情况，如图 3-25 所示。

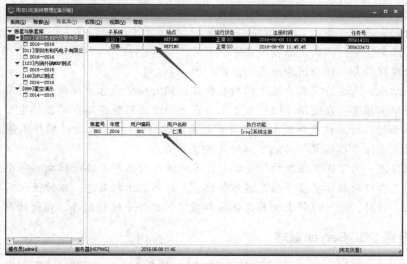

图 3-25

提示　视图功能常用来实时监控各用户正在使用用友 U8 的情况。当要操作某一功能时（如备份账套），可能需要正在运行的工作端全部退出用友软件，这时就可以在此查看是否还有工作端计算机未退出用友软件。

在系统管理中，以"admin"的身份进行登录，在"视图"菜单中进行查看上机日志、清除异常任务等操作，如图 3-26 所示。

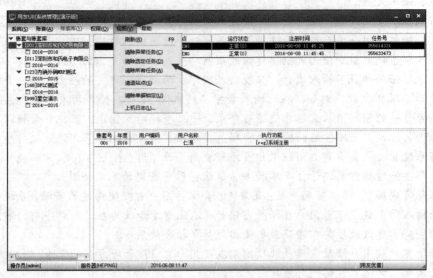

图 3-26

"视图"菜单的介绍如下。

- 刷新：由于系统管理可以对各个子系统的运行实施适时的监控，因此，当需要查看最新的系统内容时，可以选择该功能来适时刷新功能列表的内容。
- 清除异常任务：如果用户超过异常限制时间未工作或由于不可预见的原因非法退出某系统，则将其视为异常任务，此时在系统管理主界面的"运行状态"中将显示为"异常"，系统会在到达服务端失效时，自动清除异常任务，也可以选择"清除异常任务"命令，自行删除异常任务。
- 清除选定任务：强制清除指定任务。
- 清除所有任务：强制清除所有正在执行的任务。
- 清退站点：清退选定客户端上的所有任务，同时释放该客户端所占的所有产品许可。
- 清除单据锁定：在使用过程中由于不可预见的原因可能会造成单据锁定（如正在填制业务单据时，计算机突然断电，就有可能出现这种情况），此时单据将不能正常操作，但借助"清除单据锁定"功能可以使其恢复正常。
- 上机日志：为了保证系统的安全运行，系统随时对各个产品或模块的每个操作员的上机时间、操作的具体功能等情况进行登记，然后形成上机日志，以便使所有的操作都有所记录。另外，还可以将上机日志备份到指定的文件中进行保存，以便后期查看。

3.7.4　升级 SQL Server 数据

系统管理中的"升级 SQL Server 数据"功能用来完成对比当前用友 U8 版本更低的用友版本

账套数据的升级，也可以对虽然使用用友 U8 的账套数据，但当前 SQL 版本是较低的版本（如在 SQL 2012 上打开并使用 SQL 2008 中处理的数据）进行升级，如图 3-27 所示。

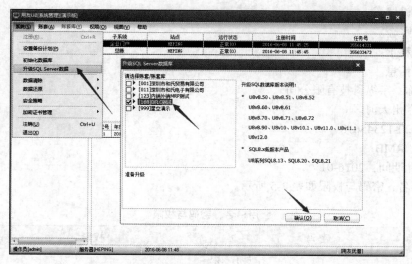

图 3-27

操作方法：首先将原来版本的账套数据引入用友 U8，然后单击"系统"菜单，选择"升级 SQL Server 数据"命令，最后选择需要升级的账套和年度即可。

 提示　为了安全起见，在升级之前，一定要备份原有的 SQL 数据。

课后习题

（1）系统管理中的注册身份有几种，其权限分别是什么？
（2）用友 U8 对账套数量有没有限制？
（3）备份的方法有几种？
（4）如何复制账套？

实验一　账套管理和用户管理

【实验目的】
1. 掌握用友 U8 中账套建立、备份和恢复的方法。
2. 掌握用户管理的方法。
3. 掌握操作员授权的方法。

【实验内容】
1. 建立账套。
2. 启用账套。
3. 备份账套。
4. 恢复账套。

5. 删除账套。
6. 建立用户档案。
7. 权限设置。
8. 登录账套。

【实验资料】

1. 公司信息。

机构名称：宇纵科技有限公司

地址：广州天河区

电话：020-12345678

本位币：RMB

启用会计期间：2016-01

2. 用户名、密码与权限如表 3-5 所示。

表 3-5　　　　　　　　　　　　　　用户名、密码与权限

用户名	密码	权限
贺君兰	111	所有权限
李丽	222	基础资料、总账、固定资产、现金管理、工资、应收款、应付款、仓存管理和存货核算使用、销售发票和采购发票
叶小英	333	基础资料查询权，采购管理，供应链系统公用设置
王力保	444	基础资料查询权，销售管理、供应链系统公用设置

【实验步骤】

1. 建立账套。

账套号：100

账套名称：宇纵科技有限公司

账套路径：采用默认的账套路径

2. 设置账套属性，并启用账套。

机构名称：宇纵科技有限公司

地址：广州天河区

电话：020-12345678

本位币：RMB

启用会计年度：2016

启用会计期间：1 月

设置完成后，保存并启用账套。

3. 备份账套，自定义备份文件的保存路径。

4. 恢复账套，将刚才备份文件的账套号恢复为账套号 101，账套名称恢复为宇纵科技有限公司 2。

5. 将刚才恢复的账套从系统中删除。

注意　删除时若提示账套正在使用，则重启服务器后即可删除。

6. 新增用户表信息并进行权限设置。

7. 以"贺君兰"的身份登录[100]宇纵科技有限公司账套。登录时注意密码的输入。

第4章 基础设置

学习目标

通过本章的学习，了解为一套新账套建立基础档案的方法，便于后期的业务处理。

基础设置包括基本信息和基础档案设置，本章将分别介绍。

下面以账套主管的身份登录新建账套，打开用友 U8 操作平台。

4.1 基本信息

在用友 U8 操作平台中可以设置基本信息，包括系统启用、编码方案及数据精度。

（1）打开用友 U8 操作平台中的"基础设置"选项卡，单击展开"基本信息"选项组，如图 4-1 所示。

图 4-1

（2）选择"系统启用"选项，可以查询或修改系统启用信息；选择"编码方案"选项，可以查询或修改系统编码方案；选择"数据精度"选项，可以查询或设置数据精度。

注意 | 系统启用、编码方案、数据精度的设置和功能说明请参阅本书 3.3 节的内容，在此不再赘述。

4.2 基础档案

在用友 U8 操作平台的"基础设置"选项卡中，展开"基础档案"选项组，在此可以分别设置机构人员、客商信息、存货、财务、收付结算、业务、对照表及其他信息，如图 4-2 所示。

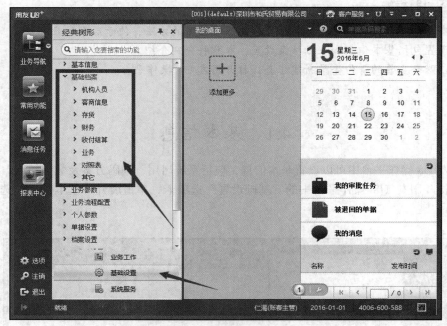

图 4-2

4.2.1 机构人员设置

机构人员设置包括本单位信息设置、部门档案设置、人员档案设置等。

1. 本单位信息设置

本单位信息主要包括单位名称、机构代码、法人代表和联系电话等。本单位信息可以在系统建账时输入，这样能够方便用户的修改和维护；在系统管理中，只有系统管理员可以修改此信息；在企业应用平台中，有此功能权限的操作员都可使用此功能。本单位信息在进行业务单据格式的设置时可以被引用。

（1）展开图 4-2 中的"机构人员"选项，选择"本单位信息"，系统弹出"单位信息"设置窗口，如图 4-3 所示。

（2）在"单位信息"设置窗口中单击"下一步"或"上一步"按钮可详细设置本单位信息。

2. 部门档案设置

部门是指在核算单位管辖下的具有财务核算或业务管理要求的单元体，部门档案信息包含部门编码、部门名称、部门负责人和部门属性等信息。

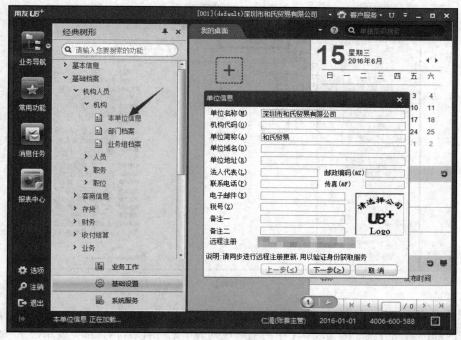

图 4-3

例4-1　参照表 4-1 录入部门档案信息。

表 4-1　　　　　　　　　　　　　　　部门档案信息

部门编码	部门名称	部门编码	部门名称
1	总经理室	502	销售二部
2	行政部	6	采购部
3	人事部	7	库管部
4	财务部	8	市场部
5	销售部		
501	销售一部		

（1）展开图 4-2 中的"机构人员"选项，选择"部门档案"，系统弹出"部门档案"窗口，如图 4-4 所示。部门档案的编码规则为"* ** **"，表示编码方案为 1-2-2，即一级部门编号由一位数字（1～9）组成，二级部门、三级部门编号由两位数字（01～99）组成。

（2）单击工具栏上的"增加"按钮，在窗口的右侧输入部门编码"1"、部门名称"总经理室"，单击"保存"按钮保存设置。

（3）录入其他一级部门信息。

（4）单击"增加"按钮，在窗口的右侧输入部门编码"501"、部门名称"销售一部"，单击"保存"按钮保存设置。按此操作，依次增加"502""销售二部"。这两个部门的编码之所以以 5 开头，是因为其上级部门——销售部的编码是 5。

在设置部门档案时，暂时不用设置部门负责人，等职员数据设置完成后再返回这里补充即可。

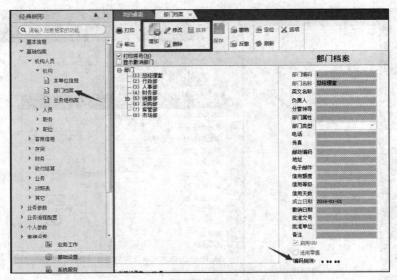

图 4-4

如果在此发现编码方案不合适，则可以在部门档案数据为空时（如果已添加档案，可将档案删除）修改部门编码方案。因为表 4-1 中的编码规则为 1-2，所以"销售部"就用数字"5"表示，而"销售一部"和"销售二部"则分别用"501"和"502"表示。

信用额度、信用等级和信用天数等都属于信用信息，所谓信用信息是指该部门对所负责的销售业务的信用额度（该部门所有销售业务的累加）和最大信用天数。信用信息可以为空。

3. 人员档案设置

人员档案是指企业各职能部门中需要进行核算和业务管理的职员信息，不需要将企业所有的职员信息都设置进来，如生产部门只需设置生产部负责人和各生产部文员的信息即可，而生产线员工则可以不用设置。设置人员档案之前必须先设置部门档案。

例 4-2　参照表 4-2 录入人员档案信息。

表 4-2　　　　　　　　　　　　　　人员档案信息

人员编码	姓名	人员类别	所属部门	是否为业务员	备注
001	仁渴	在职人员	总经理室	否	总经理
002	董风	在职人员	销售一部	是	销售工程师
003	何亮	在职人员	采购部	是	采购经理
004	何平	在职人员	财务部	否	会计主管
005	陈静	在职人员	财务部	否	会计
006	王丽	在职人员	仓库	否	仓库管理

（1）展开图 4-2 中的"机构人员"选项，选择"人员档案"，系统弹出"人员列表"窗口。

（2）单击"增加"按钮，系统弹出"人员档案"窗口，蓝色项目为必填项，在人员编码处输入"001"，在姓名处输入"仁渴"，性别为"男"，人员类别选择"（101）正式工"，行政部门选择"总经理室"，可选择预先保存好的该人员的照片，选择与操作员"001 仁渴"对应，单击"保存"按钮保存设置，如图 4-5 所示。

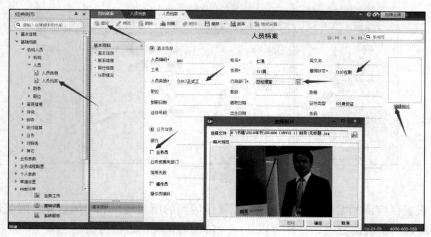

图 4-5

- 人员编码具有唯一性，而人员姓名则可以重复。
- 业务员：表示此人员是否可操作用友 U8 的其他业务产品，如总账、库存等，只有勾选了此项，才能在做各种出入库单据、收付款处理等业务时作为业务员被选入。当该人员为业务员时，系统将提示设置该业务员的"生效日期""失效日期""业务或费用部门""信用天数""信用额度""信用等级"等信息。

（3）录入表 4-2 中的其他数据。

 提示 只有在职人员才能在业务处理中被引用。

4.2.2 客商信息设置

客商信息功能用来设置与企业有相关业务往来的客户信息，包括供应商分类设置、供应商档案设置、客户分类设置和客户档案设置等。

1. 供应商分类设置

供应商分类与供应商档案是分开设置的。

企业对供应商进行分类管理，建立供应商分类体系。可将供应商按地区、行业等进行划分之后，再根据不同的分类建立供应商档案（供应商分类设置与客户分类设置的原理一样）。

例4-3 参照表 4-3 录入供应商分类信息。

表 4-3 　　　　　　　　　　　　供应商分类信息

分类编码	分类名称
01	电脑供应商
02	手机供应商

（1）展开图 4-2 中的"客商信息"选项，选择"供应商分类"，系统弹出"供应商分类"窗口。

（2）单击"增加"按钮，在"分类编码"文本框中输入"01"，在"分类名称"文本框中输入"电脑供应商"，单击"保存"按钮保存设置。继续录入表 4-3 中的其他数据，如图 4-6 所示。

注意 如果在建账时，没有勾选"供应商分类"复选框，则在此不能进行供应商分类设置。

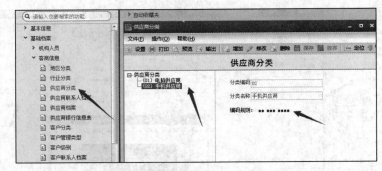

图 4-6

由于在设置供应商档案时，可以单独设置该供应商的所属地区和所属行业，因此建议用地区或行业作为此处的供应商分类，这样可以多一个角度对供应商进行分类。

2. 供应商档案设置

设置往来供应商的档案信息，便于管理供应商资料，也便于录入、统计和分析业务数据。如果在建立账套时勾选了"供应商分类"复选框，则必须先设置供应商分类，然后才能编辑供应商档案。

建立供应商档案主要是为企业的采购管理、库存管理和应付账管理服务。填制采购入库单、采购发票，进行采购结算、应付款结算和有关供货单位统计时都会用到供货单位档案，因此，要正确设立供应商档案，以便减少工作差错。在录入单据时，如果单据上的供货单位不在供应商档案中，则需要在此建立该供应商的档案。

例4-4　参照表4-4录入供应商档案信息。

表 4-4　　　　　　　　　　　　　供应商档案信息

供应商编码	供应商名称	所属分类	供应商属性
001	苏州新元电脑有限公司	电脑供应商	采购
002	深圳芳威科技有限公司	手机供应商	采购

（1）展开图 4-2 中的"客商信息"选项，选择"供应商档案"，系统弹出"供应商档案"窗口。

（2）单击"增加"按钮，系统弹出"增加供应商档案"窗口，如图 4-7 所示。

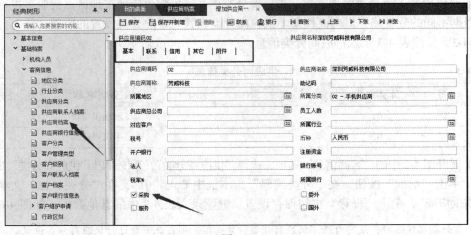

图 4-7

（3）参照表 4-4 录入供应商档案。

"增加供应商档案"设置窗口中的主要内容介绍如下。

① "基本"选项卡。

- 供应商编码：供应商编码必须唯一。可以用数字或字符表示，最多可输入 20 位数字或字符。

- 供应商名称：可以是汉字或英文字母，最多可输入 49 个汉字或 98 个字符。供应商名称用于销售发票的打印，即打印出来的销售发票的销售供应商栏目显示的内容为供应商名称。

- 供应商简称：可以是汉字或英文字母，最多可输入 30 个汉字或 60 个字符。供应商简称用于业务单据和账表的屏幕显示。

- 所属地区：可输入供应商所属地区的代码，输入系统中已存在的代码时，将自动转换成地区名称，显示在该栏目的右侧文本框内。

- 所属分类：选择已设置好的供应商分类编码。

- 供应商总公司：选择供应商总公司的编码，同时显示供应商的简称。供应商总公司是指当前供应商所隶属的最高一级的公司，该公司必须是已经通过"供应商档案"设置好的另一个供应商。在进行供应商开票结算处理时，可以将具有同一个供应商总公司的不同供应商的发货业务汇总在一张发票中进行统一开票结算。在执行信用额度的控制时，也可以执行总公司信用额度的控制。

- 员工人数：输入该供应商企业的员工人数，只能输入数值，不能有小数。此信息为企业辅助信息，可以不填，也可以随时修改。

- 对应客户：在供应商档案中输入对应客户的名称时不允许重复记录，即不允许有多个供应商对应一个客户的情况出现。例如，在 001 供应商中输入了对应客户的编码为 888，那么在保存该供应商信息的同时需要将 888 客户档案中的对应供应商编码记录存为 001（请参阅本章中的客户档案设置）。此功能的作用是在做应收或应付处理时，可即时联查该客户或供应商所对应的应付账款或应收账款，并进行相关的业务处理。

- 所属行业：选择该供应商所属的行业。

- 税号：输入供应商的工商登记税号，用于销售发票中税号栏内容的屏幕显示和打印输出。

- 币种：必须输入，所输入的内容应为币种档案中的记录，默认为本位币。

- 开户银行：输入供应商开户银行的名称，如果供应商的开户银行有多个，则在此处输入该企业同供应商之间发生业务往来最常用的开户银行。

- 注册资金：输入企业注册资金总额，必须输入数值，可以有 2 位小数。此信息为企业辅助信息，可以不填，也可以随时修改。

- 法人：供应商企业法人代表的姓名，长度为 20 个汉字或 40 个字符。

- 银行账号：供应商在其开户银行中的账号，可输入 50 位数字或字符。银行账号应对应开户银行栏目所填写的内容。如果供应商在某开户银行中的银行账号有多个，则在此处输入该企业同供应商之间发生业务往来最常用的银行账号。

- 供应商属性：可以勾选"采购""委外""服务""国外" 4 种属性中的一种或多种。"采购"属性的供应商是采购货物时可选的供应商，"委外"属性的供应商是处理委外业务时可选的供应商，"服务"属性的供应商是处理费用或服务业务时可选的供应商，"国外"属性的供应商是处理进口业务时可选的供应商。如果某供应商已被选择，则供应商属性不能被删除或修改，可增选其他项。

② "联系"选项卡。

● **分管部门**：选择该供应商归属哪个采购部门分管。

● **专营业务员**：显示该供应商由哪个业务员负责联系业务。只有在人员档案设置时，勾选了"业务员"复选框的人员，才能在此被选择。

● **地址**：可用于采购到货单中供应商地址栏内容的屏幕显示和打印输出，最多可输入 127 个汉字或 255 个字符。如果供应商的地址有多个，则在此处输入该企业同供应商之间发生业务往来最常用的地址。

● **电话、手机号码**：可用于显示采购业务单据上该供应商的联系方式。

● **到货地址**：可用于采购到货单中到货地址栏的缺省取值，可以与供应商地址相同，也可以不同。在很多情况下，到货地址都是供应商主要仓库的地址。

● **E-mail 地址**：最多可输入 127 个汉字或 255 个字符，手动输入，可为空。

● **到货方式**：可用于采购到货单中发运方式栏的缺省取值，输入系统中已存在的代码时，自动转换成发运方式的名称。

● **到货仓库**：可用于采购单据中仓库的缺省取值，输入系统中已存在的代码时，自动转换成仓库名称（可将仓库档案设置完成之后，再回到此处补充完成本设置）。

③ "信用"选项卡。

● **应付余额**：由系统自动计算并显示该供应商当前的应付账款的余额，不能手动修改该栏目的内容。

● **ABC 等级**：可根据该供应商的表现，选择 A、B、C 三个信用等级符号来表示该供应商的信用等级，可随时根据实际发展情况予以调整。

● **单价是否含税**：表明显示的单价是含税价格还是不含税价格。

● **扣率**：显示供应商在一般情况下给予的购货折扣率，可用于采购单据中折扣的缺省取值。

● **信用等级**：按照用户自行设定的信用等级分级方法，依据在供应商应付款项方面的表现，输入供应商的信用等级。

● **信用额度**：内容必须是数字，可以有 2 位小数，可为空。

● **信用期限**：可作为计算供应商超期应付款项的计算依据，其度量单位为"天"。

● **付款条件**：可用于采购单据中付款条件的缺省取值，输入系统中已存在的代码时，自动转换成付款条件表示。

● **最后交易日期**：由系统自动显示供应商最后一笔业务的交易日期。

● **最后交易金额**：由系统自动显示供应商最后一笔业务的交易金额。

● **最后付款日期**：由系统自动显示供应商最后一笔付款业务的付款日期。

● **最后付款金额**：由系统自动显示供应商最后一笔付款业务的付款金额。金额单位为发生实际付款业务的币种。

🐝 **提示** 应付余额、最后交易日期、最后交易金额、最后付款日期和最后付款金额这 5 个条件项，是由系统在应付款管理系统中计算相关数据并显示的。如果没有启用应付款管理系统，则这 5 个条件项不可使用。这 5 个条件项在基础档案中只可查看，不可修改。

---

④ "其他"选项卡。

● **发展日期**：该供应商与企业建立供货关系的日期。

● 停用日期：如果因为信用等原因，企业决定停止与该供应商的业务往来，则在此输入该供应商被停用的日期。

注意　只要是"停用日期"栏中的内容不为空的供应商，在开具任何业务单据时都不能使用，但可进行查询。如果要使该停用的供应商放弃使用，则将"停用日期"栏的内容清空即可。

● 使用频度：供应商在业务单据中被使用的次数。
● 对应条形码中的编码：最多可输入 30 个字符，不能重复，可以随时修改，可为空。
● 备注：如果还要录入并说明该供应商的其他信息，则可以在备注栏录入长度为 120 个汉字的内容，可以输入，也可以不输入，可随时修改备注内容。
● 所属银行：付款账号缺省时所属的银行，可为空。
● 建档人：在增加供应商记录时，系统自动将该操作员编码存入该记录中作为建档人，以后不管是谁修改这条记录均不能修改这一栏目，且系统也不能自动进行修改。
● 所属的权限组：该栏目不允许编辑，只能查看。该栏目在数据分配权限中进行定义。
● 变更人：新增供应商记录时，变更人栏目存放的操作员与建档人的内容相同，以后修改该条记录时，系统自动将该记录的变更人修改为当前操作员编码。该栏目不允许手工修改。
● 变更日期：新增供应商记录时，变更日期存放当时的系统日期，以后修改该记录时，系统自动用修改时的系统日期替换掉原来的信息。该栏目不允许手工修改。

一家供应商可以同时建立多个联系人的档案，并且可以设定联系人之间的上下级关系，以便未来在业务跟进时获取更多的业务信息，如图 4-8 所示。

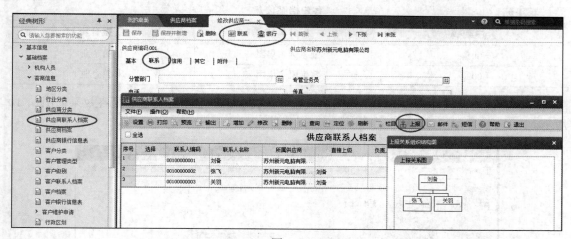

图 4-8

提示　建档人、所属的权限组、变更人、变更日期这 4 项只能查看，不能修改。

3. 客户分类设置

企业可根据业务需要对客户进行分类，以便后期管理。例如，可将客户按行业、地区等标准进行划分。之后，根据不同的分类建立客户档案。如果建账时未勾选"客户是否分类"复选框，则不能使用本功能。

例4-5　参照表 4-5 录入客户分类信息。

表 4-5　　　　　　　　　　　　　　　　客户分类信息

分类编码	分类名称
01	国有企业
02	私营企业

客户分类的设置方式与供应商分类的设置方式类似，这里不再赘述，最终效果如图 4-9 所示。

4．客户档案设置

客户档案用于设置往来客户的档案信息，以便管理客户资料以及进行资料的录入和统计分析。如果在建立账套时选择了客户分类，则必须将客户分类档案设置完成后再编辑客户档案。

建立客户档案主要是为企业的销售管理、库存管理和应收账管理服务。在填制销售出库单、销售发票，进行销售结算、应收款结算和有关客户单位统计时都会用到客户单位档案，因此，必

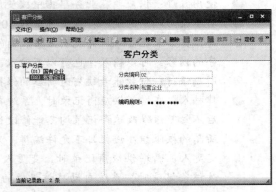

图 4-9

须正确设立客户档案，以便减少工作差错。在输入单据时，如果单据上的客户单位不在客户档案中，则需要在此建立该客户的档案。

例 4-6　参照表 4-6 录入客户档案信息。

表 4-6　　　　　　　　　　　　　　　　客户档案信息

客户编码	客户名称	所属分类
001	北京远东集团	国有企业
002	深圳凯丰集团	私营企业

客户档案的设置方式与供应商档案的设置方式类似，这里不再赘述，最终效果如图 4-10 所示。

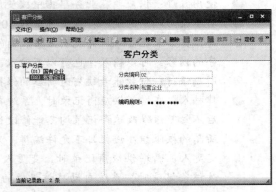

图 4-10

提示　单击"增加客户档案"窗口上的"联系"选项卡可以为该客户设置多个联系人，并且可以建立各联系人之间的上下级汇报关系。

4.2.3 存货设置

用友系统中的存货是指生产物料、半成品及产成品和库存商品的统称。用友 U8 中存货的业务处理有两种方法：一是在没有启用用友 U8 的供应链模块（如库存管理、存货核算等）的情况下，可以在会计科目下设置明细科目，例如，在会计科目"原材料"下面再设置原材料的明细科目（该科目可进行数量金额式的核算），然后通过直接填制记账凭证的方式来处理存货的出入库业务；二是可以启用存货核算系统，建立明细的存货档案，然后通过出入库单据来处理出入库业务，这些出入库业务会自动生成记账凭证并传至总账系统中。在 ERP 系统中，存货设置相当重要，因为它的设置直接影响 ERP 的运算结果。

如果想要启用用友 U8 的供应链管理系统，则必须先进行存货设置。

存货设置包括存货分类设置、计量单位设置和存货档案设置等。

1. 存货分类设置

对存货进行分类管理，以便企业统计和分析业务数据。每个分类可以设置的项目有分类编码、名称及所属经济分类。

例4-7　参照表 4-7 录入存货分类信息。

表 4-7　　　　　　　　　　　　　　　　存货分类信息

存货分类编码	存货分类名称
01	电脑
02	手机
03	其他

（1）展开图 4-2 中的"存货"选项，选择"存货分类"，系统弹出"存货分类"窗口。

（2）单击"增加"按钮，进行存货分类设置，最终效果如图 4-11 所示。

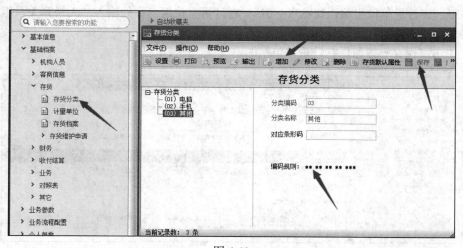

图 4-11

注意 只有在建账时，勾选了"存货分类"复选项，才能在此设置存货分类（请参阅本书 3.3 节的内容）。

工业企业与商业企业在设置存货分类时有所不同，工业企业的存货分类一般为材料、产成品、应税劳务等，而商业企业的存货分类则一般为商品和应税劳务，然后再在这些分类下面设置明细分类。

2. 计量单位设置

计量单位是系统在进行存货核算时，为不同存货设置的计量标准。存货的计量单位可以是单计量单位，也可以是多计量单位（如 1 支笔为 1 支，12 支笔为 1 打，10 打为 1 盒）。因为处理出入库业务时，系统会自动换算，所以在设置存货档案之前要先设置计量单位。

设置计量单位前，应先对计量单位进行分组。用友软件提供的计量单位组分为无换算、浮动换算和固定换算 3 种类型，每个计量单位组中都有一个主计量单位和多个辅计量单位，可以设置主、辅两种计量单位之间的换算率，还可以设置采购、销售、库存和成本系统所默认的计量单位。

 说明
- 无换算：该组下的所有计量单位都以单独的形式存在，各计量单位之间不需要输入换算率。系统默认为主计量单位。
- 浮动换算：设置为浮动换算率时，可以选择的计量单位组只能包含两个计量单位。此时需要将该计量单位组中的主计量单位、辅计量单位显示在存货卡片上。
- 固定换算：设置为固定换算率时，可以选择的计量单位组中包含两个以上（不包括两个）的计量单位，且每一个辅计量单位对主计量单位的换算率不为空。此时需要将该计量单位组中的主计量单位显示在存货卡片上。

例 4-8 参照表 4-8 录入存货计量单位。

表 4-8 存货计量单位

单位编码	名称
01	台
02	只

（1）展开图 4-2 中的"存货"选项，选择"计量单位"，系统弹出"计量单位"窗口。

（2）单击"分组"按钮，在系统弹出的"计量单位组"窗口中单击"增加"按钮，填写新的计量单位组，在计量单位组编码处输入"01"，在计量单位组名称处输入"无换算关系组"，计量单位组类别选择"无换算率"选项。

（3）单击"保存"按钮保存计量单位组的设置，如图 4-12 所示。

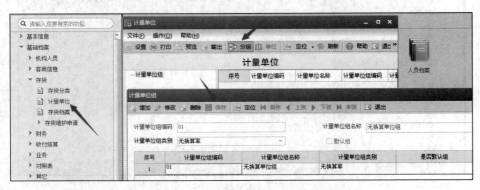

图 4-12

（4）单击"退出"按钮，退出"计量单位组"窗口。

（5）选定已经设置好的计量单位组（即无换算单位组），然后单击"单位"按钮，系统弹出"计量单位"窗口。

（6）单击"增加"按钮，陆续在该计量单位组下增加新的计量单位。输入新增的计量单位编码"01"、计量单位名称"台"，单击"保存"按钮保存设置。

（7）录入表 4-8 中的其他计量单位数据，最终效果如图 4-13 所示。

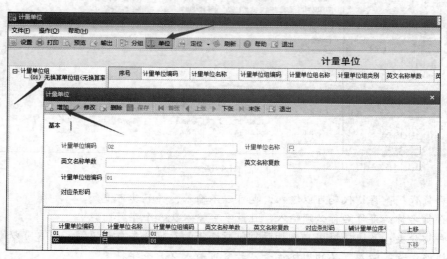

图 4-13

3. 存货档案设置

存货档案用于保存企业生产经营中的存货信息，以便企业管理这些信息并对其进行统计分析。存货档案包括存货基本信息、成本和控制等内容。

例4-9 参照表 4-9 录入存货信息。

表 4-9 存货信息

存货编码	存货名称	所属类别	计量单位	属性
001	ThinkPadE450	电脑	台	采购、内销
002	vivo Xplay5	手机	台	采购、内销

（1）展开图 4-2 中的"存货"选项，选择"存货档案"，系统弹出"存货档案"窗口。

（2）选择"（03）产成品"选项，然后单击"增加"按钮，系统弹出"增加存货档案"窗口。在"增加存货档案"窗口中有 7 个选项卡：基本、控制、价格成本、计划、其他、图片和附件。

（3）在"基本"选项卡的存货编码处输入"002"，在存货名称处输入"vivoXplay5"，存货分类为"手机"，计量单位组选择"01-无换算单位组"选项，主计量单位选择"01-台"，在存货属性中分别勾选"内销""采购"复选框，如图 4-14 所示。

① "基本"选项卡中蓝字的项目为必填项，需设置的信息如下。

● 存货编码：存货编码必须输入，且最多可输入 60 个数字或字符，每个存货的存货编码必须唯一，不能与其他存货编码重复。存货编码是用友 U8 后台计算时唯一识别该存货的标识。

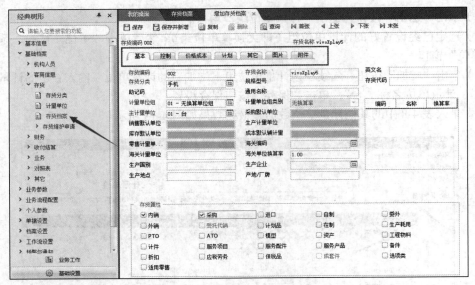

图 4-14

- 存货代码：存货代码可以输入，也可以不输入，并且其可重复。
- 存货名称：存货名称必须输入，且最多可输入 255 个字符。
- 存货分类：系统根据用户增加存货前所选择的存货分类自动填写，用户可以修改。
- 规格型号：输入产品的规格编号，最多可输入 255 个字符。
- 计量单位组：参照选择录入。
- 计量单位组类别：系统根据已选的计量单位组自动带入。
- 主计量单位：根据已选的计量单位组，显示或选择不同的计量单位。
- 生产计量单位：设置生产制造系统缺省使用的辅计量单位。对每个计量单位组均可以设置一个生产订单系统缺省使用的辅计量单位。
- 采购默认单位、销售默认单位、生产计量单位、库存默认单位、成本默认辅计量、零售计量单位：对应每个计量单位组均可以设置一个且最多只能设置一个采购、销售、生产、库存、成本、零售系统缺省使用的辅计量单位。其中成本默认辅计量单位，不可输入主计量单位。

注意

在处理不同的业务时，可以使用不同的计量单位。例如，在采购汽油时，以吨来计算，但在领用汽油到车间进行生产时，可以以升来计算，系统会根据这两种不同的计量单位（吨和升）在单位组内的换算关系，来计算其相互之间的换算率。如果该单位组是固定换算，则系统自动计算出的采购进来多少吨，则相当于是入库多少升，而领用出去多少升，则相当于是领用出去多少吨，从而自动增加或减少仓库的数量；如果该单位组是浮动换算，则需要在每次入库或出库时，人工输入单位与单位之间的换算关系。

在选择好计算单位组时，系统自动将该计算单位组中的第一个单位作为主计量单位，如果需要修改主计量单位，则需要在此将主计量单位删除之后再设置新的主计量单位。

② "控制"选项卡中包含对存货进行的数量和周期控制，如最低库存、盘点周期、定额上限、积压标准等。

- 计价方式：设置存货出库时的成本计价方式。当行业类型为工业时，计价方式可为计划价法、全月平均法、移动平均法、先进先出法、后进先出法和个别计价法；当行业类型为商业时，计价方式可为售价法、全月平均法、移动平均法、先进先出法、后进先出法和个别计价法。

财务知识：计价方式

自 2007 年 1 月 1 日起所实行的新会计准则中，虽然已放弃了"后进先出法"的计价方式，但用友软件为了满足部分企业的需求，仍然保留该功能。

例如，某公司先以 10 元一只的价格购买了 10 只鼠标，然后又以 12 元一只的价格购买了 6 只鼠标，现在以 15 元一只的价格销售了 11 只鼠标，则销售这 11 只鼠标的成本价就会因计价方式的不同而不同。

（1）先进先出法：先进先出法的成本价为先进来的 10 只鼠标的成本 100 元再加上后进来的 11 只鼠标中 1 只的成本 12 元，在不考虑其他费用的情况下，本次的销售利润为 15×11－（100+12），即等于 53 元。

（2）后进先出法：后进先出法的成本价为后进来的 6 只鼠标的成本 72 元再加上先进来的 10 只鼠标中 5 只的成本 50 元，在不考虑其他费用的情况下，本次的销售利润为 15×11－（72+50），即等于 43 元。

（3）移动平均法：移动平均法是取当前所有鼠标的平均成本单价，当前鼠标的平均成本单价是（10×10+12×6）/（10+6），即 10.75 元，而本次的销售成本则为 11×10.75，即 118.25 元，在不考虑其他费用的情况下，本次的销售利润为 15×11－118.25，即 46.75 元。

（4）全月平均法：全月平均法需要计算整月鼠标的平均成本，因此必须在进行期末处理的操作之后（请参阅本书第 11 章存货核算期末处理部分内容）才能计算出来，在未做期末处理之前，还可能有新的鼠标入库。

（5）个别计价法：个别计价法需要单独手工去指定该存货的出库成本。

注意　用友 U8 提供了 3 种核算方式，分别是按仓库核算、按部门核算、按存货核算。企业可根据实际情况进行选择，可参考本书第 11 章的图 11-6。如果在存货核算系统的选项设置中（请参阅 11.2.1 小节的内容）设置的核算方式是"按存货核算"，则必须对每一个存货记录都设置一个计价方式，缺省选择全月平均法。若前面已经有新增记录，则计价方式与前面新增记录的相同，如果在存货核算系统的选项设置中选择的是"按仓库核算"，则不需要对每一个存货都进行计价方式的设置，而是要在仓库档案设置时，对每个仓库分别进行计价方式的设置（请参阅 4.2.6 小节关于仓库档案设置的内容）。存货核算系统的核算方式一旦被使用，则不能对其进行修改。

- **进项税率%**：默认新增档案时的进项税=销项税=17%，可修改。
- **销项税率%**：此税率为销售单据上该存货默认的销项税率，默认为 17%，可修改。可以输入小数位，但会根据数据精度对税率小数位数的要求进行限制。
- **参考成本**：以非计划价或售价核算的存货填制出入库成本时的参考成本。采购商品或对材料暂估时，参考成本可作为暂估成本。在存货负出库时，参考成本可作为出库成本。该属性比较重要，建议都进行填写。在存货核算系统中，该值可以和"零成本出库单价确认""入库成本确认方式""红字回冲单成本确认方式""最大最小单价控制方式"等选项配合使用，如果各种选项均设置为参考成本，则在各种成本确认的过程中都会自动取该值作为成本。参考成本的设置也可以为售前分析系统计算接到一张销售订单时，该张订单的销售价格是否有利润作为参考（利润=销售单价-组成该销售成品的所有材料的参考成本-人工费用-其他费用等）。
- **最新成本**：存货的最新入库成本，用户可修改。对存货成本的参考值不进行严格的控制。

注意　如果使用了采购管理系统，则在做采购结算时系统自动将该存货的提取结算单价作为该存货的最新成本，自动返回该存货档案的最新成本中来。

- **最低销售价**：录入该存货销售时的最低销售单价。在销售管理系统中，如果对售价进行了控制，则在执行销售业务（销售订货、销售开票等）时，如果该存货在销售单据上的销售单价低于最低售价，则系统会要求有更高权限的用户输入口令，如果口令输入正确，则可以低于最低售价的价格进行销售，否则不可进行销售。

● **最高采购价**：录入该存货被采购进货时用户参考的最高进价。在采购管理系统中，如果对最高进价进行了控制，则在执行采购业务（采购订货、采购开票等）时，如果该存货在采购单据上的采购进价高于最高进价，则系统会要求有更高权限的用户输入口令，如果口令输入正确，则可以高于最高进价的价格采购，否则可进行采购。

③ "价格成本"选项卡中包含控制存货成本方面的选项，如计价方式、最高采购价、最低销售价等。

④ "计划"选项卡用于设置存货的计划内容，如日耗用量、采购提前期等。

⑤ "其他"选项卡用于设置存货重量、体积、长、宽、高、启用日期或停用日期等信息。

（4）单击"保存"按钮保存数据，之后录入例 4-9 中的其他数据。

4.2.4 财务设置

财务方面的设置包括会计科目、凭证类别和外币设置等设置。

1. 会计科目设置

一级科目设置必须符合会计制度的规定，而明细科目则可以根据实际情况，在满足核算、管理及报表的要求下进行设置。在进行建账时，如果选择了按行业预设科目，则系统会按新建账套的行业类型预设一级会计科目。

例4-10　在建账时选择"2007 新会计准则"的初始会计科目的情况下，再参照表 4-10 设置会计科目。

表 4-10　　　　　　　　　　　　　　　　会计科目

类型	级次	科目编码	科目名称	外币币种	辅助账类型	银行科目	现金科目	余额方向	银行账	现金账
资产	1	1001	库存现金				Y	借		Y
资产	2	100101	人民币				Y	借		Y
资产	2	100102	美元	美元			Y	借		Y
资产	1	1002	银行存款			Y		借	Y	Y
资产	2	100201	科技园招商银行			Y		借	Y	Y
资产	2	100202	科技园工商银行			Y		借	Y	Y
资产	1	1121	应收票据		客户往来			借		
资产	1	1122	应收账款					借		
资产	2	112201	应收人民币		客户往来			借		
资产	1	1123	预付账款		供应商往来			借		
负债	1	2201	应付票据		供应商往来			贷		
负债	1	2202	应付账款		供应商往来			贷		
负债	1	2203	预收账款					贷		
负债	2	220301	预收人民币		客户往来			贷		
负债	2	220302	预收美元	美元	客户往来			贷		

续表

类型	级次	科目编码	科目名称	外币币种	辅助账类型	银行科目	现金科目	余额方向	银行账	现金账
负债	1	2221	应交税费					贷		
负债	2	222101	应交增值税					贷		
负债	3	22210101	进项税额					贷		
负债	3	22210102	已交税金					贷		
负债	3	22210103	转出未交增值税					贷		
负债	3	22210104	减免税款					贷		
负债	3	22210105	销项税额					贷		
负债	3	22210106	出口退税					贷		
负债	3	22210107	进项税额转出					贷		
损益	1	6601	销售费用					借		
损益	2	660101	通信费		部门核算			借		
损益	2	660102	折旧		部门核算			借		
损益	2	660103	薪资		部门核算			借		
损益	2	660104	其他					借		
损益	1	6602	管理费用					借		
损益	2	660201	差旅费		部门核算			借		
损益	2	660202	办公费		部门核算			借		
损益	2	660203	水费					借		
损益	2	660204	通信费		部门核算			借		
损益	2	660205	电费					借		
损益	2	660206	折旧费		部门核算			借		
损益	2	660207	会议费		部门核算			借		
损益	2	660208	培训费		部门核算			借		
损益	2	660209	薪资		部门核算			借		
损益	2	660299	其他					借		

（1）展开图 4-2 中的"财务"选项，选择"会计科目"，系统弹出"会计科目"窗口。如果在建账时勾选了"按行业预设科目"复选框，则在进行会计科目的设置时，系统自动生成相应行业的会计科目，在此基础上，再根据企业的需要，设置明细科目。

（2）在"会计科目"窗口中，单击"增加"按钮，系统弹出"新增会计科目"窗口，如图 4-15 所示。

（3）按表 4-10 录入新的会计科目或修改已有的会计科目。

 ● 币种核算：在需对科目进行外币核算时，应勾选"币种核算"复选框（如果在建账时，没有设置本账套，则在需进行币种核算时，币种核算项将不被激活），并选择其核算的币种以及该科目是否需要日记账或银行账（如果是现金科目，则勾选"日记账"复选框；如果是银行存款科目，则勾选"日记账"与"银行账"两个复选框）。

● 辅助核算：有些科目需要借助个人、部门、客户、供应商或项目完成相应的核算，在进
行科目设置时，应勾选相应的辅助核算复选框。

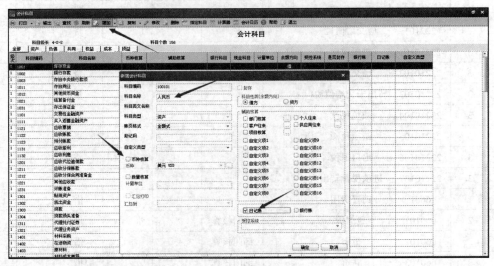

图 4-15

例如，在设置会计科目"112201—应收人民币"时，其辅助核算就需要勾选"客户往来"复
选框（而非在这个科目下设置明细科目来表示具体的某个客户名称），如图 4-16 所示，这样这个
科目就与"客户档案"链接了起来。在填制记账凭证时，如果使用到 112201 这个会计科目，系统
就会要求选择产生这笔业务的客户名称。

图 4-16

● 受控系统：如果科目只能由特定系统（应收系统、应付系统和存货核算）使用，则可以
在此指定系统。

● 数量核算：如果勾选了此复选框，则在填制凭证操作引用该科目时，系统会要求输入相应的数量和单价，相乘的结果即为该科目的值，并且勾选此复选框后要设置计量单位。该功能常常在没有启用存货核算系统，而在总账系统中核算库存商品会计科目时使用。

（4）科目设置完毕后，单击"确定"按钮保存设置并退出。

（5）在"会计科目"窗口中，选择"编辑"→"指定科目"命令，系统弹出"指定科目"窗口，如图 4-17 所示。此处指定的现金总账科目和银行总账科目供出纳管理使用（在查询现金、银行存款日记账前，必须指定现金、银行存款总账科目）；指定现金流量科目作为在总账中填制该科目的凭证时，系统强制要求指定该科目的发生业务所对应的现金流量项目。

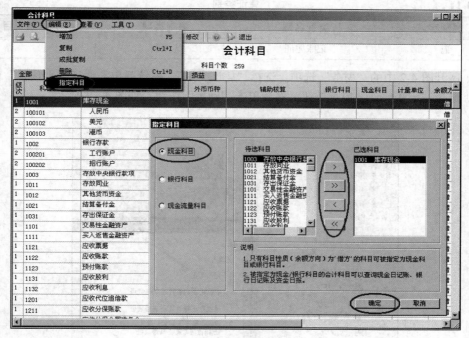

图 4-17

注意
● 只有科目性质（余额方向）为"借方"的科目才可被指定为现金科目或银行科目。
● 指定的现金流量科目供 UFO 报表出现金流量表时取数函数使用，在录入凭证时，对指定的现金流量科目，系统会自动弹出窗口要求指定当前录入分录的现金流量项目。
● 如果不希望在填制凭证时，系统强制要求将该科目的发生额记入现金流量项目中，则不要指定现金流量科目。

（6）若要修改科目信息，则可以在"会计科目"窗口中选择科目，再单击"修改"按钮进行修改。若要删除科目信息，则单击"删除"按钮即可删除。

注意
● 不能删除已经制单或者录入了期初余额的科目；不能删除被指定为"现金银行科目"的科目，只有取消"现金银行科目"的设置后才可删除。
● 在设置会计科目时，要考虑与其他子系统的衔接。因为，在总账系统中，只有末级会计科目才允许有发生额，才能接收各子系统转入的数据。
● 如果会计科目已有业务发生，则不要随意修改（增加或减少）会计科目的辅助核算项，这样会导致该科目的总账和辅助账对账不平。如果要修改，最好是在每年的年初将该会计科目的期初清空之后再修改。

说明　如果是已经制单或者录入了期初余额的科目，则再增加新的下级科目时，它会将该科目有关的数据自动转至所增加的下级科目中的第一级。例如，原来只用 1001 现金科目来做人民币业务，如果制单后要在现金科目下面增加两个下级科目，如 100101 人民币科目和 100102 美元科目，则这时系统会将原来 1001 库存现金科目的数据自动转至 100101 人民币科目业务中。

2. 凭证类别设置

例4-11　参照表 4-11 设置凭证类别。

表 4-11　　　　　　　　　　　　　　　　　凭证类别

类别字	类别名称	限制类型	限制科目
记	记账凭证	无限制	

（1）展开图 4-2 中的"财务"选项，选择"凭证类别"，系统弹出"凭证类别预置"窗口。
（2）选择"记账凭证"单选按钮，然后单击"确定"按钮，如图 4-18 所示。

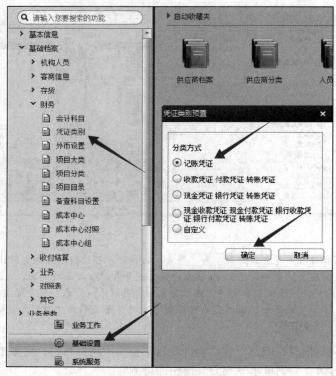

图 4-18

说明　第一次设置凭证类别时，系统会提供几种常用的分类方式，如"记账凭证""收款凭证"等。在此处还可以选择"自定义"分类方式，以满足不同单位的需求。

（3）在"凭证类别"窗口中单击"增加"按钮，可以新增自定义凭证类别，如图 4-19 所示。

提示　有多种凭证类别可以用来记录不同的业务类别，以便未来进行分类统计、查询和分析。

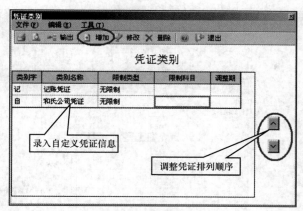

图 4-19

（4）单击"退出"按钮，系统会自动保存自定义的凭证类别并退出。

（5）双击"限制类型"，可为该凭证类别设置限制科目。例如，使用该凭证类别时借方必须有哪些科目，否则系统将视该张凭证为不合法。

> **注意**　凭证类别的排列顺序将会影响账簿查询中凭证类别的排列顺序，可以通过"凭证类别"窗口右侧的上下箭头来调整凭证类别的顺序。但现在的很多企业都没有刻意地划分凭证类别，一般都只有一种凭证类别，即记账凭证。凭证类别一旦在制单时被引用，就不能被删除。

3. 外币设置

在核算单位涉及外币业务，需要进行汇率管理时，可进行外币设置。外币设置既可以减少录入汇率的次数和降低差错，又可以避免在汇率发生变化时出现错误。

使用固定汇率（即使用月初或年初汇率）作为记账汇率时，在填制每月的凭证前，应预先在此录入该月的记账汇率，否则在填制该月的外币凭证时，将会出现汇率为 0 的错误。

使用变动汇率（即使用当日汇率）作为记账汇率时，在填制某日的凭证前，应预先在此录入当日的记账汇率。

例4-12　参照表4-12进行外币设置。

表 4-12　　　　　　　　外币业务（以人民币作为本位币进行业务处理）

币名	美元
币符	USD
汇率小数位	5
最大误差	0.000 01
汇率方式	固定汇率
折算方式	外币×汇率=本位币
1 月份汇率	6.58

（1）展开图 4-2 中的"财务"选项，选择"外币设置"，系统弹出"外币设置"窗口。

（2）单击"增加"按钮录入表 4-12 中的外币设置信息，如图 4-20 所示。

（3）设置完毕后，单击"确认"按钮保存。在设置会计科目时可以引用外币。只有在建账时勾选了"外币核算"复选框，才能使用本功能。

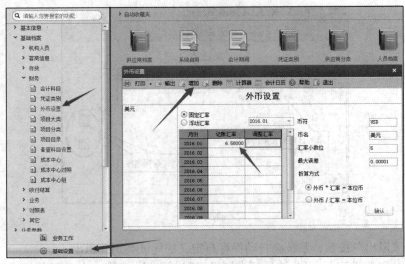

图 4-20

4.2.5 收付结算设置

收付结算设置包括结算方式设置、付款条件设置、银行档案设置和本单位开户银行设置。

收付结算功能用来建立和管理用户在经营活动中所涉及的结算方式，它与财务结算方式一致，如现金结算、支票结算等。结算方式最多可以分为两级。结算方式一旦被引用，便不能修改和删除。在应收、应付系统中的收款和付款中也需要选择结算方式，系统根据结算方式制单生成凭证时进入对应的会计科目。

（1）展开图 4-2 中的"收付结算"选项，选择"结算方式"，系统弹出"结算方式"窗口。

（2）结算方式的设置与客户分类的设置类似，设置时应注意结算方式的编码规则，最终效果如图 4-21 所示。

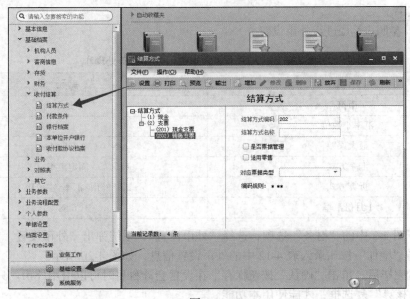

图 4-21

注意 如果勾选了"是否票据管理"复选框，则在执行该种结算方式时，系统会提示记录发生该笔业务的票据信息，否则不会提示。

4.2.6　业务设置

业务设置包括仓库档案设置、收发类别设置、采购类型设置、销售类型设置等。

1. 仓库档案设置

仓库档案设置是应用供销链管理系统的前提。

例4-13　参照表 4-13 进行仓库档案设置。

表 4-13　　　　　　　　　　　　　　　　　仓库档案

编码	名称	成本计价方式	属性
01	深圳市商品仓	移动平均法	普通仓
02	中山市商品仓	移动平均法	普通仓

（1）展开图 4-2 中的"业务"选项，选择"仓库档案"，系统弹出"仓库档案"窗口。
（2）单击"增加"按钮，系统弹出"增加仓库档案"窗口，如图 4-22 所示。

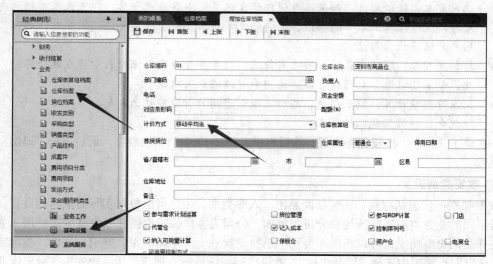

图 4-22

"增加仓库档案"窗口中的部分内容介绍如下。

- 仓库编码：必须唯一，最多可输入 10 位。这里录入"01"。
- 仓库名称：最多 20 个字符。这里录入"深圳市商品仓"。
- 资金定额：可为空。
- 对应条形码：该编码输入的位长为 30 位，不允许有重复的记录存在。新增记录时，系统缺省将仓库编码带入，可以随时修改，可为空。
- 计价方式：工业有计划价法、全月平均法、移动平均法、先进先出法、后进先出法和个别计价法；商业有售价法、全月平均法、移动平均法、先进先出法、后进先出法和个别计价法。每个仓库都必须选择一种计价方式。只有在存货核算系统的选项设置中选择的核算方式为"按仓库计算"，在此设置的仓库计价方式才有作用。各计价方式的区别请参阅 4.2.3 小节存货档案设置中的计价方式讲解。

- **仓库属性**：可选择普通仓、现场仓、委外仓，默认为普通仓。普通仓用于正常的材料、产品、商品的出入库、盘点的管理；现场仓用于生产过程的材料、半成品、成品的管理，即将生产车间当作一个仓库管理；委外仓用于发给委外商的材料的管理，即将委外供应商的生产现场当作一个仓库管理。

- **备注**：可为空。

- **参与需求计划运算**：新建仓库默认为勾选，可修改。该功能与用友 U8 中的物料需求计划有关，本书不涉及。

- **货位管理**：如果该仓库需进行货位管理，则勾选此项。如果该仓库已被使用，此时再由货位管理改为非货位管理，系统将货位结存表中该仓库的所有信息删除；由非货位管理改为货位管理后，要在货位期初数中输入该仓库各存货各货位的结存情况。

- **参与 ROP 计算**：新建仓库默认勾选，以后根据"库存管理"ROP 选项默认 ROP 采购计划方案的设置显示，可修改。该功能与用友 U8 中的物料需求计划有关，本书不涉及。

- **代管仓**：默认不勾选。如果仓库被引用过（只要被参照过），则不能再修改此选项，而且此选项与现场仓、委外仓互斥。

- **记入成本**：默认勾选。如果库存管理收发记录表中存在此仓库，即已录入单据的仓库不允许修改"记入成本"的属性，则非"记入成本"的仓库不允许指定其对应的部门。老用户升级默认为勾选。

- **控制序列号**：默认勾选。如果没有勾选，则库存管理收发记录表中存在此仓库时不可修改；如果已勾选，则随时可改。老用户升级默认为勾选。

- **纳入可用量计算**：默认勾选，随时可改。老用户升级默认为勾选。

- **保税仓**：存放保税品的仓库。

（3）单击"保存"按钮保存设置，然后再录入表 4-13 中的其他数据，最后单击"退出"按钮退出设置。

2. 收发类别设置

收发类别不仅包括材料，还包括商品出、入库类型，用户可以根据实际需求自行设置，也可以根据不同的业务类型进行统计和分析。例如，公司为客户临时提供样品供其测试使用，为了统计最终样品的出库情况，可以在出库类别中单独设置一个"样品出库"类别。这样，在填制出库单时，在出库类别项中选择"样品出库"，就可以随时统计所有属于"样品出库"这种出库业务的数据。

收发类别除在出、入库单据上被引用之外，在存货核算业务制单生成凭证时，系统也会根据其生成对应的会计科目。

例4-14 参照表 4-14 进行出、入库类别的设置。

表 4-14 出、入库类别

	1：入库类别		2：出库类别
收发标志：收	11：采购入库	收发标志：发	21：生产领用出库
	12：半成品入库		22：半成品出库
	13：产成品入库		23：销售出库

续表

	1：入库类别			2：出库类别
收发标志：收	14：退料入库		收发标志：发	24：样品出库
	15：调拨入库			25：调拨出库
	16：盘盈入库			26：盘亏出库
	17：委外加工入库			27：委外材料领用出库
	19：其他入库			29：其他出库

（1）展开图 4-23 中的"业务"选项，选择"收发类别"，系统弹出"收发类别"窗口。

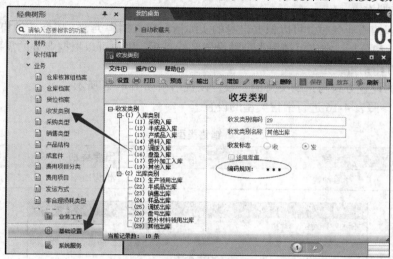

图 4-23

（2）单击"增加"按钮，对照项目录入表 4-14 中的出、入库数据。要注意的是，应先选择收发标志，保存后再增加其他数据。

 提示　收发标志代表该收发类别相对于仓库是收还是发。

3. 采购类型设置

采购类型是由用户根据企业的需要自行设定的项目，用户在使用用友采购管理系统填制采购入库单等单据时，会涉及采购类型栏目，便于企业进行分类统计。如果企业需要按采购类型进行统计，那就应该建立采购类型项目。

例4-15　参照表 4-15 进行采购类型的设置。

表 4-15　　　　　　　　　　　　　　　　采购类型

编码	名称	入库类别
1	采购入库	采购入库

（1）展开图 4-2 中的"业务"选项，选择"采购类型"，系统弹出"采购类型"窗口，如图 4-24 所示。

（2）单击"增加"按钮，增加一个采购类型，如原材料采购入库，对应的入库类别为"原材料采购入库"，单击"保存"按钮保存设置。

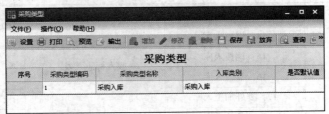

图 4-24

4. 销售类型设置

用户在处理销售业务时，可以根据自身的实际情况定义销售类型，以便按销售类型对销售业务数据进行统计和分析。完成对销售类型的设置和管理后，用户可以根据业务的需要增加、修改、删除、查询和打印销售类型。

销售类型的设置方式与采购类型的一致，设置结果如图 4-25 所示。

例 4-16 参照表 4-16 进行销售类型的设置。

表 4-16 销售类型

编码	名称	出库类别
1	普通销售	销售出库

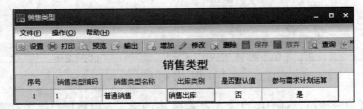

图 4-25

课后习题

（1）会计科目是进行什么工作的基础？
（2）科目属性中的"科目受控系统"有什么功能？
（3）币别管理中"记账汇率"的意义是什么？
（4）在什么情况下需要对客户资料进行设置？
（5）在使用哪个功能系统时要进行存货的设置？

实验二 基础资料的设置

【实验目的】
1. 掌握基础资料的内容。
2. 掌握基础资料的设置方法。

【实验内容】

1. 新增、修改会计科目。
2. 币别管理。
3. 凭证字管理。
4. 计量单位管理。
5. 结算方式管理。
6. 客户档案管理。
7. 供应商档案管理。

【实验资料】

1. 币别：美元（USD），汇率为 6.30。
2. 会计科目档案（见表 4-17）。

表 4-17　　　　　　　　　　　会计科目档案

科目代码	科目名称	科目代码	科目名称	科目代码	科目名称
100101	人民币	50010101	直接材料	660201	差旅费
100102	美元	50010102	直接人工	660202	业务招待费
100201	招商银行 319 本币	50010103	制造费用转入	660203	办公费
100202	中国建设银行 712 美元	510101	房租水电费	660204	管理员工资
160101	办公设备	510102	折旧费	660205	折旧费
160102	生产设备	510103	员工工资	660206	其他
160103	运输车辆	660101	差旅费	660207	坏账损失
400101	王齐龙	660102	业务招待费	660301	利息
400102	何小川	660103	折旧费	660302	银行手续费
500101	基本生产成本	660104	业务员工资	660303	调汇

3. 凭证字：记。
4. 计量单位（见表 4-18）。

表 4-18　　　　　　　　　　　计量单位

组别	代码	名称	系数
数量组	11	支	1
	12	个	1
其他组	21	台	1
	22	辆	1

5. 结算方式：JF06 转账支票。
6. 客户档案（见表 4-19）。

表 4-19　　　　　　　　　　　客户档案

代码	名称
01	上海常星礼品公司
02	广州鸿运文具店

续表

代码	名称
03	广州明有文具店
04	深圳长友网络公司

7. 供应商档案（见表4-20）。

表 4-20　　　　　　　　　　　　　供应商档案

代码	名称
01	广州浩友塑胶制品厂
02	广州书名文具厂
03	广州唯安包装公司
04	广州顺利货运公司

8. 部门档案（见表4-21）。

表 4-21　　　　　　　　　　　　　部门档案

代码	名称
01	总经办
02	财务部
03	销售部
04	采购部
05	仓库
06	生产部
07	品管部
08	行政部

9. 职员档案（见表4-22）。

表 4-22　　　　　　　　　　　　　职员档案

代码	姓名	部门
01	何小川	总经办
02	贺君兰	财务部
03	李丽	财务部
04	王力保	销售部
05	叶小英	采购部
06	谭艳	仓库
07	唐友利	生产部
08	王宝强	生产部
09	袁有	生产部
10	李丰富	生产部
11	张先	品管部
12	谢至星	行政部

【实验步骤】

1. 新增币别：美元（USD），汇率为 6.30。

2. 新增会计科目档案。

3. 将 1122 应收账款和 2203 预收账款科目属性中的"辅助核算"修改为"客户"，将 2202 应付账款和 1123 预付账款科目属性中的"辅助核算"修改为"供应商"。

4. 新增"记"凭证字。

5. 新增计量单位档案。

6. 新增结算方式：JF06 转账支票。

7. 新增客户档案。

8. 新增供应商档案。

9. 建立部门档案。

10. 建立职员档案。

第5章 总账

——— 学习目标 ———

通过本章的学习，了解总账系统的基本原理和操作方法，了解凭证的录入、审核、修改和打印等操作，了解凭证处理后，掌握查询各种账簿和报表的方法，以及了解总账的期末处理方法。

5.1 概述

会计任务包括设置账户、填制凭证等，然后对其进行审核、记账，最后统计各种账表。总账系统就是用来完成这些基本功能的条件。

总账系统是会计电算化的核心模块，可以进行凭证的填制、审核和记账等工作，同时它接收来自各业务系统传递过来的凭证（如固定资产的计提折旧凭证）。总账系统在月末会根据转账定义自动生成结转凭证，自动结转损益凭证等。

总账系统根据填制的凭证自动生成相应的账簿报表，如总分类账、明细分类账和科目余额表等。

如果核算单位的账务非常简单，涉及的往来款、库存等业务较少时，单独使用总账系统就可以实现财务核算的基本要求。

1. 使用总账系统需要设置的内容

🔘 公共资料：公共资料是本系统所涉及的最基础的资料，会计科目、币别和凭证字为必填项，其他项目视核算要求决定是否填写。

🔘 系统设置资料：系统设置是针对该模块的参数进行详细化设置。

2. 总账系统所包括的内容

总账系统包括总分类账、明细分类账、数量金额明细账、数量金额总账、多栏账、核算项目分类总账、核算项目明细账、科目余额表、试算平衡表、日报表查询、摘要汇总表、核算项目余额表、核算项目汇总表、核算项目组合表、核算项目与科目组合表、科目利息计算表、调汇历史信息表和现金流量表。

3. 总账系统的操作流程

系统初始化结束以后，随着公司业务的开展，还有许多基础资料需要设置，如银行科目的新增、客户和供应商的新增等，这些可以随时在凭证录入时进行处理。总账系统的操作流程如图 5-1 所示。

4. 总账系统与其他系统的数据传递

总账系统与其他系统间的数据流程图反映了总账系统与其他系统的数据传递关系，如图 5-2 所示。

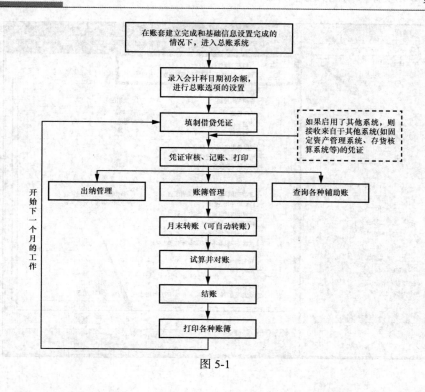

图 5-1

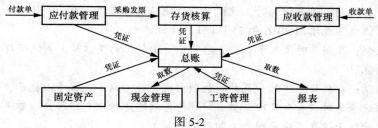

图 5-2

总账系统是用友 U8 财务核算的核心,与其他业务系统通过记账凭证进行无缝连接,同时业务系统的凭证也可自行在总账系统中处理,并且报表、现金流量表和财务分析都可以从总账系统中取数。

5.2 总账系统初始化设置

总账系统初始化设置包括总账业务参数设置和录入期初余额。

5.2.1 总账业务参数设置

(1)在"业务工作"选项卡中,选择"财务会计"→"总账"→"设置"→"选项"命令,打开"选项"窗口,单击"编辑"按钮可进行业务参数的修改,如图 5-3 所示。

(2)"选项"窗口中包含"凭证""账簿""凭证打印""预算控制""权限""其他"和"自定义项核算"选项卡。

① "凭证"选项卡,用来设置与凭证相关的控制参数。

图 5-3

- 制单序时控制：填制凭证时，凭证日期只能从前往后填。例如，填制了 2016 年 1 月 5 日的凭证就不能填制 2016 年 1 月 4 日的凭证。

- 支票控制：在制单时录入了未在支票登记簿中登记的支票号，系统将提供登记支票登记簿的功能。

- 赤字控制：在科目制单时如果最新余额出现负数，则系统将予以提示，如果勾选此项，则可以选择是对"资金及往来科目"进行控制还是对"全部科目"都进行控制。控制时只是显示提示信息不能再制单（即严格控制）。

- 可以使用应收受控科目、可以使用应付受控科目、可以使用存货受控科目：某科目为其他系统的受控科目（如客户往来科目为应收、应付系统的受控科目）时，为了防止重复制单，应只允许其受控系统使用该科目制单，总账系统不能使用该科目制单。

注意　如果允许使用受控科目，则有可能引起其他系统与总账对账不平。例如，在应收款管理系统中，A 客户的应收账款为 20 万元，但是在总账系统中除了接收来自于应收款管理系统中 A 客户的 20 万元应收账款信息之外，又单独在总账中新增了 A 客户的应收账款 5 万元，这样就会造成应收款管理系统中 A 客户的应收账款（20 万元）与总账系统中 A 客户的应收账款（25 万元）对账不平。所以建议不要勾选这几项，将应收款、应付款、存货的业务完全交由应收款管理系统、应付款管理系统、存货核算系统进行处理。在总账系统中，这些科目都不能被用来填制凭证。当然，只有在这几个系统都已经被启用的情况下才这样设置。

- 现金流量科目必录现金流量项目：在录入凭证时，如果使用现金流量科目（现金流量科目的设置请参阅本书第 4 章 4.2.4 小节中的会计科目设置），则必须输入现金流量项目及金额。

- 同步删除业务系统凭证：如果勾选此项，则表示业务系统在删除凭证（如在应收系统中删除应收系统中的凭证）时会将总账中相应的凭证同步删除。否则，将总账凭证作废，不予删除。

- 自动填补凭证断号：凭证编号方式为系统编号而非手工编号时，在新增凭证时，系统按凭证类别自动查询本月的第一个断号，并将其作为本次新增凭证的凭证号。如无断号则使用新号，编码规则不变。
- 批量审核凭证进行合法性校验：批量审核凭证时会针对凭证进行二次审核，提高凭证输入的正确率，合法性校验与保存凭证时的合法性校验相同。
- 银行科目结算式必录：结算方式及票据号是否必须录入，如果勾选此项，则必须录入。
- 主管签字以后不可以取消审核和出纳签字：勾选此项，表示如果用友系统中对凭证执行了主管签字功能，则不能取消凭证审核和出纳签字功能，如果需要取消，则需要首先取消主管签字功能。
- 凭证编号方式：可自选，建议勾选"系统编号"。
- 现金流量参照科目：选择现金流量录入界面的参照内容和方式，选择"现金流量科目"单选按钮时，系统只参照凭证中的现金流量科目；选择"对方科目"单选按钮时，系统只显示凭证中的非现金流量科目；勾选"自动显示"复选框时，系统依据前两个选项将现金流量科目或对方科目自动显示在指定的现金流量项目界面中，否则需要手工参照选择。

② "账簿"选项卡，用来设置与账簿打印相关的控制参数。

- 打印位数宽度（包括小数点及小数位）：定义正式账簿打印时各栏目的宽度，包括摘要、金额、外币、数量、汇率及单价。
- 凭证、账簿套打：选择凭证、账簿是否套打，套打是用友公司专门为用友软件用户设计的，适合于用各种打印机输出管理用表单与账簿，这些表单与账簿是带格式线的空表，套打时，系统只打印出具体的数据，而不打印这些格式线。
- 明细账（日记账、多栏账）打印输出方式：按月排页，即打印时从所选月份范围的起始月份开始将明细账按顺序排页，再从第一页开始将其打印输出，打印起始页号为"1"，这样，若所选月份范围不是第一个月，则打印结果的页号必然从"1"开始排；按年排页，即打印时从本会计年度的第一个会计月开始将明细账按顺序按排页，再将打印月份范围所在的页打印输出，打印起始页号为所打印月份在全年总排页中的页号，这样，若所选月份范围不是第一个月，则打印结果的页号有可能就不是从"1"开始排。
- 打印设置按客户端保存：当有多台计算机使用用友软件，且不同的计算机上配置有多台不同型号的打印机时，勾选此项就可以按照每台计算机上单独的打印机类型和打印选项设置来打印凭证和账簿。

③ "凭证打印"选项卡，用来设置与凭证打印相关的控制参数。

- 合并凭证显示、打印：勾选此项可以再次选择是"按科目、摘要相同方式合并"还是"按科目相同方式合并"。在填制凭证、查询凭证、出纳签字和凭证审核时，以系统选项中的设置显示；在科目明细账显示或打印时，在明细账显示界面提供是否"合并显示"的选项。
- 打印凭证页脚姓名：用于设置在打印凭证时，是否自动打印制单人、出纳、审核人、记账人的姓名；不勾选则不打印。
- 打印包含科目编码：用于设置在打印凭证时，系统除了打印科目名称之外，是否要自动打印科目编码，不勾选则不打印。

- 打印转账通知书：只有勾选此项，才能在科目编辑时指定可打印的科目，在凭证中可打印转账通知单。
- 凭证、正式账每页打印行数：设置凭证、正式账的每页打印行数。

④ "预算控制"选项卡，此功能与用友 U8 中的预算控制系统有关，本书中不涉及该内容，在此不做详细说明。

⑤ "权限"选项卡，用来设置总账系统的权限。

- 制单权限控制到科目：若勾选此项，则在制单时，操作员只能使用具有相应制单权限的科目制单。这个功能要与在系统管理的"功能权限"中设置的科目权限共同使用才有效。
- 制单权限控制到凭证类别：若勾选此项，则在制单时，只显示此操作员有权限的凭证类别，同时在凭证类别参照中按人员的权限过滤出有权限的凭证类别。此功能与在系统管理的"功能权限"中设置的凭证类别权限共同使用才有效。
- 操作员进行金额权限控制：勾选此项可以对不同级别的人员进行金额大小的控制。例如，财务主管可以对 10 万元以上的经济业务制单，一般财务人员只能对 5 万元以下的经济业务制单，严格的金额权限设置可以防止经济损失。如果为外部凭证或常用凭证调用生成，则处理方式与预算处理方式相同，不做金额控制。

> **提示** 结转凭证不受金额权限控制。在调用常用凭证时，如果不修改就直接保存凭证，此时由被调用的常用凭证生成的凭证不受任何权限的控制，如包括金额权限控制、辅助核算及辅助项内容的限制等；外部系统凭证是由外部系统生成而传递进入总账系统的凭证，并得到了系统的认可，所以除非进行更改，否则不做金额等权限控制。

- 凭证审核控制到操作员：如果只允许某操作员审核其本部门操作员填制的凭证，则应勾选此项。
- 出纳凭证必须经由出纳签字：若要求现金、银行科目凭证必须由出纳人员核对签字后才能记账，则勾选此项。
- 凭证必须经由主管会计签字：如果要求所有凭证必须由主管签字后才能记账，则勾选此项。
- 允许修改、作废他人填制的凭证：若勾选了此项，则在制单时可修改或作废他人填制的凭证，否则不能修改。
- 可查询他人凭证：如果允许操作员查询他人的凭证，则勾选此项。
- 制单、辅助账查询控制到辅助核算：只有设置了此项权限，制单时才能将有辅助核算属性的科目录入分录，辅助账查询时只能查询有权限的辅助项内容。
- 明细账查询权限控制到科目：权限控制的开关。如果要在系统管理中设置明细账查询权限，则必须在总账系统选项中将其开启，才能起到控制作用。

> **注意** 如果要修改账套设置，则需在系统管理中以账套主管的身份注册，而不是以系统管理员的身份注册。

⑥ "其他"选项卡，用来设置部门、个人、项目的排序方式，以及数量、单价、本位币的小数位。

5.2.2 录入期初余额

总账系统中的期初余额就是指各会计科目的期初余额。

例5-1 录入科目的期初余额（其中带辅助核算的科目期初余额需要明细录入），期初余额数据如表 5-1～表 5-3 所示。

表 5-1　　　　　　　　　　　　　科目期初余额　　　　　　　　　　　　　单位：元

科目名称	方向	币别/计量	期初余额
库存现金(1001)	借	人民币	40 000
人民币(100101)	借	人民币	40 000
银行存款(1002)	借	人民币	400 000
科技园招商银行(100201)	借	人民币	200 000
科技园工商银行(100202)	借	人民币	200 000
应收账款(1122)	借	人民币	50 000
应收人民币(112201)	借	人民币	50 000
库存商品(1405)	借	人民币	141 000
固定资产(1601)	借	人民币	129 500
累计折旧(1602)	贷	人民币	7 927.6
预收账款(2203)	贷	人民币	10 000
预收人民币(220301)	贷	人民币	10 000
实收资本(4001)	贷	人民币	742 572.4

表 5-2　　　　　　　　　　　　　应收账款期初余额

日期	客户名称	方向	本币期初余额
2015.12.31	北京远东集团	借	50 000

表 5-3　　　　　　　　　　　　　预收账款期初余额

日期	客户名称	摘要	方向	本币期初余额
2015.12.31	北京远东集团	预收款	贷	10 000

（1）选择"总账"→"期初"→"期初余额"命令，系统弹出"期初余额录入"窗口，如图 5-4 所示。

图 5-4

（2）双击"期初余额"栏以录入该科目的期初余额。如果该科目有下级明细科目，则只录入末级明细科目的余额即可，上级科目的余额由系统自动汇总之后填入；如果有红字余额，则先转入负号"−"，再输入余额；外币核算先录入的是本币金额，之后再录入外币金额。

科目设置中有 5 种辅助核算方式，当录入有辅助核算的会计科目的科目余额时，系统会自动弹出与辅助核算相对应的期初余额录入窗口，在该窗口中再录入辅助核算的明细期初数据。参照表 5-1 录入各会计科目的期初余额。

录入"应收账款"会计科目，该科目的辅助核算项为"客户核算"，系统打开"辅助期初余额"窗口，单击"增行"按钮，系统增加一行空白应收账款记录，录入表 5-2 中的应收账款期初余额，如图 5-5 所示，然后录入表 5-3 中的预收账款期初余额。

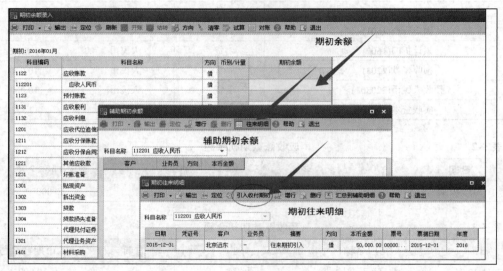

图 5-5

其他会计科目如果有供应商核算、部门核算、个人项算、项目核算中的一种或两种，则其录入方式与客户核算的一样。

 提示　会计科目的期初余额需与各功能子系统中的期初余额相对应。例如，总账系统中应收款科目的期初余额需与应收款管理系统中的期初余额相对应，总账系统中原材料科目的期初余额需与存货核算系统中原材料的期初余额相对应。如果已经在应收、应付系统中录入了期初单据，则可以在"期初往来明细"窗口中单击"引入收付期初"按钮直接引入应收、应付系统中的期初数据。

（3）系统会为科目余额指定余额方向，用户也可以调整科目的余额方向。选定需要调整余额方向的科目，然后单击"期初余额录入"窗口上的"方向"按钮，系统会提示是否需要调整余额方向。如果需要调整，则单击"是"按钮。

提示　已设置好期初余额的科目不能调整余额方向，如果想调整，需将期初余额删除后再调整。

（4）科目余额录入完毕之后，需要进行试算平衡操作以检验数据的正确性，即借方余额是否等于贷方余额。单击"期初余额录入"窗口上的"试算"按钮，如果试算平衡，则系统会显示"试算结果平衡"，如图 5-6 所示。

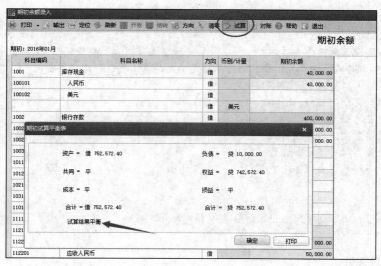

图 5-6

　　如果试算不平衡，则系统会显示不平衡的提示，此时用户需要检查前期所做的期初余额是否有误。如果有误，则将期初余额数据更正后，再运行试算功能，直到平衡为止。

> **会计知识：试算平衡**
>
> 　　试算平衡是指根据资产与权益的恒等关系以及借贷记账法的记账规则，检查所有账户记录是否正确的过程，其方法包括发生额试算平衡法和余额试算平衡法。试算平衡只对记账结果在数量上是否正确进行验算。因为借贷记账法的记账规则是"有借必有贷，借贷必相等"，所以每一笔经济业务所涉及的借方金额和贷方金额都一定是相等的。

　　（5）对账是系统自动完成的，目的是检查总账与辅助账或明细账中的数据是否有误。单击"期初余额录入"窗口中的"对账"按钮，系统弹出"期初对账"窗口，单击"开始"按钮开始对账，如果没有错误，则系统会给出对账成功的信息。

　　如果出现对账错误，则系统会给出对账错误的提示，可以单击"显示对账错误"按钮查看对账错误信息。

　　（6）单击"退出"按钮退出"期初余额录入"窗口。

注意	如果是年初（即 1 月 1 日）建账（本书中的 001 账套选择的即是年初建账），则直接录入期初余额（即年初余额）。如果是年中建账（非年初建账），即需要录入所建账月份的期初余额和从该年年初到该月份的借、贷方累计的发生额，之后，系统会自动计算年初余额；将凭证记账后，期初余额只能浏览，不能修改，如果要修改，则需将所有记账的凭证取消记账。
注意	第一个会计期间已记账后，期初余额只能查看，不能修改。

5.3　凭证处理

　　记账凭证是总账处理日常业务的起点，也是查询数据最主要的来源。凭证通过借、贷双方的数据反映公司的日常业务。用友系统中账簿是否准确、完整完全取决于凭证，因此，用户必须确保及时、准确和完整地输入记账凭证。

会计知识：记账凭证

记账凭证作为登记账簿的主要依据，因其反映的经济业务内容、单位规模大小及其对会计核算简繁程度的要求不同，其格式也便有所不同。但为了满足记账的基本要求，均应具备以下基本内容或要素。

（1）记账凭证的名称。

（2）填制记账凭证的日期。

（3）记账凭证的编号。

（4）经济业务事项的内容摘要。

（5）经济业务事项所涉及的会计科目及其记账方向。

（6）经济业务事项的金额。

（7）记账标记。

（8）所附原始凭证张数。

（9）会计主管、记账、审核、出纳、制单等有关人员的签单。

5.3.1 新增凭证

企业的业务行为在财务上最终体现为借贷凭证。企业每发生一笔业务，就需要新增一张凭证来对该业务进行记录。

 提示　在用友系统中，如果启用了其他业务系统，如应收款管理系统、应付款管理系统、存货核算系统等，则这些业务的记账凭证就由这些系统的原始凭证自动制单生成之后，传递到总账系统中来（请参阅本书第 7 章应收款管理系统中的内容）；而没有启用的业务系统，如固定资产管理系统、工资管理系统等，其业务的记账凭证就需要在总账系统中手动填入。

1．填制凭证

例5-2　报销差旅费，凭证类别为"记账凭证"。

贷：库存现金——人民币　　　　　　　　　　　　　2 000

　　借：管理费用——差旅费——总经理室　　　　　　　2 000

（1）展开"凭证"选项，选择"填制凭证"，系统弹出"填制凭证"窗口，单击"增加"按钮，结果如图 5-7 所示。

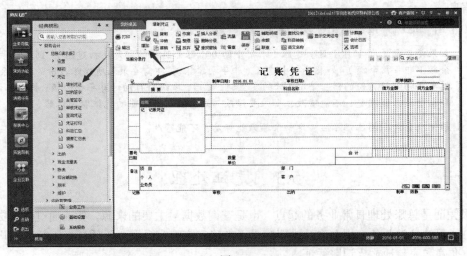

图 5-7

（2）单击凭证类别旁的"浏览" ⊡按钮，选择需要增加的凭证类别"记"。

（3）总账系统选项中已设置凭证编号由系统自动编号（不同的凭证类别，在每月初都重置号码为1）。若未设置也可以手动录入凭证编号。

会计知识： 记账凭证应连续编号，每月从 1 号开始。

（4）系统自动提取该账套本年度该类凭证最后一张凭证的日期作为制单日期，用户可以修改（如果设置了制单序时控制功能，则在此不能往前更改日期。如果系统提示"制单日期不能置于系统日期之后"，则需要检查计算机的系统日期是否比制单日期小，若小，则要更正过来）。输入该张凭证所附的单据数量。

（5）在"摘要"栏中输入信息"报销差旅费"（或单击"摘要"栏中的"浏览" ⊡按钮，选择预先设置好的常用摘要信息），如图 5-8 所示。

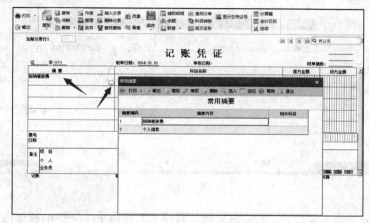

图 5-8

（6）在"科目名称"栏输入科目编码"100101"，或者单击其科目栏中的"浏览" ⊡按钮进入"科目参照"窗口中选择科目，如图 5-9 所示。

注意 在"科目参照"窗口中，如果没有所需科目，则可以直接单击"编辑"按钮，进入"新增科目"窗口进行科目设置。

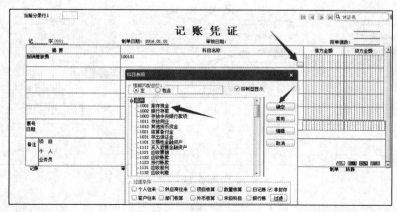

图 5-9

（7）在"贷方金额"栏中输入"2 000"。

🐝 提示　在输入金额处，红线后为小数位，红线前为整数位。金额不能为 0。如果所录入的金额是负数（即红字），则在金额处按"-"键，系统就会将金额显示为红字，但是打印该张凭证时，该金额前会打印出"-"字样。如果要调整金额方向（即调整借贷方），则在金额处按空格键。

（8）如果该会计科目被指定为现金流量科目，则单击"流量"按钮，即可将该笔现金业务记录在现金流量项目中，便于查询现金流量表，如图 5-10 所示。

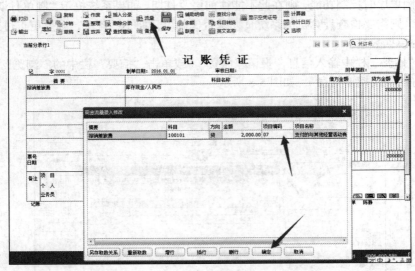

图 5-10

（9）第一条分录输入完成后，按 Enter 键，系统会自动将上一分录的摘要内容复制到下一分录的摘要栏中（可更改），然后开始下一分录的录入工作，在会计科目处录入业务发生的会计科目，如"管理费用/差旅费"，由于该会计科目的辅助核算为"部门"，所以在科目录入完毕后，系统弹出"辅助项"窗口，如图 5-11 所示。在此选择核算部门为"总经理室"，然后在"借方金额"栏中输入"2 000"。

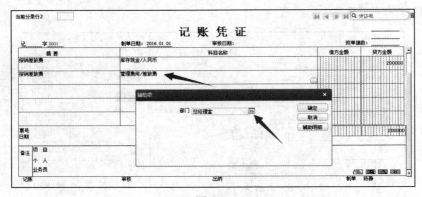

图 5-11

在凭证最后一笔分录的金额录入处按"="键，系统会根据借贷平衡的原则，自动计算出该分录的结果，十分方便。

（10）单击"保存"按钮保存凭证（如果借贷不平，系统会给出提示，并不予保存）。

（11）单击凭证中的会计科目，然后单击"余额"按钮，系统会弹出该科目的余额一览表，如图 5-12 所示。

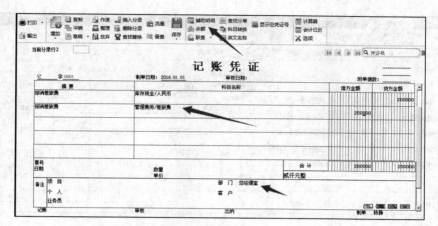

图 5-12

提示　在填制凭证时，如果会计科目是用外币核算的，则系统会自动将凭证格式调整为外币核算的格式，如图 5-13 所示。由于外币汇率已经设置好了，所以只需录入外币金额，系统便会自动计算出本币金额。

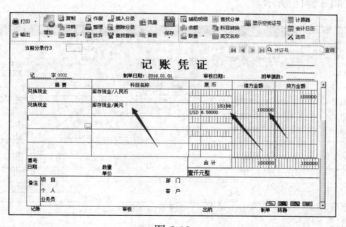

图 5-13

提示　系统规定每页凭证可以有 5 笔分录，当某张凭证分录超出 5 笔时，系统会自动在凭证号后标上几分之一。例如，收-0001 号 0002/0003 表示为收款凭证第 0001 号凭证共有 3 张分单，当前光标所在分录在第二张分单上。

2. 查看凭证来源

总账系统可进行各种业务记账凭证的填制，但如果已经启用了其他功能系统（如应收应付系统、存货核算系统），则相关业务的记账凭证可能是在其他系统中制单生成（原始凭证生成记账凭证）然后传递到总账系统中来的。此时，在总账系统中查询该张凭证时，可以直接联查到生成该张凭证的原始业务单据（如收款单、发票等）。

（1）在"填制凭证"窗口中打开"联查"菜单，可以查看与当前分录中会计科目相关的"联查明细账""联查原始单据"等，如图 5-14 所示。

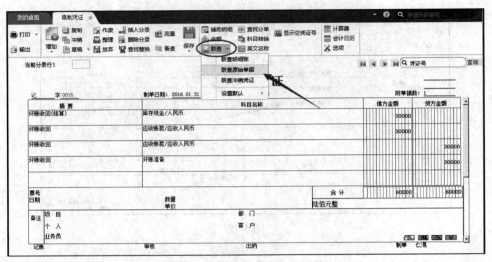

图 5-14

（2）单击凭证名称，可以看到该张凭证的来源信息，即该张记账凭证是由哪一个业务系统生成并传递过来的，如图 5-15 所示。

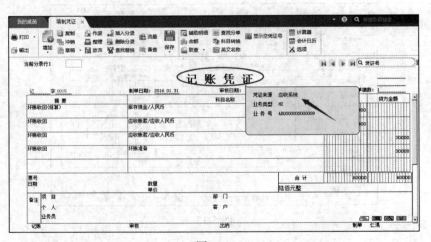

图 5-15

3. 生成常用凭证

在日常填制凭证的过程中，许多凭证部分相同或完全相同，如果每一次都重新填制，必然十分烦琐，因此可以将这样的凭证以常用凭证的方式储存起来，当下一次需要填制类似业务的凭证时，将该常用凭证复制一张出来，稍做修改即可生成一张新凭证，这必将大大提高业务处理的效率。

例5-3　定义每个月为市场部人员报销的固定的通讯费用。

借：销售费用/通讯费　销售一部　　　　　　200

借：销售费用/通讯费　销售二部　　　　　　200

　　贷：库存现金/人民币　　　　　　　　　　400

生成常用凭证，常用凭证代号为"01"，说明"销售部通讯费补助"。

（1）先按正常填制凭证的方法填制例5-3中的凭证，如图5-16所示。

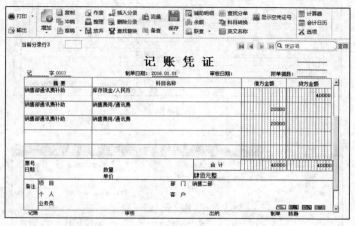

图 5-16

（2）由于会计科目"销售费用/通讯费"在进行会计科目设置时的辅助核算是"部门"，所以在填制凭证时，系统会要求录入该会计科目的辅助项"部门"。

（3）在打印该凭证时，会将辅助项打印在会计科目后面，如图5-17所示。

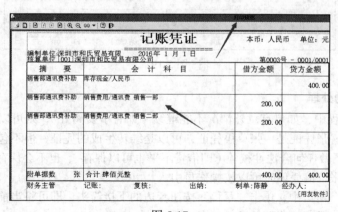

图 5-17

（4）在"填制凭证"窗口中，单击"保存"按钮的下拉箭头图标，选择"生成常用凭证"命令，系统提示生成该常用凭证的代号和说明，输入代号"01"和说明"销售部通讯费补助"，单击"确认"按钮保存该常用凭证，如图5-18所示。

（5）调用常用凭证时，在"填制凭证"窗口中，单击"增加"按钮的下拉箭头图标，选择"调用常用凭证"命令，如图5-19所示，即可复制已有的常用凭证，并生成一张新的凭证，在其上面直接修改即可。

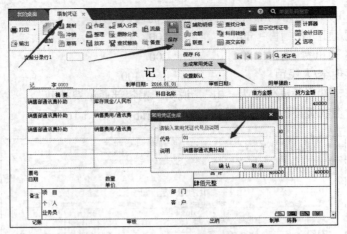

图 5-18

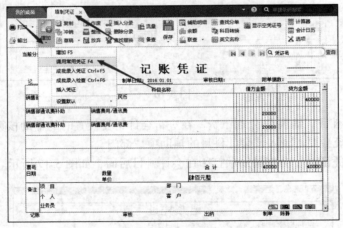

图 5-19

4. 草稿凭证的处理

在新增凭证过程中，如果有意外情况不能继续（如有事要离开），则可以保存这张未完成且未保存过的凭证。这张凭证是一张草稿凭证，可以是结转生成的凭证，但不包括其他系统生成的凭证。在保存时，不做任何合法性校验（即借贷不平也可以保存），也不会保存凭证号。等以后要使用或继续完成这张草稿凭证时可以按操作员引入。

在"填制凭证"窗口中，单击"草稿"按钮旁边的下接箭头，即可将当前凭证作为草稿凭证保存，或者引入之前保存的草稿凭证，如图 5-20 所示。

如果选择"草稿"→"草稿引入"命令，则将以前未完成的草稿凭证引入并继续完成。当凭证填制完成需要保存时，系统提示"是否保留引入的凭证"，如果单击"是"按钮，则保存那张未完成的凭证，以后还可以引用；如果单击"否"按钮，则删除那张未完成的凭证。

> 提示　　每个操作员只能保存一张未完成的凭证，保存第二张草稿凭证时系统会提示"已存在一张未完成凭证，是否覆盖"，如果单击"是"按钮，则保存第二张草稿凭证，删除第一张；如果单击"否"按钮，则不保存第二张。

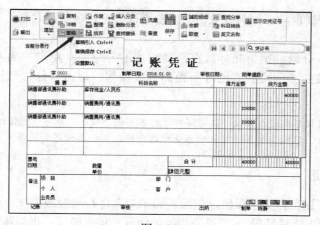

图 5-20

5.3.2　修改凭证

会计知识：错误凭证的处理

　　填制记账凭证时若发生错误，则应当重新填制。已登记入账（即该凭证已记账）的记账凭证在当年内发现填写错误时，可以用红字填写一张与原内容相同的记账凭证，并在摘要栏注明"注销某月某日某号凭证"字样，同时再用蓝字重新填制一张正确的记账凭证，并注明"订正某月某日某号凭证"字样。如果会计科目没有错误，只是金额错误，则也可以将正确数字与错误数字之间的差额另编一张调整的记账凭证。如果发现是以前年度的有错误的记账凭证，则应当用蓝字填制一张更正的记账凭证。

　　以上会计知识中所讲的应对填制记账凭证时发生错误的处理方法，更多的是面向手工填制凭证时的方法，现在使用用友系统之后，就可以完全借助用友软件进行凭证修改，如当年的凭证已记账、月末结账，均可以进行反结账、反记账操作，然后再取消凭证审核，对凭证进行修改，不过，如果填制错误的凭证已经打印并装订了起来，则最好使用冲销凭证的功能进行处理。

　　（1）在"填制凭证"窗口中单击左、右箭头按钮，找到所需修改的凭证后即可直接执行凭证修改工作；另外，也可以单击"查询"按钮，在"凭证查询"窗口中录入查询条件后，即可找到所需要修改的凭证，如图 5-21 所示。

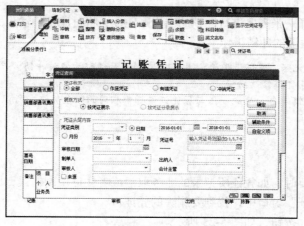

图 5-21

（2）如果科目有辅助项，则需要双击"填制凭证"窗口底部的"备注"栏打开"辅助项"窗口。

（3）如果要插入分录，则将光标放在需要增加的分录前，单击"插入分录"按钮即可插入。单击"放弃"按钮，即可放弃刚才所做的修改操作，单击"保存"按钮即可保存修改后的分录。

注意　已审核的凭证不能进行修改，取消审核之后方可进行修改。外部系统传过来的凭证不能在总账系统中修改，只能在生成该凭证的系统中进行修改然后再传递到总账系统中。

5.3.3　冲销凭证

如果凭证填制错误，但为了保留该记录，而不对其进行修改或删除（凭证已记账或会计月度已结账，就可能发生这种情况），则可使用冲销凭证功能，即做一张与该张凭证一模一样的红字凭证。

（1）在"填制凭证"窗口中单击"冲销"按钮，选择"冲销"命令，系统弹出"冲销凭证"窗口，如图 5-22 所示。

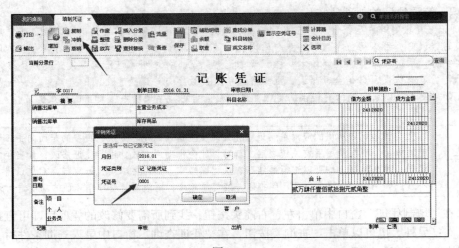

图 5-22

（2）系统提示选择一张需要进行冲销的已记账凭证，将过滤条件输入完成后，单击"确定"按钮，即可完成指定凭证的冲销工作。

注意
● 只有已记账（凭证记账请参阅 5.3.8 小节）的凭证才能被冲销，未记账的凭证如果发生错误，一般使用凭证修改功能。
● 凭证冲销是自动生成一张与原凭证借贷都相同的红色凭证，所以冲销之后，还需要做一张正确的凭证。

5.3.4　删除凭证

当凭证不再被需要时，如凭证所记录的业务取消或者凭证填制错误，则可将其删除。

（1）在"填制凭证"窗口中，找到要删除的凭证。

（2）单击"作废"按钮，如图 5-23 所示。

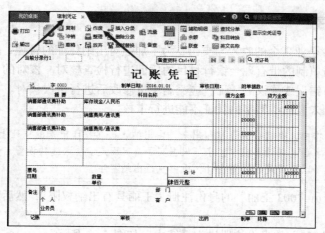

图 5-23

如果该凭证被标上了"作废"字样，则虽然原凭证中的数据内容不变，但不能修改，不能审核。

注意 | 作废凭证需参与记账，否则无法结账。作废凭证不做数据处理，相当于空白凭证，在做账簿查询时，不显示该张凭证的数据，但仍然占有该张凭证号。

（3）在已有"作废"字样的凭证上，单击"恢复"按钮，可以取消对该张凭证的作废操作，使其回到正常凭证状态。这类似于从 Windows 的回收站中将删除的文件还原。

（4）单击"整理"按钮，系统提示选择需整理凭证的期间（以月份为选择单位）。

（5）选择好凭证期间后，单击"确定"按钮，系统弹出"作废凭证表"窗口，如图 5-24 所示，该窗口中列有在该凭证期间有"作废"字样的凭证，在此可选择需要删除的作废凭证，然后单击"确定"按钮，系统会提示对未记账凭证是否重新编号，如果单击"是"按钮，则整理，如果单击"否"按钮，则不整理。

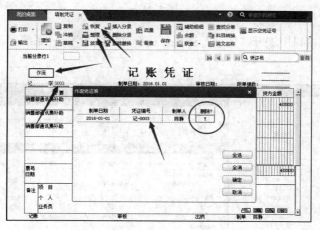

图 5-24

提示 | 整理凭证时，如果有凭证（如 003 号凭证）被删除，则该凭证号（003）会自动为断号，如果选择了重新整理断号，则系统会将后面的凭证号全部往前移动（将 004 号凭证的凭证号更改为 003 号凭证）。如果在整理凭证之前，凭证已经被打印了出来，那就最好不要再整理断号了，因为这样会造成系统中的凭证编号和已打印出来的凭证编号错位。

5.3.5 出纳签字

出纳人员管理着企业现金的收入与支出，为了加强对出纳凭证的管理，出纳人员可以通过出纳签字功能对制单员填制的带有现金银行科目的凭证进行检查核对。核对的主要内容是出纳科目金额是否正确，对有错误或异议的凭证，应交制单员修改后进行再次核对。如果设置了出纳凭证必须由出纳签字，则未经出纳签字的凭证不能进行审核。

> **提示** 实际工作中，也有将凭证打印出来，由出纳人员在打印出来的凭证上手工签字的情况，是手工签字还是在计算机中签字可根据实际情况而定。总账选项设置（请参阅本章的 5.2.1 小节）中可以设置是否需要在计算机中执行出纳签字。

例5-4 以操作员"003 王丽"的身份注册（王丽具有出纳权限），然后对所有现金银行凭证执行出纳签字功能。

（1）以操作员"003"的身份注册进入系统中，如图 5-25 所示。

图 5-25

（2）在总账系统窗口中展开"凭证"选项，选择"出纳签字"，系统弹出"出纳签字"窗口，如图 5-26 所示。

图 5-26

（3）输入凭证过滤条件（因为只有涉及现金、银行业务的凭证才会被执行出纳签字操作，所以需指定现金科目、银行科目），单击"确定"按钮，系统会列出符合条件的凭证记录，在所列出的记录中，双击具体的凭证，系统会打开该张凭证，出纳人员确认该张凭证没有问题后，单击"签字"按钮即可完成出纳的签字操作。完成后，在该张凭证的出纳签字栏中就会出现出纳员"王丽"的名字，如图 5-27 所示。

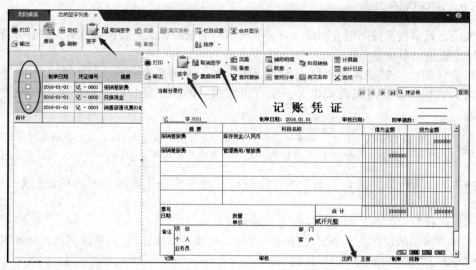

图 5-27

注意 如果要将已签字的凭证取消签字，则可单击"取消"按钮。凭证一经签字，就不能被修改、删除，只有取消签字后才可以进行修改或删除，取消签字只能由签字的出纳人员自己进行。

（4）对于有大批的凭证需要出纳签字的情况，可在"出纳签字列表"窗口中单击"签字"按钮，选择下拉列表中的"成批出纳签字"命令，如图 5-28 所示。反之，也可以选择"成批取消签字"命令成批取消已完成出纳签字的凭证。

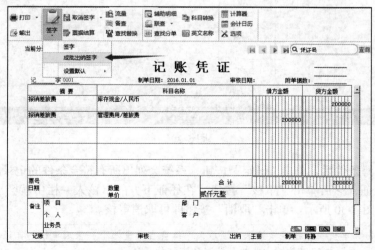

图 5-28

提示　在许多企业中为加强对会计人员制单的管理，常采用只有经主管会计签字后的凭证才有效的管理模式，因此，用友 U8 系统中提供了"主管签字"的核算方式，即其他会计人员制作的凭证必须经主管签字后才能记账。主管签字方式与出纳签字方式的操作一样，在此不做详细说明。

5.3.6　审核凭证

审核凭证是审核员按照财会制度，对制单员填制的记账凭证进行检查核对。只有具有审核权的操作员才能使用本功能。

按照会计制度，制单人与审核人不能为同一人，否则系统会给出"制单人与审核人不能同为一人"的提示，此时就需要以另一个有审核权限的操作员身份重新登录用友系统方可进行审核。

提示　有的企业规模比较小，只有一位会计人员，但为使用该用友 U8 系统，也需要建立两个不同的操作员，一个操作员用来制单，另一个操作员用来审核。

例5-5　以操作员"001 仁渴"的身份进行注册（该操作员具有审核凭证权限）来审核凭证。

（1）以操作员"仁渴"的身份注册进入账套。

（2）在总账系统窗口中，展开"凭证"选项，选择"审核凭证"，系统弹出"凭证审核"窗口，如图 5-29 所示。

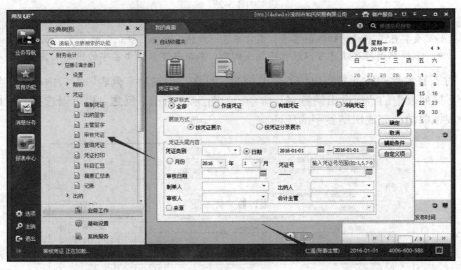

图 5-29

（3）输入过滤条件后，单击"确定"按钮，系统会列出所有符合条件的记录。

（4）双击凭证，然后单击"审核"按钮，在凭证下方的审核人一栏中就会出现操作员"仁渴"的名字，如图 5-30 所示。单击"取消"按钮即可取消审核。

提示　单击"审核"按钮审核该张凭证后，系统会自动进入下一张未审核的凭证窗口，所以单击"上一张"按钮定位键才能找到该张已审核的凭证。

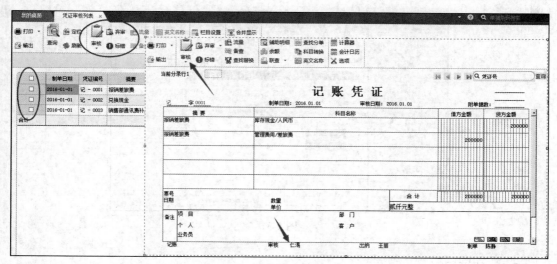

图 5-30

（5）在"凭证审核列表"窗口中，也可以单击"审核"按钮，菜单中的选择下拉列表的"成批审核凭证"命令，进行成批凭证审核。

（6）如果审核时发现凭证有误，则可单击"标错"按钮，先进行标错，然后再修改。再次单击"标错"按钮即可取消该张凭证的标错。

凭证被审核后不能修改与删除，只有取消审核后才可以进行修改与删除。

> **注意** 如果在总账选项中设置了出纳凭证需由出纳签字，则出纳凭证必须由具有出纳签字权限的操作员签字后才能进行审核。

5.3.7 打印凭证

会计知识：会计凭证的保管

　　会计凭证的保管是指会计凭证记账后的整理、装订、归档和存查等工作。会计凭证的保管主要有下列要求。
　　（1）会计凭证应定期装订成册，防止散失。
　　（2）会计凭证封面应注明单位名称、凭证种类、凭证张数、起止号码、年度、月份、会计主管人员、装订人员等有关事项，会计主管人员和保管人员应在封面上签章。
　　（3）会计凭证应加贴封条，防止抽换凭证。
　　（4）严格遵守会计凭证的保管期限规定，期满前不得任意销毁。

　　如果核算单位已经进行了手工甩账操作，完全使用用友软件进行日常的会计处理工作，则需要将系统中的凭证打印出来，然后在凭证后面贴上原始单据，装订成册，保留记录，这是财务制度的要求。

　　（1）展开总账窗口中的"凭证"选项，选择"凭证打印"，系统弹出"凭证打印"窗口，如图 5-31 所示。

　　（2）在"凭证打印"窗口中设置需打印的凭证范围、格式、条件，然后单击"打印"按钮开始打印。另外，也可以单击"设置"按钮进行打印方面的设置，如纸张的大小、类型等。

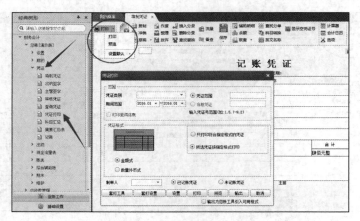

图 5-31

5.3.8 凭证记账

记账是将已审核之后的凭证记录到具有账户基本结构的账簿中去，也称为登账或过账，是财务业务中重要的一环。记账凭证被审核签字后，即可用来登记总账和明细账、日记账、部门账、往来账、项目账以及备查账等。采用向导方式来记账，记账过程会更加明确。

会计知识：会计账簿

通过填制和审核记账凭证，可以核算和监督企业每天经济业务的发生和完成情况，但是随着凭证的添加，资料会越来越多，导致不能对某一时期内发生的相同类别的经济业务进行集中的记载和反映，所以就需要使用记账处理。

会计账簿就是指由一定格式的账页所组成，以经过审核的记账凭证为依据，全面、系统、连续地记录各项经济业务的簿籍。

---

1. 记账

（1）展开总账系统窗口中的"凭证"选项，选择"记账"，系统弹出"记账"窗口，如图 5-32 所示。

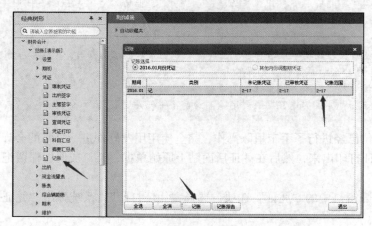

图 5-32

系统会提示录入记账的凭证范围，范围之间可用"–"或","隔开。

　　绿色表示上月末结账，白色表示已审核凭证，只有白色的才是可以输入的记账范围。存在没有填制期初余额、填制了期初余额而试算不平衡，或者上月的凭证有未记账等情况时，本月的凭证都不可记账，系统会提示"无可记账凭证"；作废凭证不需要审核，可以直接记账。

　　（2）选择好记账范围之后，单击"记账"按钮，系统开始记账工作，顺利完成记账后，系统出现"记账完毕"的提示，然后单击"确定"按钮退出记账工作。

注意
　　记账的过程中，不得中断退出，如果因其他原因中断了该程序，则系统将自动调用"恢复记账前状态"恢复数据，然后重新执行记账工作。在第一次记账时，若期初余额试算不平衡，则系统将不允许记账。所选范围内的凭证如有不平衡凭证，系统将列出错误凭证，并重选记账范围。

2. 恢复记账前状态

　　由于经过记账的凭证不能取消审核（凭证不能取消审核，自然也不能对其进行删除和修改），所以在实际工作中，有可能会遇到取消记账的情况（即恢复记账前状态）。用友软件提供"恢复记账前状态"功能。

　　（1）打开"实施导航"，在"实施工具"中双击"总账数据修正"图标，系统弹出"恢复记账前状态"窗口，如图 5-33 所示。

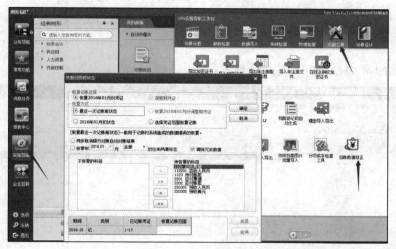

图 5-33

　　（2）选择所需要的恢复方式，单击"确定"按钮，系统出现"恢复记账完毕！"的提示，单击"确定"按钮退出。

●　最近一次记账前状态：一般用于记账时系统造成的数据错误的恢复。

●　2016 年 01 月初状态（本例所选期间为 2016 年 1 月，读者可根据实际情况自行选择）：恢复到 1 月月初、未记账时的状态。

●　恢复到 2016.01 月全部的往来（这里的恢复时间和是否全部恢复可根据实际情况自行选择）两清标志：系统会根据选择，在恢复时，清除恢复月份的两清标志。

　　有时如果不必恢复所有的会计科目，则将需要恢复的科目从"不恢复的科目"选入"待恢复的科目"即可只恢复需要恢复的科目。

注意
　　当退出用友软件后再次登录时，"恢复记账前状态"功能会被自动隐藏，虽然已结账月份的数据不能取消记账，但是可以使用取消结账功能后再取消记账。

5.3.9 科目汇总表

可根据输入的汇总条件对记账凭证进行汇总并生成一张科目汇总表。

（1）在总账系统窗口中，展开"凭证"选项，选择"科目汇总"，系统弹出"科目汇总"窗口，如图5-34所示，输入科目汇总条件后单击"汇总"按钮。

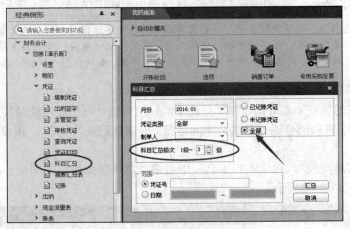

图 5-34

（2）系统给出汇总结果，如图5-35所示。

科目汇总表

共17张凭证,其中作废凭证0张,原始单据共10张   月份: 2016.01

科目编码	科目名称	币种名称	计量单位	金额合计		原币合计		借方
				借方	贷方	借方	贷方	
1001	库存现金			1,300.00	6,700.00			
100101	人民币			300.00	6,700.00			
100102	美元	美元		1,000.00		151.98		
1002	银行存款			10,000.00	5,000.00			
100201	科技园招商银行			10,000.00	5,000.00			
1122	应收账款			3,600.00	20,600.00			
112201	应收人民币			3,600.00	20,600.00			
1231	坏账准备			300.00	966.00			
1401	材料采购				76,923.08			
1405	库存商品			76,923.08	24,128.20			
1601	固定资产			5,000.00				
1602	累计折旧				1,429.40			
资产 小计				97,123.08	135,746.68			
2203	预收账款				-10,000.00			
220301	预收人民币				-10,000.00			
2211	应付职工薪酬				36,800.00			
负债 小计					26,800.00			
6401	主营业务成本			24,128.20				
6601	销售费用			5,054.30				
660101	通讯费			400.00				
660102	折旧			1,154.30				
660103	薪资			3,500.00				
6602	管理费用			35,575.10				

图 5-35

5.4　出纳

　　加强现金、银行账的管理是应用信息化处理财务数据的重要内容之一。核算单位在财务工作中会设置一位出纳人员，其日常工作就是对现金、银行账进行管理和查询，以随时了解企业目前的现金、银行账信息。

用友总账系统中的出纳管理，一是指现金银行凭证必须由出纳人员签字，二是指在凭证产生之后，系统自动出具现金账和银行账（需要先指定现金、银行科目）。

在企业的实际业务中，出纳与会计的工作应该是并行的，出纳在现金、银行业务发生时登记流水账，而不必管会计是否填制了记账凭证，到月底时出纳账与会计的财务账进行对账即可，此种方式在用友的总账系统中无法处理，需要在用友的出纳管理系统中进行处理（出纳管理系统请参阅本书的第 10 章，这里不再介绍在总账中的出纳管理应用）。

5.5 现金流量表

如果设置了现金流量科目，并且在填制凭证时，进行了现金流量项目的录入（请参阅本章 5.3.1 小节的新增凭证业务），则可以查询相关的现金流量表。

（1）如果要查询现金流量明细表，展开"现金流量表"选项，选择"现金流量明细表"，系统弹出"现金流量表_明细表"窗口，如图 5-36 所示。在窗口中录入过滤条件后单击"确定"按钮。

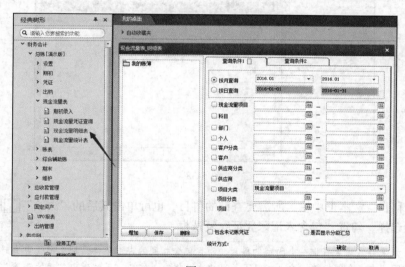

图 5-36

（2）系统给出符合条件的记录，如图 5-37 所示。

2016年		凭证号	现金流量项目	摘要	方向	金额
月	日					
1	31	记-0012	销售商品、提供劳务收到的现金(01)	收款单	流入	10,000.00
			销售商品、提供劳务收到的现金(01)	小计	流入	10,000.00
1	31	记-0015	收到的其他与经营活动的现金(03)	坏账收回(结算)	流入	300.00
			收到的其他与经营活动的现金(03)	小计	流入	300.00
1	1	记-0001	支付的与其他经营活动有关的现金(07)	报销差旅费	流出	2,000.00
1	1	记-0003	支付的与其他经营活动有关的现金(07)	销售部通讯费补助	流出	400.00
1	31	记-0008	支付的与其他经营活动有关的现金(07)	借款	流出	3,000.00
1	31	记-0009	支付的与其他经营活动有关的现金(07)	代垫物流费用	流出	300.00
			支付的与其他经营活动有关的现金(07)	小计	流出	5,700.00
1	31	记-0004	购建固定资产、无形资产和其他长期资产所支付的	直接购入资产	流出	5,000.00
			购建固定资产、无形资产和其他长期资产所支付的	小计	流出	5,000.00

图 5-37

5.6 账表查询

制单、审核、记账（如果在查询或打印时选择包含未记账功能也可以）之后，系统就生成了正式的会计账簿，可以在此进行查询、统计、打印等操作。

5.6.1 科目账查询

科目账查询包括总账、余额表、明细账、月份综合明细账、序时账、多栏账、综合多栏账、日记账、日报表查询。

（1）在总账系统窗口中展开"账表"选项，下的选择"科目账"，任选一项科目账进行查询。下面以总账查询为例来介绍科目账的查询。

（2）选择"总账"，系统弹出"总账"窗口，如图 5-38 所示。

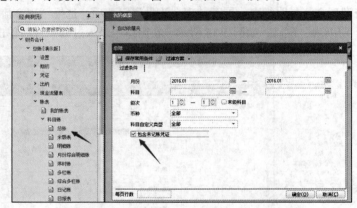

图 5-38

（3）在"科目"文本框中输入所需要查询的科目，也可单击其后的"浏览" 按钮在科目浏览窗口中进行选择，勾选"包含未记账凭证"复选框。

 提示 | 如果经常需要查询一个固定的科目，而且包含相同的查询条件，那么每次查询时都需要输入相同的内容会很烦琐。这种情况下，可单击"保存"按钮，系统弹出"我的账簿"窗口，给需要查询的内容取一个名称，然后单击"确定"按钮，系统会将刚才输入的条件保存起来，以后打开"总账查询"功能，单击所查内容的名称，系统就会将其所代表的条件内容自动带入。

（4）将查询条件输入完成后，单击"确定"按钮，系统就会将符合条件的记录列出来，结果如图 5-39 所示。

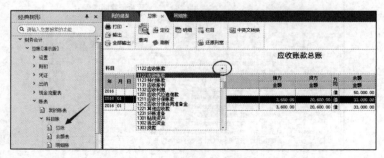

图 5-39

（5）可选择账页格式，也可以双击"总账"查询窗口中的记录，系统会直接联查到该记录的明细账，在明细账窗口直接双击指定记录，即可联查到该记录的原始凭证。

5.6.2 往来账管理

往来账管理是一家企业重要的业务组成部分。总账系统提供了往来账管理的功能，包括客户往来、供应商往来和个人往来的管理。

下面以客户往来账为例进行讲解。客户往来账包括客户往来余额表、客户往来明细账、客户往来两清等。

（1）选择"账表"→"客户往来辅助账"→"客户明细账"选项，系统弹出"客户明细账"窗口，如图 5-40 所示，录入查询条件后单击"确定"按钮。

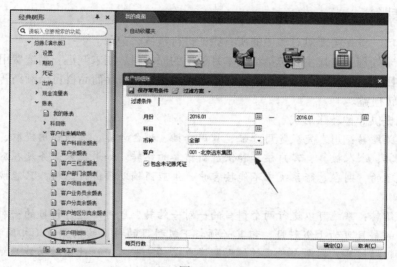

图 5-40

（2）系统列出查询结果，如图 5-41 所示。

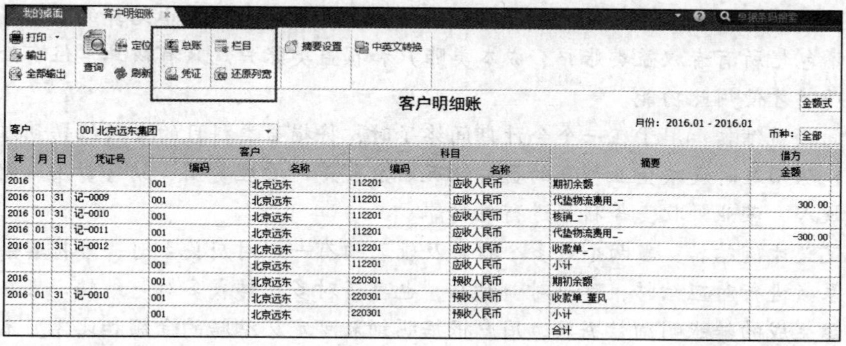

图 5-41

注意
● 用户在使用用友软件时，往往会凭借自己多年的经验，将原来手工做账的一套做法照搬过来，将一些本应设置为往来辅助核算的科目设置为该科目下的明细科目，如应收账款科目本应设置为客户往来辅助核算，但却在应收账款科目下再设明细科目，用来指定第一个具体的客户名称。这样其实违背了用友软件在科目设置中包含辅助核算选项的实质意义，最终导致在此无法使用客户往来管理。因此，初学者在进行科目设置时一定要注意这点。

● 当录入凭证时，如果在录入该客户往来科目的辅助项时，没有录入该笔业务的业务员，那么，如果选择两清依据是业务员，则进入之后，是没有数据可显示的。在所进行的客户往来两清工作中，其凭证是经过审核、记账处理的。

5.7 期末处理

一个会计期间结束之后（一般情况下是在每个月月末），即可进行期末处理。总账系统中的期末处理要在其他系统的期末处理之后才能进行。

5.7.1 转账

期末转账前，首先需要对总账中的所有凭证进行审核、记账。

总账在期末处理的工作主要包括结转本月领用的原材料、期末调汇、制造费用科目余额结转到制造成本科目、制造成本科目余额结转到库存商品科目、库存商品科目余额结转到主营业成本科目和期末结转损益。

总账系统提供8种转账形式。

● 自定义结转：用来完成费用分配、费用分摊、税金计算、各项费用提取、部门核算、项目核算、个人核算、客户核算和供应商核算的结转。如果往来业务是在应收、应付系统中处理的，则在总账系统中不能按客户、供应商辅助项进行结转，只能按科目总数进行结转。

● 对应结转：系统可以进行两个科目的一对一结转，也可以进行科目的一对多结转。对应结转的科目可为上级科目，但其必须与下级科目的科目结构一致（相同明细科目）。如果有辅助核算，则两个科目的辅助账类也必须一一对应。此结转功能只结转期末余额。

● 销售成本结转：系统计算各类商品销售成本并进行结转。

● 售价（计划价）销售成本结转：按售价（计划价）结转销售成本或调整月末成本。

● 汇兑损益结转：用于期末自动计算外币账户的汇兑损益，并在转账生成中自动生成汇兑损益转账凭证。汇兑损益只处理外汇存款户、外币现金、外币结算的各项债权和债务，而不包括所有者权益类账户、成本类账户和损益类账户。只有核算单位有外币业务需要处理时才使用此功能。

● 期间损益结转：用于在一个会计期间终了时，将损益类科目的余额结转到本年利润科目中，从而及时反映企业利润的盈亏情况。主要是对管理费用、销售费用、财务费用、销售收入、营业外收支等科目进行结转。

● 自定义比例结转：当两个或多个科目及辅助项有一一对应关系时，可将其余额按一定比例系数进行对应结转，可一对一结转，也可多对多结转或多对一结转。可在转账生成时显示生成的转账明细数据表，用户根据明细表可定义结转的金额和比率。本功能只结转期末余额。

● 费用摊销和预提：实现分期等额摊销待摊费用和计提预提费用。费用摊销可将已经被计入待摊费用的数据进行分期摊销，按一定的结转比例或金额转入费用类科目。费用预提可按一定的结转比例或金额计提预提费用。可一对一结转，也可一对多结转。

提示

按余额结转时，系统要求选择转账科目的余额方向，如期间损益结转，系统默认结转的是损益类科目的默认余额方向，有的财务人员在做账时，如果损益类业务科目产生了负数业务（通常说的红字业务），没有正常做成该科目默认余额方向的红字，而是以蓝字的方式做到了该科目的另一个方向，则在处理期间损益结转时，系统是无法将这一部分数据转账出来的。

（1）展开"期末"选项，选择"转账定义"，如图 5-42 所示。

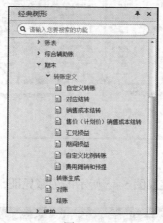

图 5-42

（2）在其子选项中选择具体的转账定义，然后定义转账分录。

（3）在定义完转账凭证后，每月月末只需执行"转账生成"功能即可快速生成转账凭证。在此生成的转账凭证将被自动追加到未记账凭证中。

由于启用了存货核算系统，所以如"销售成本结转"等子选项，在此也就用不上了。

以下以设置期间损益结转为例来进行讲解。

（1）选择"期间损益"子选项，系统弹出"期间损益结转设置"窗口，如图 5-43 所示，将"凭证类别"选择为"记账凭证"，将"本年利润科目"选择为"4103"，单击"确定"按钮保存设置。

损益科目编号	损益科目名称	损益科目账类	本年利润科目编码	本年利润科目名称	本年利润科目账类
6001	主营业务收入		4103	本年利润	
6011	利息收入		4103	本年利润	
6021	手续费及佣金收入		4103	本年利润	
6031	保费收入		4103	本年利润	
6041	租赁收入		4103	本年利润	
6051	其他业务收入		4103	本年利润	
6061	汇兑损益		4103	本年利润	
6101	公允价值变动损益		4103	本年利润	
6111	投资收益		4103	本年利润	
6201	摊回保险责任准备金		4103	本年利润	
6202	摊回赔付支出		4103	本年利润	
6203	摊回分保费用		4103	本年利润	
6301	营业外收入		4103	本年利润	
6401	主营业务成本		4103	本年利润	

图 5-43

（2）选择"转账生成"，系统弹出"转账生成"窗口，选择"期间损益结转"单选按钮，如图 5-44 所示，单击"全选"按钮，选择全部结转。

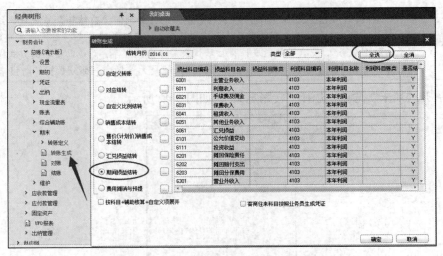

图 5-44

（3）单击"确定"按钮系统生成图 5-45 所示的记账凭证，单击"保存"按钮将其保存。

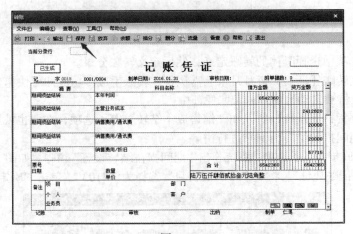

图 5-45

 提示　月末记账凭证生成之后，再对其进行审核、记账。如果在转账定义之后，又新增加了损益类科目，则需要重新进行转账定义，否则新增加的损益类科目不会自动放在已经定义好的转账设置中。

5.7.2　对账

会计知识：对账

　　对账是为了保证会计账簿记录的会计资料的真实、完整、准确而进行的有关账目核对的工作。由于在记账过程中可能出现人为差错，所以需要定期将会计账簿记录的内容与单位实际的库存实物、货币资金等进行核对，以保证会计账簿记录准确无误。根据《中华人民共和国会计法》的规定，账目核对应做到账证核对、账账核对、账实核对、账表核对，从而使账证相符、账账相符、账实相符、账表相符。

只要记账凭证录入得正确，计算机自动记账后各种账簿都应是正确、平衡的。但由于操作失误等原因，数据可能会遭到破坏，从而出现账账不符的情况。为了保证账证相符、账账相符，需至少一个月进行一次对账操作，一般可在月末结账前进行，以便查出问题所在，从而进行更正。

（1）展开"期末"选项，选择"对账"，系统弹出"对账"窗口，如图 5-46 所示。

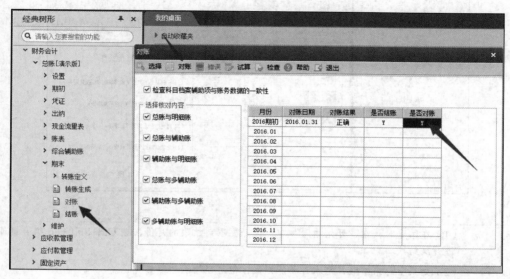

图 5-46

（2）勾选需要对账的内容，然后双击需要对账月份的"是否对账"栏，录入"Y"符号，单击"对账"按钮，系统开始对账，对账完毕后系统给出对账结果"正确"或"错误"的提示。如果对账结果为"错误"，则要单击"错误"按钮查询为什么错误，将数据修正之后再进行对账，直到对账结果为"正确"为止。

 提示　错误的对账结果多数出现在总账与辅助账对账不平的情况下，这是因为该会计科目有业务发生后，又强制修改了该会计科目的辅助核算方式，导致该会计科目原来发生的业务无法记入后设置的辅助核算明细中，需要删除该会计科目修改之后的所有业务，再回到最初的辅助项设置重新制单，类似这种会计科目辅助项设置的修改最好在年初该科目余额为空的情况下进行。

（3）单击"试算"按钮，对各科目类别的余额进行试算平衡。

5.7.3　结账

会计知识：结账

结账是指在本期内所发生的经济业务全部登记入账的基础上，按照规定的方法结算出本期的发生额合计和余额，并将其余额结转下期或者转入新账。

手工会计处理中有结账的过程，在计算机会计处理中也有这一过程，以符合会计制度的要求。结账只能每月进行一次。

（1）展开"期末"选项，选择"结账"，系统弹出"结账"窗口，如图 5-47 所示。
（2）依据系统提示，逐步单击"下一步"按钮进行月末结账工作。

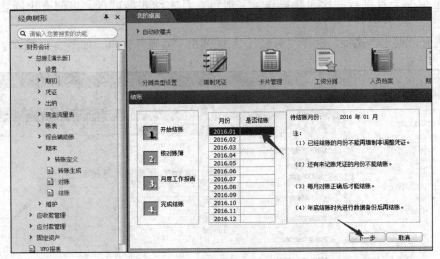

图 5-47

 提示

（1）在结账时，在"开始结账"中，选择要取消结账的月份，按 Ctrl+Shift+F6 组合键即可进行反结账。
（2）如果上月未结账，则本月不能记账，但可以填制、复核凭证。
（3）如果本月还有未记账凭证，则本月不能结账。
（4）已结账月份不能再填制凭证。
（5）结账只能由有结账权限的人进行。
（6）若总账与明细账对账不符，则不能结账。
（7）反结账操作只能由账套主管执行。

提示 如果在结账之后，发现需要修改记账凭证，则操作顺序是"取消结账"→"取消记账"→"取消凭证审核"。如果需要修改已结账的前几个月的凭证，则需要逐次按月取消结账。

课后习题

（1）制单人与审核人可否为同一人？
（2）凭证作废之后，是否可以恢复？
（3）期末转账凭证有几种生成方式？分别是什么？
（4）总账系统期末结账的前提是什么？

实验三 总账系统

【实验目的】

1. 掌握总账系统的参数设置和期初数据的录入方法。

2. 掌握总账凭证的处理操作。

3. 掌握转账凭证自定义、期末调汇、结转损益的方法。

4. 掌握账簿查询的方法。

【实验内容】

1. 总账系统参数设置。

2. 期初数据录入。

3. 凭证录入、审核、过账。

4. 转账凭证自定义。

5. 期末调汇方法。

6. 结转损益方法。

7. 查询总账、明细账、多栏账的方法。

【实验资料】

1. 1122 应收账款期初数据如表 5-4 所示。

表 5-4　　　　　　　　　　　　　1122 应收账款期初数据

客户	日期	应收账款	预收账款	期初余额
上海常星礼品公司	2011-12-31	12 000		12 000
广州鸿运文具店	2011-12-31	3 600		3 600
深圳长友网络公司	2011-12-31	6 500		6 500

2. 2202 应付账款期初数据如表 5-5 所示。

表 5-5　　　　　　　　　　　　　2202 应付账款期初数据

供应商	日期	应付账款	预付账款	期初余额
广州浩友塑胶制品厂	2011-12-31	8 300		8 300
广州书名文具厂	2011-12-31	2 600		2 600

3. 会计科目期初数据如表 5-6 所示。

表 5-6　　　　　　　　　　　　　会计科目期初数据

科目代码	科目名称	方向	本年累计借方	本年累计贷方	期初余额
100101	人民币	借			3 357
100201	招商银行 319 本币	借			415 473
1403	原材料	借			5 800
1405	库存商品	借			3 200
160101	办公设备	借			18 000
160102	生产设备	借			49 000
1602	累计折旧	贷			6 030
400101	王齐龙	贷			300 000
400102	何小川	贷			200 000

4. 2016 年 1 月凭证数据如表 5-7 所示。

表 5-7   凭证数据

日期	凭证号	摘要	科目代码	币别	原币金额	借方	贷方	方式	结算号
2016-1-8	记 –1	提备用金	100101	人民币	12 000	12 000			
			100201	人民币	12 000		12 000	支票	201601601
2016-1-8	记 –2	王力保报销客户招待费	660102	人民币	165	165			
			100101	人民币	165		165		
2016-1-10	记 –3	谢至星报销购买办公用品费用	660203	人民币	1 623	1 623			
			100101	人民币	1 623		1 623		
2016-1-11	记 –4	李丽购买账簿费用	660203	人民币	185	185			
			100101	人民币	185		185		
2016-1-11	记 –5	何小川追加投资-美元	100202	美元	100 000	630 000		电汇	201601602
			400102	人民币	630 000		630 000		
2016-1-13	记 –6	何总招待相关单位餐费	660202	人民币	968	968			
			100101	人民币	968		968		
2016-1-16	记 –7	何总报销差旅费	660201	人民币	2 130	2 130			
			100101	人民币	2 130		2 130		
2016-1-19	记 –8	购买黄页	660203	人民币	380	380			
			100101	人民币	380		380		
2016-1-20	记 –9	购买 SL123 专利	1701	人民币	200 000	200 000			
			100201	人民币	200 000		200 000	支票	201601603
2016-1-23	记 –10	支付 1 月物业清洁费	660206	人民币	1 200	1 200			
			100201	人民币	1 200		1 200	支票	201601604
2016-1-24	记 –11	支付房租水电费	510101	人民币	13 520	13 520			
			660203	人民币	5 860	5 860			
			100201	人民币	19 380		19 380	支票	201601605

【实验步骤】

1. 以"贺君兰"的身份登录"100 宇纵科技有限公司"账套，总账系统的参数设置中，本年利润科目为"4103—本年利润"科目，利润分配科目为"4104"。

2. 录入 1122 应收账款期初数据。

3. 录入 2202 应付账款期初数据。

4. 录入会计科目期初数据。

5. 结束总账初始化。

6. 以"李丽"的身份登录"100 宇纵科技有限公司"账套，录入凭证数据。

7. 以"贺君兰"的身份登录"100 宇纵科技有限公司"账套，审核并过账以上凭证。

8. 以"李丽"的身份登录进行"期末调汇"（美元期末汇率为 6.29）。

9. 以"贺君兰"的身份登录，审核并过账调汇凭证。

10. 以"李丽"的身份登录，设置自动转账方案，并生成相应的凭证。请注意审核和过账的先后次序。

11. 以"贺君兰"的身份登录，审核并过账自动转账凭证。

12. 以"李丽"的身份登录，结转损益。
13. 以"贺君兰"的身份登录，审核并过账结转损益凭证。
14. 查询总账，双击可以查询明细账。
15. 查询明细账。
16. 查询科目余额表。
17. 制作"管理费用"多栏账簿，并进行查询。

第 6 章 UFO 报表系统

本 章 目 标

通过本章的学习，了解报表格式、报表公式的定义，重点了解资产负债表和利润表的查看方法。

6.1 概述

用友 UFO 报表是一个开放式的报表编制系统，可以在报表数据的基础上生成其他相关图表，以满足需求。另外，UFO 报表中还有已编制好的报表模板，核算单位可以利用这些模板快速生成资产负债表、损益表等。

UFO 报表与其他系统都有着相应的数据接口，可以通过公式取数。报表的界面显示为一个表格，其操作与 Excel 的类似。报表系统没有初始设置和期末结账，主要用于查询报表、修改格式和修改公式，然后输出。由于资产负债表和损益表是财务管理中很重要的两个报表，因此，建议用户购买 UFO 报表系统。

UFO 报表的主要功能如下。

- 报表格式设计（表尺寸、单元格属性和关键字设置等）。
- 报表公式编辑和数据处理。
- 报表管理（追加表页、表页排序和表页查找等）。
- 图表功能（将报表数据转换为图表形式）。
- 报表模板的应用。

6.2 设计报表

设计报表指对报表的外观格式进行设计，包括调整单元格的大小、线条属性、显示属性，组合单元格以及设置关键字等。

6.2.1 打开 UFO 报表

在用友 U8 操作平台中，在"业务工作"选项卡中选择"财务会计"选项，然后双击"UFO报表"（见图 6-1），即可打开 UFO 报表系统。

在 UFO 报表窗口中，单击"新建" 按钮建立一张空表，也可以单击"文件"→"打开" 按钮打开一张已设计好的报表，如图 6-2 所示。

提示　　空表的外观类似于 Excel 表格，其操作方式也与 Excel 的类似，"演示数据"字样表明现在使用的是用友演示版。

一张 UFO 报表具有"格式"和"数据"两种状态，表的左下角有标识，单击状态标识可以进行"格式""数据"状态互换。在"格式"状态下，可以设计报表的格式和取数公式，但不能进行数据的录入或计算等操作；在"数据"状态下，可以看到报表的全部内容，包括格式和数据，但此时不能修改格式和取数公式。

图 6-1

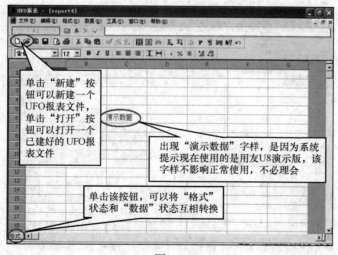

图 6-2

6.2.2　调整表的尺寸和线条

可以随意调整一张报表的尺寸和线条格式，操作方法如下。

（1）在报表的"格式"状态下，打开"格式"菜单，选择"表尺寸"命令，系统弹出"表尺寸"窗口，在此输入需要进行调整的行数和列数，如图 6-3 所示。

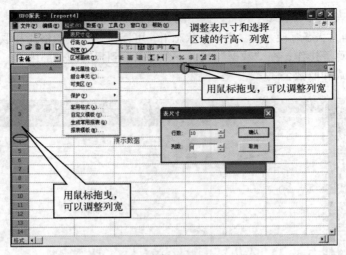

图 6-3

（2）设置完成后单击"确认"按钮。另外，也可以通过"编辑"菜单下的"插入"或"追加"命令来增加行数、列数。

（3）打开"格式"菜单，选择"行高"或"列宽"命令即可调整所设置表格的整体行高或列宽（单位：mm）。另外，也可以将光标放在行或列的分隔线上，当光标呈"十"字形时，按住鼠标左键拖曳来调整行高或列宽。

（4）用鼠标选定（按住鼠标左键拖动）需要实线的表格区域，然后选择"格式"菜单下的"区域画线"命令，系统会弹出"区域画线"窗口，如图 6-4 所示。

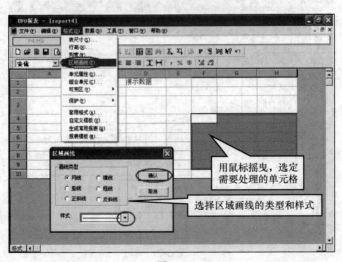

图 6-4

（5）选择画线类型、线条样式，然后单击"确认"按钮，即可看到区域画线的结果，如图 6-5 所示。单击"预览" 按钮可以看到打印出来的预览效果。

> 提示　需要取消线条时，也可以使用以上方法，只是在"样式"的下拉列表中选择的线型为空，单击"确认"按钮即可取消原先的画线。

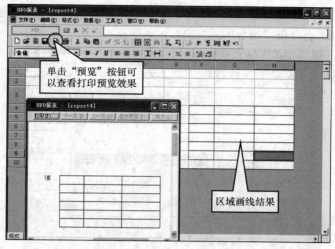

图 6-5

6.2.3 单元格属性

单元格属性用于设置每一个单元格的类型、数字格式和边框线。

（1）在报表"格式"状态下选定单元格，然后打开"格式"菜单，选择"单元属性"命令（或者在选定的单元格上单击鼠标右键，在弹出的菜单中选择"单元格属性"命令），系统弹出"单元格属性"窗口，如图 6-6 所示。

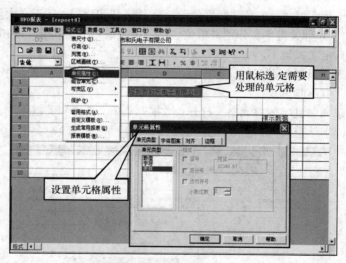

图 6-6

（2）在"单元格属性"窗口中，可以根据需要对所选定单元格的"单元类型"（系统默认为数值型）、"字体图案""对齐"和"边框"进行设置，最后单击"确定"按钮完成该设置。

6.2.4 组合单元

如果数据需要一个比较大的单元时（如标题），则需要运用"格式"菜单下的"组合单元"命令。

（1）在报表的"格式"状态下，选定几个需要组合的单元格，打开"格式"菜单，选择"组合单元"命令，系统将会弹出"组合单元"窗口，如图6-7所示。

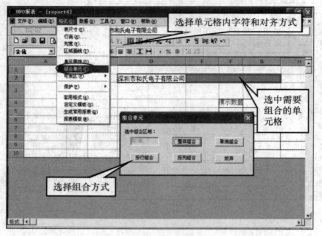

图 6-7

（2）在"组合单元"窗口中选择组合单元格的方式。单击"整体组合"按钮即可把选中区域整体设置为组合单元；单击"取消组合"按钮即可把选中的组合单元恢复为区域。单击"按行组合"按钮即可把选中的若干行设置为组合单元；单击"按列组合"按钮即可把选中的若干列设置为组合单元。

6.2.5 关键字设置

关键字是游离于单元格之外的特殊数据单元，可以唯一标识表页，用于在大量表页中快速选择。

UFO报表提供了6种关键字，分别是单位名称、单位编号、年、季、月和日。另外，为了满足需要，用户也可自定义关键字。

在"格式"状态下设置关键字的显示位置，在"数据"状态下录入关键字的值，每个报表可以定义多个关键字，但不能重复。

（1）选中需要录入关键字的单元格，打开"数据"菜单，选择"关键字"下的"设置"命令，系统弹出"设置关键字"窗口，如图6-8所示。

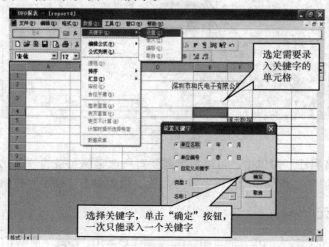

图 6-8

（2）选好关键字，然后单击"确定"按钮。

（3）如果要取消所设置的关键字，则打开"数据"菜单，选择"关键字"下的"取消"命令即可。

（4）如果要重新设置关键字的位置，则打开"数据"菜单，选择"关键字"下的"偏移"命令即可，如图 6-9 所示。

提示
- 如果只将"单位编号"作为关键字进行录入，则只有"单位编号"选项是可编辑的，其他关键字都不会出现在报表中。
- 这里录入该关键字偏移的位置，正数或负数都可以，然后单击"确定"按钮即可进行调整。关键字的位置只能左右偏移，不能上下偏移。

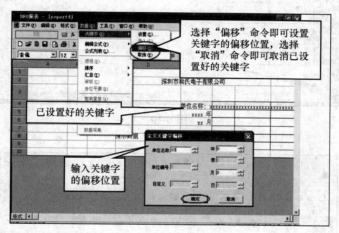

图 6-9

6.3 编辑报表公式及数据处理

企业常用的财务报表的数据来源于总账系统或报表系统本身，用友 UFO 报表中的公式可以从其他功能系统（如总账系统、应收款管理系统和应付款管理系统等）中取数。本节将学习定义单元公式、保存报表格式，以及处理报表数据。

6.3.1 定义单元公式

单元公式是报表取数的基础，定义单元公式就是定义如何从其他系统取数并计算的方式。

（1）选定单元格，可以手工输入单元公式，也可以利用函数向导来定义单元公式。

录入公式的 3 种方法如下。

① 单击工具栏中的"*fx*"按钮。

② 展开"数据"菜单，选择"编辑公式"下的"单元公式"选项。

③ 直接按键盘上的"="键。

（2）按图 6-10 的格式录入数据，按"="键，系统会弹出"定义公式"窗口。

（3）在"定义公式"窗口中输入函数公式，或者单击"函数向导"按钮进行函数公式的设置，如图 6-11 所示。

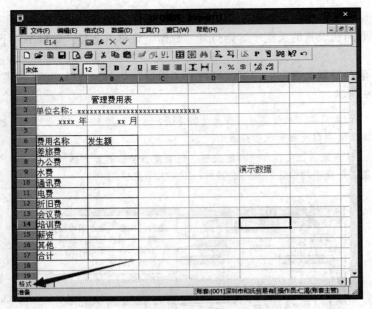

图 6-10

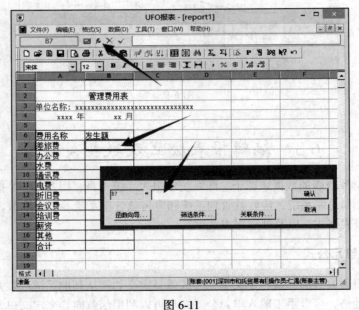

图 6-11

（4）在"函数分类"列表中选择所需的函数类别，此时右侧的"函数名"列表中会依据所选择的函数类别而显示出相应的函数名，在此选定需要使用的函数名，然后单击"下一步"按钮，如图 6-12 所示。

（5）系统会提示所选择函数的格式，可在"函数录入"文本框中直接依据所提示的内容进行录入，也可单击"参照"按钮录入（等待时间稍长），如图 6-13 所示，结果如图 6-14 所示。

（6）在系统提示下完成函数的建立工作。

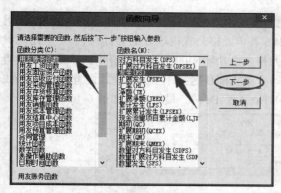

图 6-12

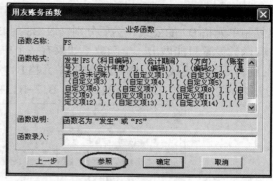

图 6-13

（7）在"账务函数"窗口中输入账套号。如果"账套号"选择为"默认"，则以后在选择取数的账套时，就需做账套初始化工作，否则系统不知道从哪个套账中取数；如果直接选择账套号，则以后不用做初始化工作。依次选择会计年度、科目、期间、方向和辅助核算项。

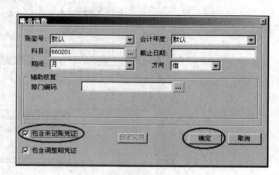

图 6-14

这里可勾选"包含未记账凭证"复选框，这样在所设置的公式取数范围中就包含了未记账凭证。操作员在凭证未记账时就可以看到所有已填制凭证的最终结果，这样，在做报表数据的调整时就会很方便。

（8）设置完毕后单击"确定"按钮，系统就会自动将公式带回到"定义公式"窗口中。单击"确认"按钮，系统会将公式写入单元格，但单元格中显示的不是函数内容，而是"公式单元"字样，如图 6-15 所示。双击单元格即可看到函数内容（可进行手工调整）。

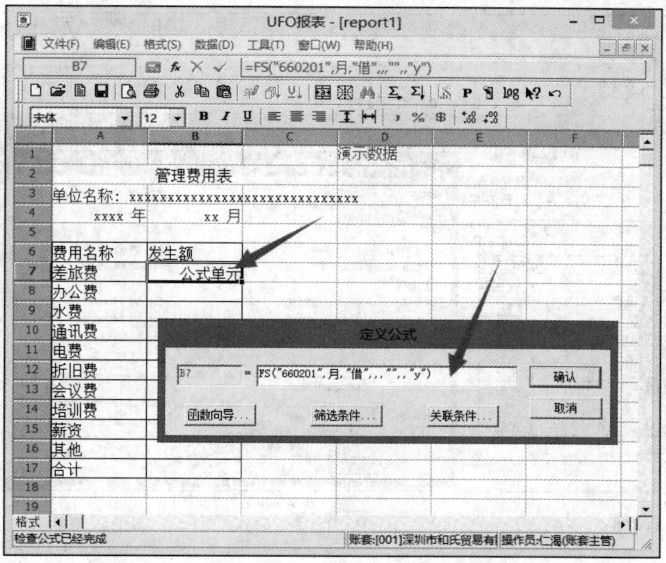

图 6-15

这里只设置了单元格 B7 的函数取数公式，用同样的原理可以设置其他单元格的取数公式（可以复制单元格 B7 的公式，然后分别修改 B8 到 B16 各单元格公式内取数的会计科目）。利用向导进行函数设置只能做出一个函数，如果有一个单元格由两个不同的函数取数值相加（或相减）得到，则需要手工更改单元格内的公式。单元格 B17 等于单元格 B7 到 B16 之和，公式设置为"PTOTAL（B7:B16）"或"B7+B8+B9+B10+B11+B12+B13+B14+B15+B16"，最终效果如图 6-16 所示。

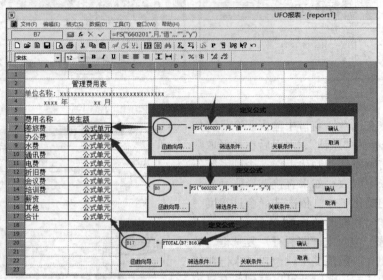

图 6-16

6.3.2 保存报表格式

定义完公式之后，需将报表的格式保存起来，以便在日后的工作中随时调用，而不必重新设置。

（1）单击"保存"■按钮（或直接按 F6 键），系统弹出"另存为"窗口，如图 6-17 所示。

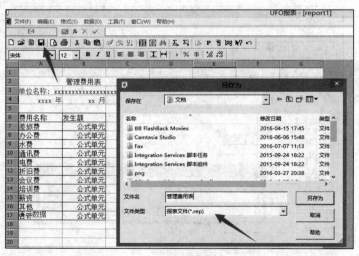

图 6-17

（2）选择目的文件夹，输入保存后的文件名称，后缀为.rep，单击"另存为"按钮完成保存工作。

6.3.3 处理报表数据

报表的数据处理是指将已设置好格式的报表文件，在"数据"状态下进行的生成报表数据、审核报表数据和舍位平衡等操作。

（1）单击"打开" 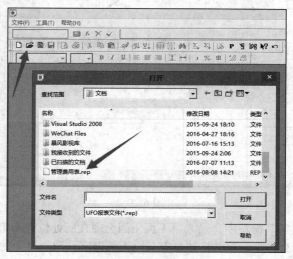按钮，打开一个已设置好格式的报表文件，如图 6-18 所示。

图 6-18

（2）单击图 6-19 左下角的"格式"按钮，将报表转换为"数据"状态。

🐝 说明　　系统自动将当前表页设为第 1 页，可以单击"编辑"菜单下的"追加"子菜单，选择"表页"命令，系统弹出"追加表页"窗口，在此窗口中填入所需要追加的表页数，单击"确认"按钮完成表页追加的操作。每一张表页均可根据关键字的数值单独取数。

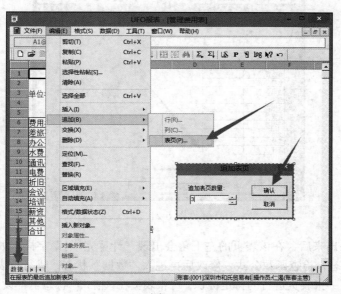

图 6-19

（3）单击"数据"菜单下的"关键字"子菜单，选择"录入"命令，系统弹出"录入关键字"窗口，如图 6-20 所示。

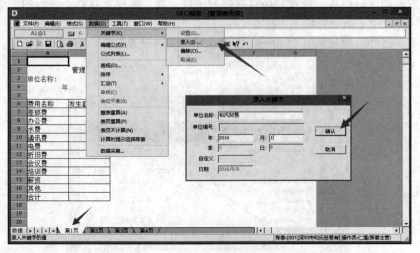

图 6-20

（4）在"录入关键字"窗口中，录入第 1 页（因为现在所处位置为第 1 页）的关键字数据，如果在关键字设置时没有将月、季、日和自定义设为关键字，则窗口中的这几项都处在不可编辑状态。录入完毕后单击"确认"按钮，系统将提示"重算第一页"，单击"是"按钮，系统会以关键字的录入数据为依据开始计算，最终结果（出结果的时间略长）如图 6-21 所示。

 提示 关键字的录入只能在"数据"状态下进行。

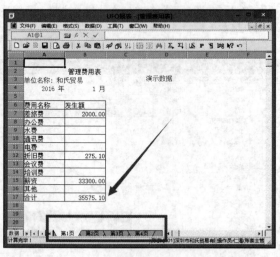

图 6-21

（5）计算结果出来后，在该表页的左下角会出现"计算完毕！"字样。如果发现数据有误，可回到"格式"状态，检查函数公式，修改后再进入"数据"状态，进行整表重算工作。

关键字是对每一张表页进行的特定标识，每张表页在"格式"状态下都设置了关键字的位置，但是在"数据"状态下的每一张表页还需要录入关键字来标识该张表页。

注意 只有在"格式"状态下变动了单元公式，在进入"数据"状态时系统才会提示是否将整表进行重算。选择不同的表页，然后在不同的表页中录入不同的关键字，系统将进行与第 1 页一样而关键字不同的计算，比如第 1 页进行 2016 年 1 月的数据计算，第 2 页进行 2016 年 2 月的数据计算。

（6）如果选择"数据"菜单下的"整表重算"命令，则本表中所有的表页都将重新进行计算。如果选择"表页重算"命令，则系统只重新计算当前表页的内容。如果选择"表页不计算"命令，则当前表页被锁定，无论何种情况下，表页中的单元公式都不再重新计算。如果选择"计算时提示选择账套"命令，则每次进行表页计算时，系统都会自动弹出"注册"窗口，提示操作员重新选择需要进行计算的账套等，如图 6-22 所示。

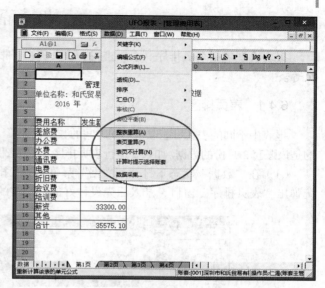

图 6-22

（7）数据中如果出现"######"这样的字符，表示单元格太窄，将单元格增宽即可显示正常数据（用鼠标直接拉宽单元格即可）。选定一个有数据的单元格，单击鼠标右键，在弹出菜单中选择"联查明细账"命令，就可以联查到该单元格中数据来源的明细账，然后在明细账中联查到凭证，并可以查到生成该凭证的原始单据，如图 6-23 所示。

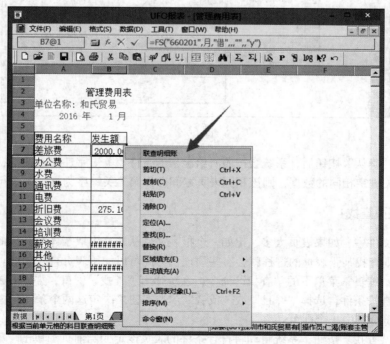

图 6-23

> 🐝 **提示**　　用友报表可以从不同的账套中取数，只需要在设置取数公式时定义好不同取数的账套就可以（请参阅本章 6.3.1 小节定义单元公式的内容）。

6.4　报表管理

报表管理包括表页排序、表页查找、表页透视、报表的显示比例和显示风格以及设置打印分页等。

6.4.1　表页排序

报表中不同的表页可能取了不同时间的数据，如第 1 页取的是该账套 1 月份的数据，第 2 页取的是该账套 2 月份的数据。如果要进行表页排序，该怎么做呢？系统是根据关键字的数值进行排序的。

（1）在"数据"状态下打开"数据"菜单下的"排序"子菜单，然后选择"表页"命令，系统弹出"表页排序"窗口，录入原先设计好的关键字的排序原则，如图 6-24 所示。

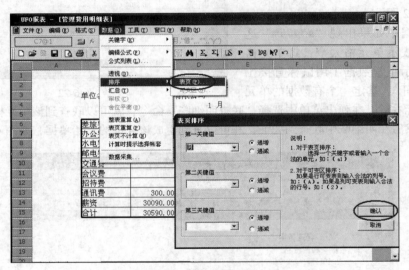

图 6-24

（2）单击"确认"按钮后，系统会按照所给出来的条件（关键字递增或递减，如果有表页与表页之间第一关键字相同的数据，则该相同表页之间会以第二关键字为标准）进行表页排序。

6.4.2　表页查找

一个报表文件中，如果表页太多，比如一个报表文件从账套中取了连续几年的数据，一个月为一张表页，则查找某张表页的过程就会有些烦琐，为此可以使用表页查找功能。

（1）选择"编辑"菜单下的"查找"命令，系统弹出"查找"窗口，如图 6-25 所示。

（2）输入查找条件，选择"并且"或"或者"单选按钮来决定这两个条件的搭配关系是都需要符合，还是符合其中一个即可。

（3）单击"查找"按钮，系统自动将符合条件的表页设定为当前页。单击"下一个"按钮，系统可自动依据现有条件查询下一个符合条件的表页。

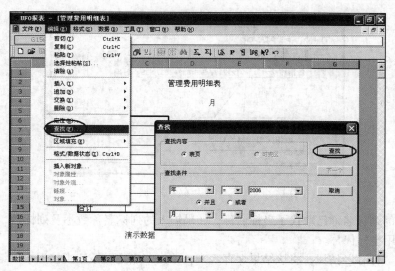

图 6-25

6.4.3 表页透视

使用表页透视功能可以将多张表页指定的区域同时显示在一个平面上，这样就不需要一张一张地翻动不同的表页。这个功能一般用于将不同表页同一单元格的内容放在一起进行比较分析。

（1）选择要开始透视的第一张表页的页标，将其作为当前页，系统从该页开始向其后的表页进行透视。

（2）选择"数据"菜单下的"透视"命令，系统弹出"多区域透视"窗口，如图 6-26 所示。

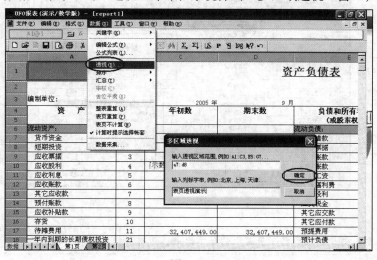

图 6-26

（3）在区域范围内输入需要透视的区域，如果两个区域不是连续的，则在区域与区域之间用"，"分开，如"A1：C3，E5：G7"。

（4）在"输入列标字串"文本框中，系统自动填入查询结果的坐标名称，然后单击"确定"按钮，结果如图 6-27 所示。

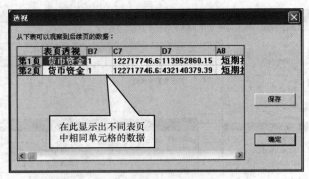

图 6-27

（5）输入的列标名称已取代了坐标名称，如果输入的列标名称数不及列标数，则系统后面的列标名称仍然用坐标代替。

（6）单击"保存"按钮，将该结果保存起来，单击"确定"按钮直接退出该结果窗口。

6.4.4 报表的显示比例和显示风格

选择"工具"菜单下的"显示比例"命令，系统弹出"显示比例"窗口，如图 6-28 所示。输入显示比例（范围限制为 30%～900%），单击"确认"按钮即可。选择"显示风格"命令，可以设置是否显示行、列表，是否定义单元类型、颜色和网格颜色。

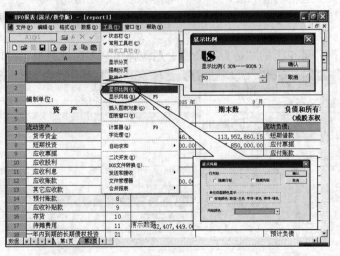

图 6-28

🐝 **提示** 显示比例是指在计算机屏幕上的显示比例，对打印结果没有影响。

6.4.5 设置打印分页

可在需要打印分页的地方设置强制分页。

（1）单击需要分页的单元格，然后选择"工具"菜单下的"强制分页"命令，系统会在所选单元格处显示强制分页标记。

（2）如果要取消分页，则将光标定位在该分页单元格，然后选择"工具"菜单下的"撤消分页"命令即可，如图 6-29 所示。选择"取消全部分页"命令也可以取消所有分页设置。

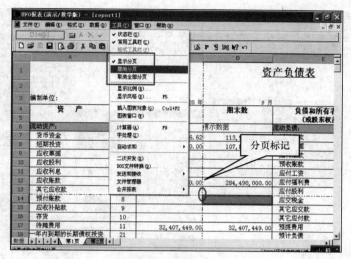

图 6-29

6.5　图表功能

图表功能可对已经取得数据的报表进行图形化处理，如生成直方图、圆饼图、折线图或面积图。

（1）打开一个已设计好的表页，如果表页处于"格式"状态，则将其转换到"数据"状态。

（2）选择需要进行图表显示的单元格，如图 6-30 所示。

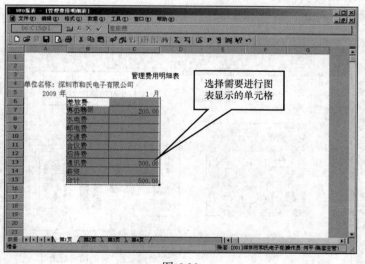

图 6-30

（3）选择"工具"菜单下的"插入图表对象"命令，系统弹出"区域作图"窗口，如图 6-31 所示。

（4）在"数据组"中选择"行"单选按钮，则原先数据组区域中的"行"为图表的 x 轴，"列"为 y 轴。

图 6-31

"区域作图"窗口中的其他重要内容介绍如下。

● 操作范围：选择"当前表页"表示利用当前表页中的数据作图，选择"整个报表"表示利用所有表页中的数据作图。

● 标识：当选择"当前表页"作图时，"标识"变灰不能编辑。

● 图表名称：输入图表名后不能修改。

● 图表格式：系统提供 10 种图表格式，可任选一种。

（5）单击"确认"按钮，结果如图 6-32 所示。

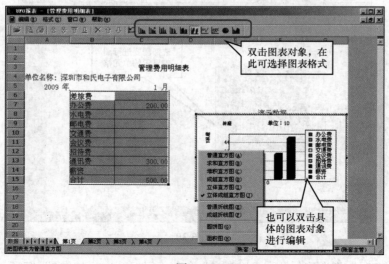

图 6-32

（6）可以用鼠标拉动图表的边框线对图表的大小和位置进行调整。可以双击选定该图表，然后单击鼠标右键，在弹出的快捷菜单中重新选择该图表的格式。双击 x 轴或者 y 轴，系统会出现"编辑标题"窗口，在此可修改标题。直接单击表页上面的"图表格式"进行当前图表格式的更改。

> 提示　　当单元格内的数据变动后，图表的内容也会相应地做出变动。

（7）可在同一个报表内插入不同的图表对象，这些图表对象有时可能会相互重叠，除了通过拉动改变其位置之外，还可以决定图表的前后位置，方法是选定需操作的图表，单击鼠标右键，在弹出的快捷菜单中选择"对象置前"命令或"对象置后"命令。此外，也可选择"对象打印"命令单独打印选定的图表，选择"清除"命令删除选定的图表。

6.6　报表模板

UFO 报表为用户提供了不同行业的各种标准财务报表模板，用户也可以自己编制报表模板，如资产负债表、利润表（收益表或损益表）等。用户一般不用自己编制相关的报表，只需调出所需的报表模板进行修改即可。

> **会计知识：资产负债表、损益表**
>
> 资产负债表是反映企业在某一特定日期（如月末、季末和年末）财务状况的会计报表，亦称财务状况表。该表按月编制，对外报送，年度终了还应编报年度资产负债表，内容包括企业所拥有或控制的资产、企业所负担的债务及偿债能力、所有者在该企业持有的权益及企业未来的财务形势和趋向。
>
> 资产=负债+所有者权益，这是资产负债表的理论依据。
>
> 通过资产负债表可以了解企业的财务状况，分析企业的债务偿还能力，从而为未来的经济决策提供参考。
>
> 利润表又称为收益表或损益表，它是反映企业在一定会计期间（如月份、季度和年度）经营成果的会计报表。利润是收入减支出的结果，结果为正，则表示盈利，结果为负，则表示亏损。
>
> 利润表有以下几个作用。
>
> （1）了解企业的获利能力及利润的未来发展趋势。
>
> （2）了解投资者投入资本的保值增值情况。
>
> （3）分析与预测企业的长期偿债能力。
>
> （4）考核管理人员的业绩。
>
> （5）合理地分配经营成果。

6.6.1　调用报表模板

（1）首先登录到需要进行报表取数的账套中（系统默认取打开账套的数据），然后打开 UFO 报表。

（2）在"格式"状态下，选择"格式"菜单下的"报表模板"命令，系统弹出"报表模板"窗口，选择行业类型、所需的财务报表（如资产负债表），如图 6-33 所示，然后单击"确认"按钮，系统提示"模板格式将覆盖本表格式！是否继续？"。

（3）单击"是"按钮，原来表页的内容将全部丢失（如果原来有设置好的格式，则此操作需慎重），表格将被新的财务报表所覆盖，如图 6-34 所示。

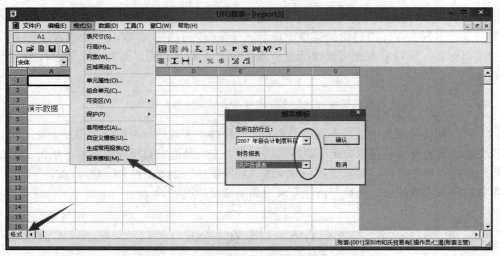

图 6-33

图 6-34

注意　如果在建账时所选择的是"2007 年新会计制度科目"，则在图 6-33 中，"您所在的行业"选择"2007 年新会计制度科目"，否则取数会不正确，修改模板内的取数公式之后才能正确取数。

（4）修改完成之后，单击窗口左下角的"格式"状态，将表页转换到"数据"状态。

（5）录入关键字，如图 6-35 所示。

（6）关键字录入完成后，单击"确认"按钮，系统提示"是否重复第 1 页？"，单击"是"按钮，系统开始重算该表页，并列出重算结果，最后保存结果。

（7）在需要进行明细账查询的单元格中，单击鼠标右键，从弹出的快捷菜单中选择"联查明细账"（见图 6-36），便可以联查该单元格中数据来源的明细账，在明细账中可以联查凭证。

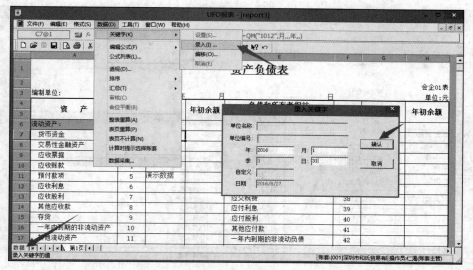

图 6-35

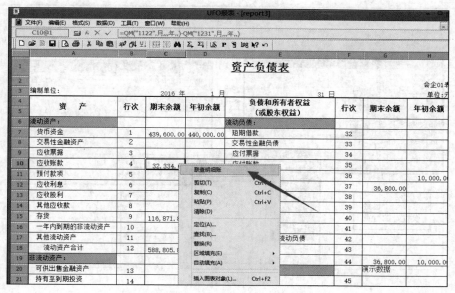

图 6-36

6.6.2 自定义模板

用户可以根据需要自定义模板。首先打开一个已经设置好的报表格式，然后开始自定义操作。

（1）在"格式"状态下，选择"格式"菜单下的"自定义模板"命令，系统弹出"自定义模板"窗口，如图 6-37 所示。

（2）在"自定义模板"窗口中，选择行业名称；也可单击"增加"按钮，以增加新的行业名称。

（3）单击"下一步"按钮设置模板，可以选择其中已存在的一个名称作为模板名；如果要使用新的模板名，则单击"增加"按钮增加新的模板名，如图 6-38 所示。

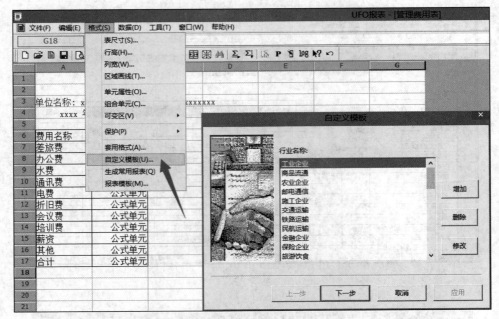

图 6-37

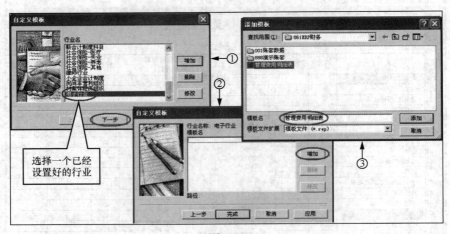

图 6-38

（4）系统要求选择一个原来设置好的报表（后缀名为.rep），单击"添加"按钮，系统返回"自定义模板"窗口，单击"完成"按钮，刚才自定义的模板就会被保存起来。以后如果要使用该模板，则可选择"格式"菜单下的"报表模板"命令，然后选定自定义的模板即可。

自定义模板的调用方式请参阅本章 6.6.1 小节的内容。

课后习题

（1）报表的"格式"状态和"数据"状态有何区别？

（2）在同一张报表中是否可以取多套账、多年度的数据？

（3）报表取数是否支持未记账凭证?

实验四　会计报表查询

【实验目的】

1. 掌握会计报表的查询方法。
2. 掌握会计报表格式的设置方法。

【实验内容】

1. 查询资产负债表。
2. 查询利润表。
3. 自定义报表。

【实验资料】

"每月管理费用情况表"自定义报表（见表 6-1）。

表 6-1　　　　　　　　　　每月管理费用情况表

项目	1月	2月	3月	4月	5月	6月	7月	8月	9月	10月	11月	12月
差旅费												
业务招待费												
办公费												
管理员工资												
折旧费												
其他												
坏账损失												

【实验步骤】

1. 以"李丽"的身份登录账套，查询资产负债表，并调整为 A4 纸张输出的最佳格式。
2. 查询利润表，并调整为 A4 纸张输出的最佳格式。
3. 建立"每月管理费用情况表"自定义报表，并录入报表数据。

第7章 应收款、应付款管理系统

通过本章的学习，了解应收应付往来业务中的发票和收付款处理。

7.1 系统概述

应收款、应付款管理系统可处理发票、其他应收单、应付单、收款单及付款单等单据，对企业的往来账款进行综合管理，及时、准确地提供客户的往来账款资料，并提供各种如账龄、周转、欠款、坏账、回款情况等的分析报表。通过分析这些报表，帮助企业合理地进行资金调配，提高资金的利用率。

用友 U8 系统还提供了各种预警和控制功能，如显示到期债权列表等，可以帮助企业及时对到期账款进行催收，以防止产生坏账。信用额度的控制有助于随时了解客户的信用情况，以防止产生呆坏账。此外，系统还提供了应收票据的跟踪管理功能，可以随时对应收票据的背书、贴现、转出及作废等操作进行监控。

应收款、应付款管理系统既可以单独使用，又能与采购管理、销售管理、存货核算等系统集成使用，提供完整、全面的业务和财务流程处理功能。

1. 使用应收款与应付款管理系统需要设置的内容

- 公共资料：公共资料是本系统所涉及的最基础的资料，其中，客户和供应商必须设置。
- 初始化：系统进行初始化设置时，需要设置的内容包括系统参数设置、初始数据录入、向总账系统传递记账凭证的会计科目设置。

2. 应收款、应付款管理系统可执行的查询与生成的报表

应收款可以查询的报表和分析有应收明细表、应收款汇总表、往来对账、到期债务列表、应收款计息表、应收款趋势分析表、账龄分析、周转分析、欠款分析、款账分析、回款分析、收款预测、销售分析、信用余额分析、信用期限分析等。

应付款可以查询的报表和分析有应付明细表、应付款汇总表、往来对账、到期债务列表、应付款计息表、应付款趋势分析表、账龄分析、付款分析和付款预测等。

3. 应收款管理系统的数据流向

应收款管理系统的数据流向如图 7-1 所示。

- 应收款管理系统与销售管理系统连接使用时，在销售管理系统中录入的销售发票会传入应收款管理系统中进行应收账款的核算；如果不与销售管理系统连接使用，则销售发票可以在应收款管理系统中录入，保存审核之后形成应收账款。
- 其他应收单在应收款管理系统中增加，保存审核之后形成应收账款。
- 收款单在应收款管理系统中增加，保存审核之后与应收账款进行核销（如果收款单有余

额，则会形成预收账款留到将来再核销）。

● 销售发票、其他应收单、收款单、核销单都可以制单生成记账凭证传至总账系统中。

4. 应付款管理系统与其他系统间的数据流向

应付款管理系统与其他系统间的数据流向，如图 7-2 所示。

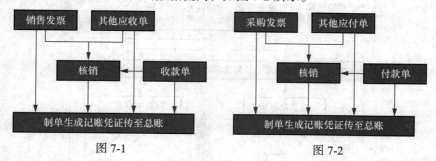

图 7-1　　　　　　　　　　　　　　　　图 7-2

● 应付款管理系统与采购管理系统连接使用时，在采购管理系统中录入的采购发票会传入应付款管理系统中进行应付账款的核算；如果不与采购管理系统连接使用，则采购发票可以在应付款管理系统中录入，保存审核之后形成应付账款。

● 其他应付单在应付款管理系统中增加，保存审核之后形成应付账款。

● 付款单在应付款管理系统中增加，保存审核之后与应付账款进行核销（如果付款单有余额，则会形成预付账款留到将来再核销）。

● 采购发票、其他应付单、付款单、核销单都可以制单生成记账凭证传至总账系统中。

本章重点讲述应收款管理系统的应用，应付款管理系统的操作可参照应收款管理系统。

应收款管理系统提供应收单据、收款单据的录入、处理、核销、转账、汇兑损益、制单等处理，提供各类应收和收款单据、详细核销信息、报警信息、凭证等内容的查询，提供总账表、余额表、明细账等多种账表的查询功能，提供应收账款分析、收款账龄分析、欠款分析等丰富的统计分析功能。

应收款管理系统接收来自于销售管理系统的销售发票，经过审核之后，形成应收账款；应收账款和收款数据也可以传递到应付款管理系统，进行往来业务之间的核销（如应收冲应付）；应收款管理系统的业务单据经过制单生成的记账凭证会传递到总账系统中。

应收款管理系统的初始设置请参阅本章 7.2 节的内容。

应付款管理系统通过发票、其他应付单、付款单等单据的录入，对企业的往来账款进行综合管理，及时、准确地提供供应商的往来账款余额资料，提供各种分析报表，帮助企业合理地进行资金的调配，提高资金的利用率。

应付款管理系统接收来自于采购管理系统的采购发票和委外管理系统的委外发票，经过审核之后，形成应付账款；应付账款和付款数据也可以传递到应收款管理系统，进行往来业务之间的核销（如应收冲应付）；应付款管理系统的业务单据经过制单生成的记账凭证会传递到总账系统中。

5. 应收款管理系统和应付款管理系统的操作流程

应收款管理系统的操作流程如图 7-3 所示。

应付款管理系统的操作流程可以参照应收款管理系统的流程。

提示　应收款管理系统与应付款管理系统都是企业的往来管理系统，在操作流程和方式上类似，只是在资金流向上刚好相反，所以本章就重点介绍应收款管理的业务处理，应付款管理系统的业务处理可参照应收款管理系统的进行。

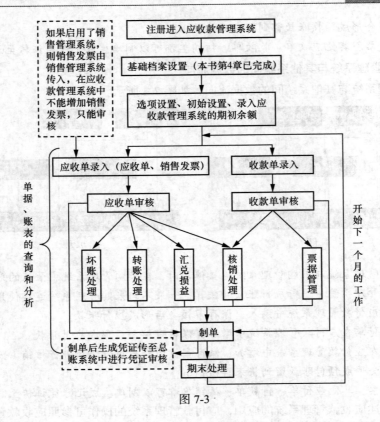

图 7-3

7.2 应收款管理系统业务参数设置

在应收款管理系统中，展开"设置"选项，选择"选项"，系统打开应收款管理系统的"账套参数设置"窗口，单击"编辑"按钮可进行业务参数的修改，如图 7-4 所示。

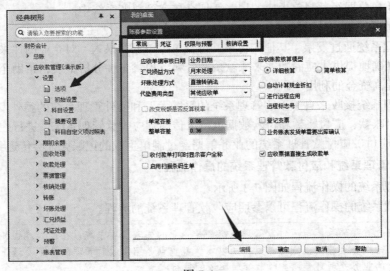

图 7-4

"账套参数设置"窗口中包含"常规""凭证""权限与预警"和"核销设置"4 个选项卡,单击"编辑"按钮可修改其设置(修改完成之后,需要退出用友软件,然后重新登录才有效)。

1."常规"选项卡

● 应收单据审核日期:包括"单据日期"和"业务日期"。选择"单据日期",则单据审核时自动将审核日期(即入账日期)记为单据日期。选择"业务日期",则在单据审核时,自动将审核日期(即入账日期)记为当前业务日期(即登录日期)。

说明 单据审核日期依据单据日期或业务日期,可以决定业务总账、业务明细账、余额表等的查询期间取值。如果将单据日期作为审核日期,则月末结账时必须将单据全部审核,因为下月无法以单据日期作为审核日期。而业务日期则无此要求。在账套的使用过程中,可以随时将选项从按单据日期改成按业务日期。此外,若需要将选项从按业务日期改成按单据日期,则需要判断当前未审核单据中有无单据日期在已结账月份的单据,若有,则不允许修改。

● 汇兑损益方式:包括"外币余额结清时处理"和"月末处理"。"外币余额结清时处理"表示仅当某种外币余额结清时才计算汇兑损益,在计算汇兑损益时,界面中仅显示外币余额为 0 且本币余额不为 0 的外币单据;"月末处理"表示每个月月末计算汇兑损益,在计算汇兑损益时,界面中显示所有外币余额不为 0 或者本币余额不为 0 的外币单据。

● 坏账处理方式:包括"备抵法"和"直接转销法"。如果选择"直接转销法",则不进行坏账计提准备的处理。如果选择"备抵法",则应该选择具体的方法,系统提供了 3 种备抵的方法,即销售收入百分比法、应收账款余额百分比法、账龄分析法。这 3 种方法需要在初始设置时录入坏账准备期初和计提比例或输入账龄区间等,并在坏账处理中进行后续处理。如果选择"直接转销法",则可以直接在下拉列表中选择该方法。当坏账发生时,直接在坏账发生处将应收账款转为费用即可。

● 代垫费用类型:表示从销售管理系统中传递的代垫费用单在应收款管理系统中用何种单据类型进行接收。系统默认为"其他应收单",用户也可在单据类型设置中自行定义单据类型。该选项随时可以更改。

● 改变税额是否反算税率:税额一般不用修改,在特定情况下,如系统和手工计算的税额相差几分钱时,用户可以对税额进行调整。在调整税额尾差(单笔)、保存(整单)时,系统将检查是否超过容差。容差是可以接受的误差范围,超过则不允许修改,未超过则允许修改,请用户设置这两项容差。该项在实际工作中经常用到,如果勾选,则可以再次设置单笔业务和整单业务的容差。

提示 税额变动时,系统将变动差额与容差数值进行比较,如果变动差额大于设置的容差数值,则系统将提示"输入的税额变化超过容差",恢复原税额。变动差额 = 无税金额×税率−税额。单笔容差根据表体的无税金额、税额、税率计算;整单容差根据无税金额合计、税额合计、表头税率计算。若单据表体存在多种税率,则系统不进行合计容差控制。本参数只有在销售管理系统没有启用时才可设置,如果销售管理系统已启用,则只能查看,不能编辑。

● 应收账款核算模型:包括"详细核算"和"简单核算"。系统默认为"详细核算"。"详细核算"是指可以对往来账进行详细的核算、控制、查询和分析。如果销售业务以及应收款核算与管理业务比较复杂,或者需要追踪每一笔业务的应收款、收款等,或者是需要将应收款核算到产品一级,那么最好选择"详细核算"。"简单核算"是指将销售传递过来的发票生成凭证并将其传递给总账系统（在总账中以凭证为依据进行往来业务的查询），如果销售业务以及应收账款业务不复杂，或者现销业务很多，那么最好选择此方案。

> **提示** 在系统刚启用或者还没有进行任何业务（包括录入期初数据）的处理时，才允许从"简单核算"改为"详细核算"；而从"详细核算"改为"简单核算"随时都可以进行。因此操作时一定要慎重，一旦有数据，"简单核算"就不能改为"详细核算"。

- 自动计算现金折扣：选择现金折扣的目的是鼓励客户在信用期限内尽快还款，此项需要与现金折扣条件一起使用。
- 进行远程应用：可以在不同局域网内的用友系统之间传递数据（如分公司在上海，总公司在深圳，则在此可以设置远程的数据传递）。
- 登记支票：若勾选此项，则系统自动将具有票据管理结算方式的付款单登记到支票登记簿（支票登记簿在总账系统的出纳管理中）。若不选择登记支票登记簿，则用户也可以通过收款单上的"登记"按钮，手工填制支票登记簿。用户可随时查看支票记录簿上的信息。

2. "凭证"选项卡

选择"账套参数设置"窗口中的"凭证"选项卡，单击"编辑"按钮可更改设置。

- 受控科目制单方式：包括"明细到客户"和"明细到单据"。"明细到客户"是指将一个客户的多笔业务合并生成一张凭证时，如果核算的这多笔业务的控制科目相同，则系统自动将其合并成一条分录。这样在总账系统中就能够根据客户来查询其详细信息。"明细到单据"是指将一个客户的多笔业务合并生成一张凭证时，系统会将每一笔业务形成一条分录。这样在总账系统中就能查看到客户每笔业务的详细情况（建议设置成"明细到单据"）。
- 非控科目制单方式：包括"明细到客户""明细到单据"和"汇总制单"。"明细到客户"和"明细到单据"的设置方式同受控科目制单方式的一样。"汇总制单"是指将多个客户的多笔业务合并生成一张凭证时，如果核算后这些多笔业务的非控制科目相同，且其所带的辅助核算项目也相同，则系统会自动将其合并成一条分录。这种方式的目的是精简总账中的数据。在总账系统中只能查看到该科目的总的发生额，而查不到明细的业务发生情况。
- 控制科目依据：包括"按客户分类""按客户"和"按地区"。"按客户分类"是指根据一定的客户属性将客户分为几个大类，在不同的方式下，针对不同的客户分类设置不同的应收科目和预收科目。"按客户"是指根据不同的客户设置不同的应收科目和预收科目。"按地区"是指根据不同的地区分类设置不同的应收科目和预收科目。
- 销售科目依据：根据每个单一的存货或存货分类设置不同的产品销售收入科目、应交增值税科目（一般会设置为"存货分类"）。

> **提示** 控制科目依据设置和销售科目依据设置都与本章中应收账款初始设置中的科目设置有关。

- 月结前全部生成凭证：如果勾选此项，月末结账时将检查截至结账月是否还有未制单的单据和业务。若有，则系统将提示不能进行本次月结处理，用户可以详细查看这些记录；若没有，则可以继续进行本次月结处理。如果不勾选此项，则在月结时只允许查询截至结账月的未制单单据和业务，不进行强制限制。

- 方向相反的分录合并：若勾选此项，则在制单时若遇到满足分录合并的要求，系统会自动将这些分录合并成一条，根据在哪边显示为正数的原则来显示合并后分录的显示方向。若不勾选此项，则即使在制单时满足分录合并的要求，也不能合并方向相反的分录，它们会原样显示在凭证中。

- 核销生成凭证：若不勾选此项，则不管核销双方单据的入账科目是否相同，均不对这些记录进行制单。若勾选此项，则需要判断核销双方单据的入账科目是否相同，不相同时需要生成一张调整凭证。建议勾选此项。

- 预收冲应收生成凭证：若勾选此项，则当预收冲应收业务的预收、应收科目不相同时，需要生成一张转账凭证。若不选此项，则不管预收冲应收业务的预收、应收科目是否相同均不生成凭证。

- 红票对冲生成凭证：若勾选此项，红票对冲时如果对冲单据所对应的受控科目不相同，则要生成一张转账凭证，月末结账时应在红票对冲处理中检查有无需要制单的记录。若不勾选此项，则红票对冲处理中不管对冲单据所对应的受控科目是否相同均不生成凭证，月末结账时不需要检查红票对冲处理制单情况。

- 凭证可编辑：若勾选此项，则表示生成的凭证可以修改；若不勾选此项，则表示生成的凭证不可修改，不可修改是指凭证上的各个项目均不可修改，包括科目、金额、辅助项（项目、部门）、日期等。

- 收付款单制单表体科目不合并：若不勾选此项，则表示收付款单制单时要依据制单的业务规则进行合并；若勾选此项，则表示收付款单制单时无论表体科目的科目是否相同、辅助项是否相同，制单时均不合并。

- 应收单制单表体科目不合并：若不勾选此项，则表示应收单制单时要依据制单的业务规则进行合并；若勾选此项，则表示应收单制单时无论表体科目的科目是否相同、辅助项是否相同，制单时均不合并。

3. "权限与预警"选项卡

选择"账套参数设置"窗口中的"权限与预警"选项卡，单击"编辑"按钮可以更改设置。

- 启用客户权限：该选项只有在企业门户设置中对"数据权限控制设置"中的客户进行记录集数据权限控制时才可设置，账套参数中对客户的记录集权限不进行控制时，应收系统中不对客户进行数据权限控制。若勾选该项，则在所有的处理、查询中均需要根据该用户的相关客户数据权限进行限制；若不勾选此项，则在所有的处理、查询中均不需要根据该用户的相关客户数据权限进行限制。系统缺省不需要进行数据权限控制。该选项可以随时修改。

> 提示　有的核算单位对于权限的设置非常明细，比如，当 A 操作员登录用友应收款管理系统时，就只让其看到 A 操作员有权限的客户的相关业务数据，B 操作员登录用友应收款管理系统时，就只让其看到 B 操作员有权限的客户的相关业务数据，而主管 C 登录用友应收款管理系统时，则可以看到全部客户的相关业务数据。如果遇到这种情况，就需要使用该设置。

- 启用部门权限：启用部门权限的设置方式与启用客户权限的设置方式一样，只不过是对该操作员的所属部门权限进行明细控制。

- 单据报警：若勾选此项，则需要设置报警的提前天数。每次登录本系统时，系统自动显示单据到期日减去提前天数的结果小于或等于当前注册日期的已经审核的单据，以通知客户哪些业务应该回款了。如果选择了根据折扣期自动报警，则还需要设置报警的提前天数。每次登录本系统时，系统自动显示单据最大折扣日期减去提前天数的结果小于或等于当前注册日期的已经审核单据，以通知客户哪些业务将不能享受现金折扣待遇。若不勾选此项，则每次登录本系统时不会出现报警信息。

- 信用额度报警：若勾选此项，则系统根据设置的预警标准显示满足条件的客户记录，即只要该客户的信用比率小于等于设置的提前比率就对该客户进行报警处理。若选择对信用额度等于 0 的客户也预警，则当该客户的应收账款大于 0 时即进行预警。若不勾选此项，则不进行信用预警。
- 录入发票显示提示信息：若勾选此项，则在录入发票时，系统会显示该客户的信用额度余额以及最后的交易情况。
- 信用额度控制：若勾选此项，则在应收款管理系统保存录入的发票和应收单时，如果票面金额加上应收借方余额，再减去应收贷方余额的结果大于信用额度，系统就会提示本张单据不予保存。若不勾选此项，则在保存发票和应收单时不会出现控制信息。信用额度控制值选自客户档案的信用额度。

4. "核销设置" 选项卡

选择 "账套参数设置" 窗口中的 "核销设置" 选项卡，单击 "编辑" 按钮可以更改设置。

- 应收款核销方式：系统提供两种应收款的核销方式，分别是按单据核销、按产品核销。若选择按单据核销，则系统将满足条件的未结算单据全部列出，由用户选择要结算的单据，根据选择的单据进行核销；若选择按产品核销，则系统将满足条件的未结算单据按存货列出，由用户选择要结算的存货，根据选择的存货进行核销。

提示　如果企业收款时，没有指定具体收取哪个存货的款项，则可以采用按单据核销。对于单位价值较高的存货，企业可以采用按产品核销，即将收款指定到具体存货上。对于一般企业来说，选择按单据核销即可。

- 规则控制方式：如果选择严格的控制方式，则核销时严格按照选择的核销规则进行核销，如果不符合，则不能完成核销；如果选择为提示，则核销时不符合核销规则，提示后，由用户选择是否完成核销。
- 核销规则：默认为按客户，可按 "客户+其他项" 进行组合选择。如果选择 "客户+部门"，则表示核销时，需客户和部门都相同。其他以此类推。
- 收付款单审核后核销：默认为不勾选，表示收付款单审核后不进行立即核销的操作。如果勾选此项，并默认为自动核销，则表示收付款单审核后立即进行自动的核销操作；如果选择为手工核销，则表示收付款单审核后，立即自动进入手工核销界面，由用户手工完成核销。

7.3　初始设置

初始设置包括坏账准备设置、账期内账龄区间设置、逾期账龄区间设置、报警级别设置、单据类型设置。初始设置的作用是建立应收款管理的基础数据，确定使用哪些单据处理应收业务，并确定需要进行账龄管理的账龄区间。有了这个功能，用户就可以选择使用自己定义的单据类型，使应收业务管理更符合用户的需要。

1．坏账准备设置

坏账是指由于某些原因（如客户公司破产）而无法核销的应收账款，坏账准备是以应收账款余额为基础，估计可能发生的坏账损失，避免当坏账突然发生时，当月的财务费用过高（因为坏账发生时，是要将坏账记入财务费用中）。坏账初始设置是指用户定义本系统内计提坏账准备比率和设置坏账准备期初余额的功能，它的作用是系统根据用户的应收账款计提坏账准备。

企业应于期末针对不包含应收票据的应收款项计提坏账准备，其基本方法是销售收入百分比法、应收账款余额百分比法、账龄分析法等（请参阅本章 7.2 节的内容）。

系统提供了两种坏账处理的方式，分别是备抵法和直接转销法。

如果选择备抵法，则还应该选择具体的方法，系统提供了 3 种备抵的方法，即销售收入百分比法、应收账款余额百分比法和账龄分析法。这 3 种方法需要在初始设置时录入坏账准备期初和计提比例或输入账龄区间等，并在坏账处理中进行后续处理。

如果选择直接转销法，则可以直接在下拉列表中选择该方法。当坏账发生时，直接在坏账发生处将应收账款转为费用即可。

提示　销售收入百分比法是根据历史数据确定的坏账损失占全部销售额的一定比例的估计；应收账款余额百分比法是以应收账款余额为基础，估计可能发生的坏账损失；账龄分析法是根据应收账款账龄的长短来估计坏账损失的方法。账龄越长，账款被拖欠的可能性越大，应估计的坏账准备金额也越大。在账套使用过程中，如果当年已经计提过坏账准备，则此参数不可以修改，只能在下一年度修改。当做过任意一种坏账处理（坏账计提、坏账发生及坏账收回）后，就不能再修改坏账准备数据，只允许查询。

例7-1　设置应收款管理系统中的坏账提取率为 1%，坏账期初为 0。

（1）展开"设置"选项，选择"初始设置"，系统弹出"初始设置"窗口，然后选择"坏账准备设置"（注意：如果在应收款管理系统的选项中，坏账处理方式为直接转销法，则该选项不显示，请参阅本章 7.11 节的相关内容），如图 7-5 所示。

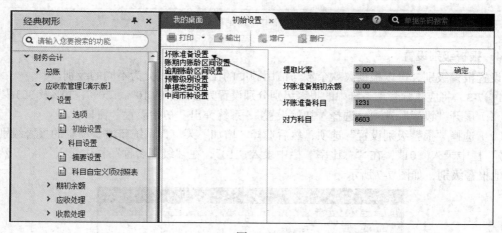

图 7-5

（2）录入坏账准备设置的数据，最后单击"确定"按钮保存设置。

提示　坏账准备科目为"1231 坏账准备"，对方科目为"6603 财务费用"。

2. 账期内账龄区间设置

账龄区间设置是指由用户定义应收账款或收款时间间隔，作用是便于用户根据自己定义的账款时间间隔，进行应收账款或收款的账龄查询和账龄分析，进而了解一定期间内所发生的应收款及收款情况。

在实际业务中，当企业的高层管理人员要求财务人员提供一个在某一个时间段内的收款预测时，就会用到账龄区间。

例 7-2 将应收款管理系统中的账龄区间分别设置为 30 天、60 天。

（1）展开"设置"选项，选择"初始设置"，系统弹出"初始设置"窗口，如图 7-6 所示。

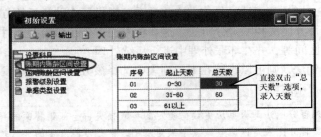

图 7-6

（2）选择"账期内账龄区间设置"选项，然后选择"增加"菜单，系统新增一项空的账龄区间，在"序号"栏中录入"01"，在"总天数"栏中录入"30"，然后再录入 60 天的账龄区间。

（3）最后单击"退出"按钮保存并退出设置。

3. 逾期账龄区间设置

逾期账龄区间设置是指由用户定义逾期应收账款或收款的时间间隔，它的作用是便于用户根据自己定义的账款时间间隔，进行逾期应收账款或收款的账龄查询和账龄分析，进而了解在一定期间内所发生的应收账款及收款情况。逾期账龄区间设置与账龄期间设置一样。

 提示 可参照例 7-2 设置应收款管理系统中的逾期账龄区间。

4. 报警级别设置

设置报警级别，可以根据欠款余额与信用额度的比例将客户分为不同的级别。

例 7-3 将应收款管理系统中的报警级别分别设置为总比率的 10%、20%、30% 及 30% 以上。

（1）展开"设置"选项，选择"初始设置"，系统弹出"初始设置"窗口。

（2）选择"报警级别设置"选项，然后选择"增加"菜单，系统新增一项空的报警级别，在"序号"栏中录入"01"，在"总比率"栏中录入"10"，在"级别名称"栏中录入"A"，然后录入其他报警级别，如图 7-7 所示。

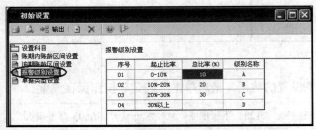

图 7-7

（3）单击"退出"按钮保存并退出设置。

5. 单据类型设置

单据类型设置是指用户将自己的往来业务与单据类型建立对应关系，达到快速处理业务以及
进行分类汇总、查询、分析的目的。在"单据类型
设置"选项中可以设置"发票"和"应收单"两大
类型。

在应收款管理系统中发票的类型包括增值税
专用发票和普通发票。

可以根据应收单记录的销售业务之外的应收
款情况，将应收单分为应收代垫费用款、应收利息
款、应收罚款和其他应收款等，应收单的对应科目
可由操作员自己定义，如图 7-8 所示。

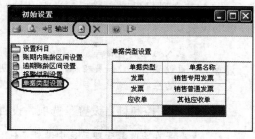

图 7-8

7.4　科目设置

定义应收业务制单生成凭证时会自动带出会计科目。

例7-4　在应收账款中进行表 7-1 所示的科目设置。

表 7-1　　　　　　　　　　　　　　　科目设置

基本科目设置		结算方式科目设置	
应收科目本币	112201	1 现金人民币	100101
		1 现金美元	100102
预收科目本币	220301	201 现金支票人民币	100201
		202 转账支票人民币	100201
销售收入科目本币	6001		
销售税金科目	22210105		

（1）在图 7-9 中选择"应收款管理"选项组，展开"设置"选项，选择"科目设置"，系统弹
出"科目设置"窗口。

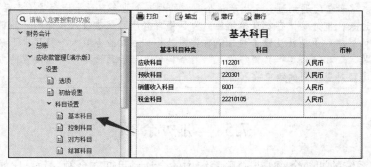

图 7-9

（2）在"科目设置"窗口中，选择"科目设置"下的"基本科目"选项，参照例 7-4 录入基

本科目，应收款本币 "1131"（1131 会计科目名称为 "应收账款"）。

> **注意** 以上设置的科目是在科目设置中设置了的末级科目的科目；只有设置了 "银行承兑" 科目和 "商业承兑" 科目，才可以使用票据登记簿以及在期初余额中录入期初应收票据余额。

（3）基本科目设置完毕后，选择 "控制科目" 选项，录入各控制科目，进行应收科目、预收科目的设置。

> **注意** 录入的控制科目与应收款管理系统账套参数中控制科目的设置有关，而且还与总账系统中的科目设置有关。如果在总账系统中的明细科目是客户分类或地区分类，则在此设置每一位客户对应的应收、预收科目。在此没有设置科目的客户所生成的业务凭证使用基本科目的设置。

（4）选择 "控制科目设置" 选项，设置销售收入科目、应交增值税科目、销售退回科目。

> **注意** 如果在应收款管理系统中设置了针对不同的存货设置不同的销售收入、应交税金、销售退货科目，则在此针对每一种存货进行具体设置，如果这几个科目与基本科目的设置一样，则不必再设置。

（5）选择 "结算科目" 选项，在弹出的 "应收结算科目" 窗口中进行结算方式、币种、科目的设置，参照例 7-4 录入结算方式科目。对于现结的发票、收付款单，系统会根据单据上的结算方式查找对应的结算科目，并在系统制单时自动带出，如图 7-10 所示。

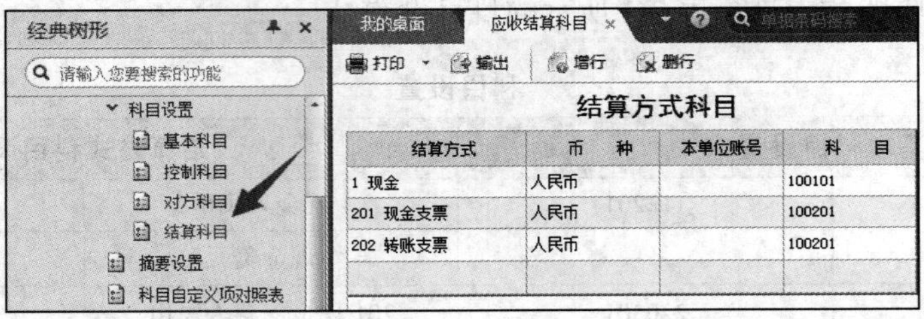

图 7-10

> **提示** 如果核算单位期望按照不同的存货、存货分类、客户、客户分类、销售类型、地区进行自由组合，根据不同的组合指定对应的应收科目、预收科目、销售收入科目、税金科目，则通过 "控制科目" 和 "对方科目" 进行设置；在将应收业务制单生成凭证时，系统会首选 "控制科目" 和 "对方科目" 的设置，如果没有对应的设置才考虑 "基本科目" 的设置。"控制科目" "对方科目" 的设置常常用于企业精细核算，分类统计到总账的不同会计科目业务中。笔者曾经遇到过一家生产型企业，虽然该企业会自己生产存货（产品），但如果生产忙不过来，也外购该存货直接销售，为了将自有产品销售收入和外购产品销售收入进行分开统计制单，于是就设置了两种销售类型，将 "主营业务收入" 科目也下分为 "自产产品销售收入" 和 "外购产品销售收入" 两个科目，然后通过对方科目设置的方式来将不同的销售类型对应不同的销售收入科目。

7.5 期初余额

应收款管理系统的期初余额需与总账系统中的会计科目期初余额一致，比如，在应收款管理系统中的应收款余额为 10 万元人民币，在总账系统中的应收款会计科目余额也应该是 10 万元人民币，否则会造成应收款管理系统与总账系统对账错误，从而导致必须检查到底是哪一个系统的期初余额录入有误。

（1）展开图 7-11 中的"期初余额"选项，选择"期初余额"，系统弹出"期初余额—查询"窗口。

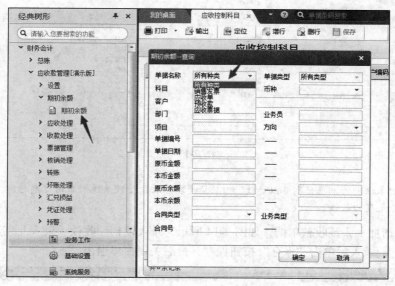

图 7-11

（2）录入需要查询的条件（如果不录入任何条件，则为查询所有记录），单击"确定"按钮，系统将打开"期初余额明细表"界面。

（3）单击"增加"按钮，系统弹出"单据类别"窗口，从中选择需增加的期初单据类别，单据名称选择为"应收单"（单据名称包括销售发票、应收单、预收款、应收票据），单据类型选择为"其他应收单,"如图 7-12 所示，然后单击"确定"按钮，系统弹出图 7-13 所示的"应收单"界面。

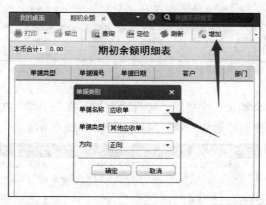

图 7-12

提示　销售发票是指因销售商品而产生的应收单据，其他应收单一般用作非销售商品而产生的应收单，如客户借款。

例7-5　新增一张期初其他应收单，客户名称如"北京远东"，应收金额为 50 000 元人民币，如图 7-13 所示。

图 7-13

注意 期初单据中的单据日期可以更改，但必须是在应收款管理系统的启用日期之前，因为只有这样才会是期初数据。

（4）选择增加一张预收款单据，如图 7-14 所示，录入期初预收款（录入北京远东 10 000 元人民币预收款），录入后单击"保存"按钮保存，最后关闭窗口退出。

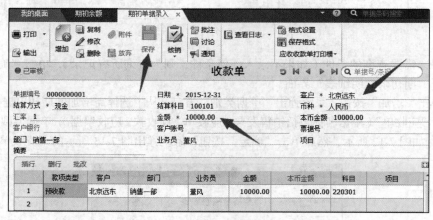

图 7-14

（5）将应收款的期初余额录入完成后，进行"期初对账"工作。在"期初余额明细表"界面单击"对账"按钮，系统弹出"期初对账"窗口，如图 7-15 所示。

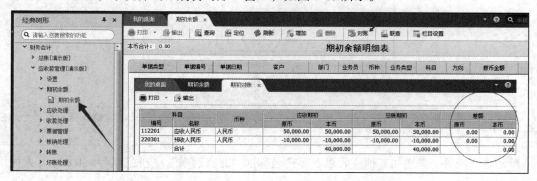

图 7-15

（6）查看应收款管理系统与总账系统的期初余额是否平衡。如果不平衡，则需检查并修改录入，直到平衡为止。

注意 | 第一个会计期间已记账后，期初余额只能查看，不能修改。

7.6 应收单处理

应收单是形成应收款的业务单据，应收单处理包括应收单录入和应收单审核。

当新增一笔销售业务或其他应收款业务时，需要填制相应的应收单据。

注意 | 销售发票和应收单据都是应收款日常核算的原始单据，如果启用了销售管理系统，则销售发票在销售管理系统中填制，然后传递至应收款管理系统中。此时在应收款管理系统中只能增加应收单，而不能增加销售发票，但可对销售发票进行查询、核销、制单等操作。

例7-6 增加其他应收单，客户名称为深圳凯丰，原因为借款，金额为 3 600 元人民币；再增加一张其他应收单，客户名称为北京远东，原因为代垫物流费用，金额为 300 元人民币。

（1）在图 7-16 中选择"应收处理"选项组，展开"应收单"选项，选择"应收单录入"，系统弹出"单据类别"窗口，选择本次新增的单据类别后，单击"确定"按钮，系统打开一张空白的应收单。

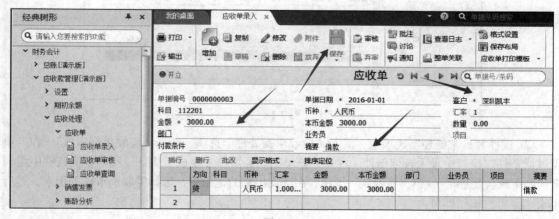

图 7-16

（2）将例 7-6 中的数据录入本张应收单中，单击"保存"按钮进行保存。

（3）单击"审核"按钮，系统弹出"是否立即制单？"的提示，如果单击"是"按钮，则可以直接生成记账凭证；如则单击"否"按钮，则暂时不生成记账凭证，可以日后一起生成记账凭证，这里选择单击"是"按钮。生成的记账凭证（见图 7-17）会直接传递到总账系统中，之后在总账系统中对该张记账凭证进行审核和记账（请参阅本书第 5 章 5.3 节的相关内容），但是记账凭证的删除只能在应收款管理系统中完成。

对于已审核的单据，在没有生成凭证前，如需取消审核，可以在单据明细表中直接单击"弃审"按钮，或者双击该记录打开已审核的单据，然后单击该单据工具栏上的"弃审"按钮。

如果需要弃审已经生成了凭证的应收单据，则应先删除凭证后，再对该应收单据进行弃审，方法如下。

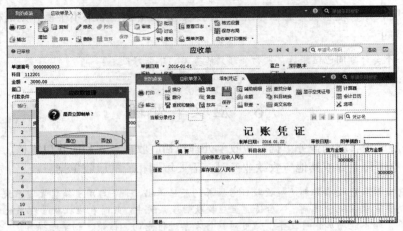

图 7-17

① 展开"凭证处理"选项，选择"查询凭证"，系统弹出图 7-18 所示的"查询凭证"窗口中，找出并删除相应的凭证。如果该凭证已在总账系统中被记账，则需要在总账系统中将该凭证取消记账之后再执行前面的操作。

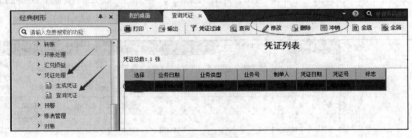

图 7-18

② 选择"日常处理"选项组，展开"应收单据处理"选项，选择"应收单据审核"，在"单据过滤条件"窗口中录入查询条件（注意：该单据是经审核才生成了凭证，所以查询条件中需勾选"已审核"复选框），单击"确认"按钮，在查询出来的记录中，选择需取消审核的记录，然后单击"弃审"按钮即可。

7.7　收款单据处理

收款单据处理分为收款单据录入和收款单据审核。

应收款管理系统的收款单用来记录企业所收到的客户款项，款项性质包括应收款、预收款、其他费用等。其中，应收款、预收款性质的收款单要与发票、应收单、付款单进行核销勾对。

应收款管理系统中的付款单用来记录发生销售退货时，企业开具的退付给客户的款项。该付款单可与应收、预收性质的收款单、红字应收单、红字发票进行核销。

例7-7　增加一张收款单，客户名称为北京远东，结算方式为转账支票，金额为 10 000 元人民币。

（1）展开"收款处理"选项，选择"收款单据录入"，系统弹出"收款单据录入"窗口，如图 7-19 所示。

图 7-19

（2）单击"增加"按钮增加一张新的收款单，将例 7-7 中的数据录入本张收款单中，最后单击"保存"按钮保存新增数据。

（3）单击"审核"按钮审核该张收款单，系统弹出"是否立即制单？"的提示，单击"否"按钮不立即制单，以后统一制单。单击"核销"旁边的向下箭头，可进入将本张收款单与原来的应收单（应收单需先进行审核）进行核销的窗口。

7.8　核销处理

单据核销是指收回客户款项，核销该客户的应收款，可以建立收款与应收款的核销记录，监督应收款及时核销，加强往来款项的管理。

用友系统提供两种核销方式——手工核销和自动核销。手工核销指由用户手工确定收款单，核销与它们对应的应收单。自动核销指由系统来确定收款单，核销与它们对应的应收单。

例7-8　将应收款与例 7-7 的收款单数据进行核销，核销金额为 10 000 元。

（1）展开"核销处理"选项，选择"手工核销"，系统弹出"核销条件"窗口，如图 7-20 所示。

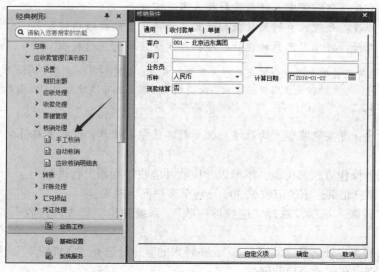

图 7-20

① 在"通用"选项卡中选择客户、部门、业务员、币种的过滤条件。

② 在"收付款单"选项卡中输入收付款单据的编号、日期、结算方式、金额等查询信息。

③ 在"单据"选项卡中输入其他单据的编号、日期、结算方式、金额等查询信息。

（2）单击"确定"按钮，系统列出图 7-21 所示的符合条件的记录。

单据日期	单据类型	单据编号	客户	款项类型	结算方式	币种	汇率	原币金额	原币余额	本次结算金额	订单号
2015-12-31	收款单	0000000001	北京远东	预收款	现金	人民币	1.00000000	10,000.00	10,000.00	10,000.00	
2016-01-22	收款单	0000000002	北京远东	应收款	转账支票	人民币	1.00000000	10,000.00	10,000.00	10,000.00	
合计								20,000.00	20,000.00	20,000.00	

单据日期	单据类型	单据编号	到期日	客户	币种	原币金额	原币余额	可享受折扣	本次折扣	本次结算	订单号	其证号
2015-12-31	其他应收单	0000000002	2015-12-31	北京远东	人民币	50,000.00	50,000.00	0.00	0.00	20,000.00		
2016-01-22	其他应收单	0000000004	2016-01-22	北京远东	人民币	300.00	300.00	0.00				
合计						50,300.00	50,300.00	0.00		20,000.00		

图 7-21

（3）图 7-21 中，上半部分的记录是收款单记录，下半部分是应收款记录，双击"本次结算金额""本次结算"项目栏，填写本次的结算金额 20 000 元，最后单击"确认"按钮完成核销处理。

> **注意** 销售发票中带有销售订单号，在核销之后，其结果可以在销售管理系统中查到。取消已核销的操作，请参阅 7.15 节的内容。

7.9 转账

转账业务是处理应收账款时常遇到的业务，转账有 4 种类型，分别是应收冲应收、预收冲应收、应收冲应付和红票对冲。

- 应收冲应收：将一家客户的应收款转入另一家客户。
- 预收冲应收：处理客户的预收款和该客户的应收款的转账核销业务。
- 应收冲应付：将指定客户的应收款冲抵指定供应商的应付款项。

> **提示** 应收冲应付的情况一般用来处理三角债关系，如果某公司既是企业的客户，又是企业的供应商，则可以在设置客户档案或供应商档案时就预先将其设置为相对应的关系（请参阅本书 4.2.2 小节中供应商、客户档案设置的内容）。

- 红票对冲：可实现某客户的红字应收单与其蓝字应收单、收款单与付款单中间进行冲抵的操作。

这 4 种转账的操作方式都类似，本节以"应收冲应收"为例进行讲解。

例7-9 将客户北京远东的应收款 300 元转至客户深圳凯丰。

（1）展开"转账"选项，选择"应收冲应收"，系统弹出"应收冲应收"窗口，如图 7-22 所示。

（2）在转出的客户处选择"北京远东"，在转入的客户处选择"深圳凯丰"，单击"查询"按钮，系统给出北京远东的所有应收账款。

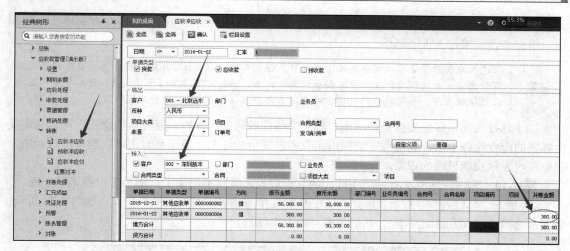

图 7-22

（3）在转出客户需要并账的应收记录中，双击录入并账金额 300 元，然后单击"确认"按钮完成并账处理，此时系统会弹出"是否立即制单？"的提示，单击"否"按钮，暂不制单，以后一起制单。

7.10　坏账处理

坏账处理功能包括计提坏账准备、坏账发生、坏账收回、坏账查询。

（1）计提坏账准备。坏账计提是指预先估计经营风险，按预先进行坏账准备设置的参数，计提可能发生的相应坏账金额。

① 展开"坏账处理"选项，选择"计提坏账准备"，结果如图 7-23 所示。

图 7-23

② 在"计提坏账准备"界面中，单击"确认"按钮，系统会弹出"是否立即制单？"的提示，单击"否"按钮，暂不制单。

注意 在进入应收款管理系统时在基础设置处预先设置坏账计提方法。坏账计提方法主要有销售收入百分比法、应收账款余额百分比法和账龄分析法；如果坏账准备已计提成功，则本年度不能再计提坏账准备。如果坏账的处理方式是"直接转销法"，则不能进行坏账计提。

（2）坏账发生。坏账发生是指由用户确定哪些应收账款为坏账。通过本功能用户可以选定发生坏账的应收业务单据，确定一定期间内应收账款发生的坏账，便于及时用坏账准备进行冲销，避免应收账款长期呆滞的现象。

例7-10 客户深圳凯丰有一笔 300 元的其他应收账款收不回来了，请为客户做坏账处理。

① 展开"坏账处理"选项，选择"坏账发生"，系统弹出"坏账发生"窗口，如图 7-24 所示，将客户选择为"002-深圳凯丰"，然后单击"确定"按钮。

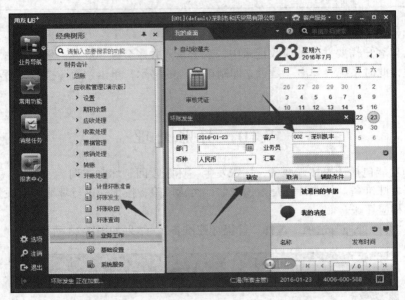

图 7-24

② 系统进入"坏账发生单据明细"界面，如图 7-25 所示。在坏账的"本次发生坏账金额"处录入该单据产生坏账的金额 300 元，然后单击"确认"按钮，系统将提示是否立即制单，单击"是"按钮，可以直接制单；单击"否"按钮，则暂不制单，可待以后再制单。

坏账发生单据明细

单据类型	单据编号	单据日期	合同号	合同名称	到期日	余 额	部 门	业 务 员	本次发生坏账金额
其他应收单	0000000003	2016-01-01			2016-01-01	3,000.00			
其他应收单	0000000004	2016-01-22			2016-01-22	300.00			300
合 计						3,300.00			300.00

图 7-25

（3）坏账收回。坏账收回是指系统提供的对应收款已确定为坏账后又被收回的业务处理。通过本功能可以对一定期间内发生的应收坏账收回业务进行处理，反映应收账款的真实情况，便于对应收账款进行管理。

①　展开"坏账处理"选项，选择"坏账收回"，系统弹出"坏账收回"窗口（此处将例 7-10 中发生的坏账进行了收回），如图 7-26 所示。

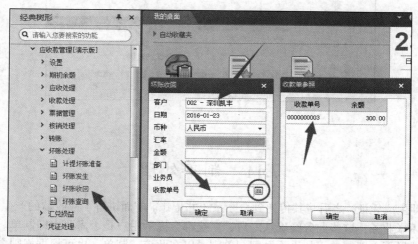

图 7-26

②　在"坏账收回"窗口中输入坏账收回的客户编号、结算单（结算单为未审核的收款单）等过滤条件，然后单击"确定"按钮，系统会提示是否立即制单，可单击"否"按钮暂不制单。

注意　当收回一笔坏账时，应首先在"收款单据录入"窗口录入一张收款单，该收款单的金额即为收回的坏账的金额，不要审核该张收款单，否则将无法选择此处的结算单，如图 7-27 所示。

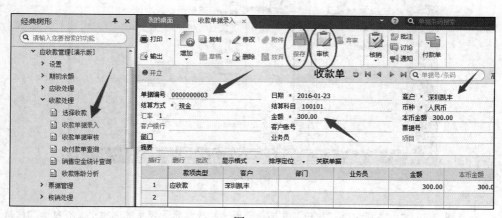

图 7-27

（4）坏账查询。用户可利用坏账查询功能查找一定期间内发生的应收坏账业务处理情况及处理结果，加强对坏账的监督。

展开"坏账处理"选项，选择"坏账查询"，系统弹出"坏账查询"窗口，单击"明细"按钮，可查看坏账的详细情况。如图 7-28 所示。

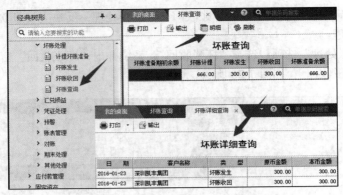

图 7-28

7.11 制单处理

制单，即生成凭证，之后将其传递到总账系统并记账。前面讲解了应收款的产生、收款业务、核销业务、坏账业务，这些业务经确认之后，系统都会提示用户是否需要立即制单。可选择立即制单，也可选择不立即制单。如果不立即制单则可以在此统一制单，也可根据规则合并制单。

（1）展开"凭证处理"选项，选择"生成凭证"，系统弹出"制单查询"窗口，如图 7-29 所示。

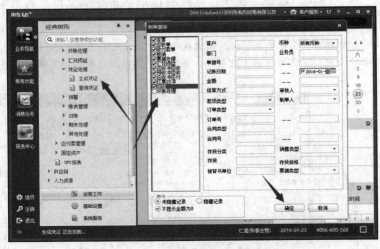

图 7-29

注意 在图 7-29 中，不能勾选"核销"复选框，因为在应收账管理系统选项中没有勾选"核销生成凭证"复选框，所以不管核销双方单据的入账科目是否相同均不需要对这些记录进行制单。

（2）在"制单查询"窗口中，录入制单单据的过滤条件，然后单击"确定"按钮，系统会列出所有符合条件的记录，如图 7-30 所示。在"选择标志"栏中输入任一序号，如果需要将几张单据合并制单，则在"选择标志"栏中输入相同的序号。如果单击"全选"按钮，则所有单据都分别制单；如果单击"合并"按钮，则全部单据合并生成一张凭证。

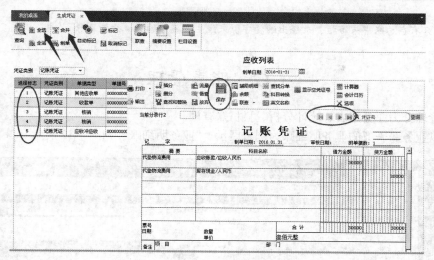

图 7-30

系统默认的制单日期为当前业务日期。制单日期应大于等于所选单据的最大日期，小于等于当前业务日期。如果同时使用了总账系统，则所输入的制单日期应该满足总账系统的制单日期要求；如果制单序时控制，则需大于等于同月、同类别凭证的日期。原始单据制单后，将不能再次制单。

（3）单击"制单"按钮，系统给出制单信息。检查无误后单击"保存"按钮，该张凭证会出现"已生成"字样，并直接传递到总账系统。在总账系统中用查询凭证功能就可以查到。

如果制单错误，或需要重新修改原始单据，则需要删除制单，操作方法如下。

（1）展开"凭证处理"选项，选择"查询凭证"，系统弹出"查询凭证"窗口，如图 7-31 所示。

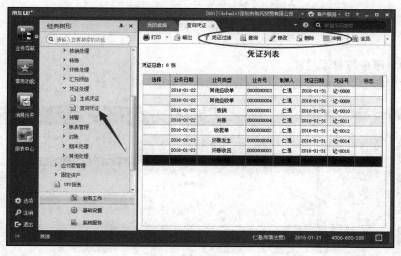

图 7-31

（2）在"查询凭证"窗口中，单击"查询"按钮，输入查询条件，然后单击"确定"按钮，系统会列出所有符合条件的记录。

（3）选定需要删除的凭证，然后单击"删除"按钮，系统弹出"确实要删除此张凭证吗？"的提示，单击"是"按钮，删除此张凭证。

注意 只有在总账中未审核、未经出纳签字、未经主管签字的凭证才能删除。

7.12　账表管理

账表管理分为业务账表、统计分析、科目账查询。

这里以业务账表下的业务明细账为例来展示。"业务明细账"如图 7-32 所示。

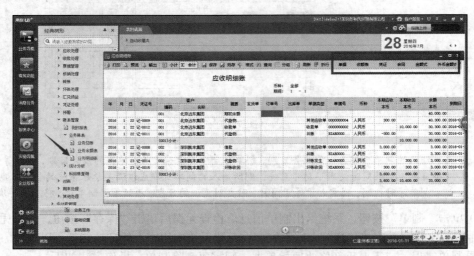

图 7-32

7.13　对账

对账分为对账单与总账对账。

这里以"对账单"为例来展示。"应收对账单"如图 7-33 所示。

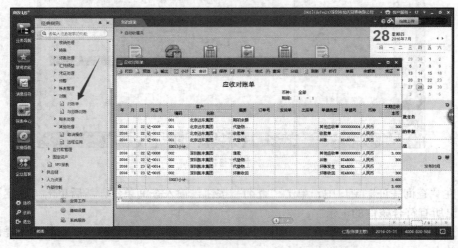

图 7-33

7.14　取消操作

如果进行了核销、坏账处理、转账、汇兑损益、票据处理、对账操作后，发现操作失误，则可以使用"取消操作"功能将其恢复到操作前的状态，以便进行修改。

（1）展开"其他处理"选项，选择"取消操作"选项，系统弹出"取消操作条件"窗口，如图 7-34 所示，录入取消操作条件后，单击"确定"按钮。

图 7-34

（2）系统会列出符合条件的操作，如图 7-35 所示。双击需要取消操作记录的"选择标志"栏，使其呈"Y"字样，单击"确认"按钮将取消呈"Y"字样记录的操作。

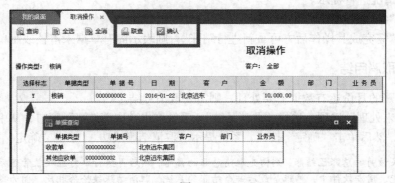

图 7-35

7.15　期末处理

期末处理是指用户进行的期末结账工作。如果当月业务已全部处理完毕，则需要执行月末结账。只有月末结账后，才能开始下月的工作。

7.15.1　月末结账

本月各项业务处理结束后就可以进行月末结账工作。执行月末结账后，该月将不能再进行任何业务处理。

（1）展开"期末处理"选项，选择"月末结账"，系统弹出"月末处理"窗口，如图 7-36 所示。

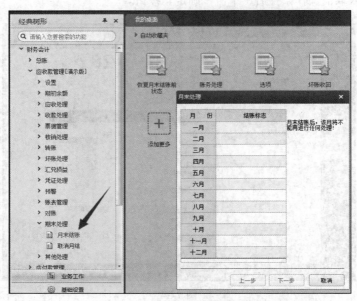

图 7-36

（2）双击需要结账月份的"结账标志"栏，出现"Y"字样字后，单击"下一步"按钮，系统会根据实际情况进行提示。

① 若为"结账成功"，则单击"确定"按钮完成结账。

② 若为"需完成其操作后方可重新进行结账"，则表示尚有单据未审核或制单。

7.15.2　取消月结

如果已结账的月份还有数据需要处理，则需要取消月结。

展开"期末处理"选项，选择"取消月结"，系统弹出"取消结账"窗口，从中选择最后一个已结账的月份，然后单击"确定"按钮，系统提示"取消结账成功"，单击"确定"按钮取消结账。

> **注意**　如果该月的总账已结账，则需先取消总账的月结，然后再执行本月应收款管理系统的取消月结功能。用友软件中，总账是最后一个结账的系统，取消结账缺恰恰相反，因为每次只能取消最后一个月的结账，所以如果是要取消几个月前的结账，则需要多次执行取消结账操作。

课后习题

（1）请画出应收款管理系统与其他业务系统的数据流向图。

（2）坏账计提有几种方式？分别是什么？

（3）应收款管理系统提供了几种转账类型？分别是什么？

实验五　应收、应付数据处理

【实验目的】

1. 掌握应收款管理系统、应付款管理系统参数的设置。
2. 掌握发票、收款和付款的处理。
3. 掌握业务单据生成凭证的方法。

【实验内容】

① 设置应收款管理系统、应付款管理系统参数，并启用模块。
② 处理应收发票、应付发票。
③ 处理收款单、付款单。
④ 查询报表。

【实验资料】

1. 应收账款初始数据（见表 7-2）。

表 7-2　　　　　　　　　　　　应收账款初始数据　　　　　　　　　　　单位：元

初始类型	日期	客户	往来科目	发生额
初始销售增值税发票	2011-12-31	上海常星礼品公司	1122	12 000
初始销售增值税发票	2011-12-31	广州鸿运文具店	1122	3 600
初始销售增值税发票	2011-12-31	深圳长友网络公司	1122	6 500

2. 应付账款期初数据（见表 7-3）。

表 7-3　　　　　　　　　　　　应付账款期初数据　　　　　　　　　　　单位：元

初始类型	日期	供应商	往来科目	发生额
初始采购增值税发票	2011-12-31	广州浩友塑胶制品厂	2202	8 300
初始采购增值税发票	2011-12-31	广州书名文具厂	2202	2 600

3. 应收上海常星礼品公司的运输费 1 000 元（见表 7-4）。

表 7-4　　　　　　　　　　　　　其他应收单　　　　　　　　　　　　单位：元

单据类型	日期	客户	摘要	金额
其他应收单	2016- 01-10	上海常星礼品公司	2011 年 12 月运输费	1 000

4. 2016 年 1 月 16 日收到上海常星礼品公司的货款 10 000 元。

5. 应付广州浩友塑胶制品厂的运输费 660 元（见表 7-5）。

表 7-5　　　　　　　　　　　　　其他应付单　　　　　　　　　　　　单位：元

单据类型	日期	客　户	摘要	金额
其他应付单	2016- 01-13	广州浩友塑胶制品厂	2011 年 12 月运输费	660

6. 2016 年 1 月 20 日支付广州书名文具厂货款 2 600 元。

【实验步骤】

1. 以"李丽"的身份登录账套，先修改科目属性。将 1122 应收账款、1123 预付账款、2202 应付账款和 2203 预收账款的科目属性"科目受控系统"修改为"应收应付"，以备后面使用。

2. 设置应收款管理系统的参数。启用会计年份，将会计期间设置为 2016 年 1 月，在"账套参数设置"窗口中的坏账处理方式设置为"直接转销法"，费用科目代码选择"660207—坏账损失"科目，在科目设置窗口中获取相应的会计科目，其他应收单、销售发票、收款单和退款单的科目都设置为"1122—应收账款"，预收单的科目设置为"2203—预收账款"，应收票据选择"1121—应收票据"，应交税金选择"222103—销项税"科目。

3. 设置应付款管理系统的参数。启用会计年份，将会计期间设置为 2016 年 1 月，在科目设置窗口获取相应的会计科目，其他应付单、采购发票、付款单和退款单的科目都设置为"2202—应付账款"，预付单的科目设置为"1123—预付账款"，应付票据选择"2201—应付票据"，应交税金选择"222101—进项税"科目。

4. 录入应收账款初始数据。

5. 应收初始化检查、对账后并结束初始化。

6. 录入应付账款期初数据。

7. 应付初始化检查、对账后并结束初束化。

8. 以其他应收单处理上海常星礼品公司的运输费 1 000 元。

9. 以收款单处理 2016 年 1 月 16 日收到的上海常星礼品公司的货款 10 000 元。

10. 将其他应收单和收款单生成凭证。

11. 以其他应付单处理广州浩友塑胶制品厂的运输费 660 元。

12. 以付款单处理 2016 年 1 月 20 日支付广州书名文具厂的货款 2 600 元。

13. 将其他应付单和付款单生成凭证。

14. 查询应收款汇总表、应收款明细表和账龄分析表。

第8章　固定资产管理系统

---**学习目标**---

通过本章的学习，了解固定资产模块的操作方法，了解固定资产初始化处理、固定资产卡片录入、期末计提折旧和固定资产账表查询的方法。

8.1　概述

固定资产是保证企业正常运作的物质条件。核算单位经常要为固定资产制作固定资产卡片，对其基本信息、附属设备、修理记录、转移、停用和原值变动等内容随时进行记录。

用友 U8 中固定资产管理系统的固定资产以卡片的形式登记，可以处理固定资产的维修、自动计提折旧、部门转移等业务。处理一个固定资产的多部门使用的情况时，固定资产卡片还可以关联图片，进行固定资产的查询管理。固定资产的各种业务处理（如固定资产购进、折旧和报费等）会自动生成记账凭证并将其传递到总账系统中。固定资产卡片还可以为成本核算系统提供资产的折旧信息。固定资产业务流程如图 8-1 所示。

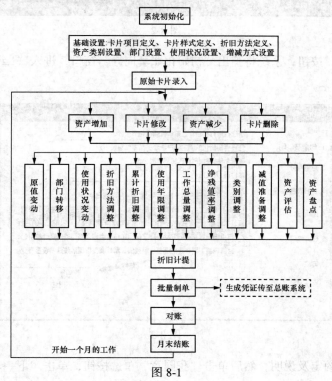

图 8-1

8.2 固定资产初始化设置

初始化设置是使用固定资产管理系统的前提条件，直接关系到固定资产管理系统的日后使用和业务点控制的便利与否。初始化设置时要建立基础档案，将原始卡片录入固定资产管理系统中。初始化设置是首次使用固定资产管理系统时不可缺少的操作。

1. 进入固定资产模块

（1）如果是第一次进入固定资产模块，则系统将提示是否进行初始化，如图 8-2 所示。

图 8-2

（2）单击"是"按钮，系统将弹出"初始化账套向导"窗口，进入"1.约定及说明"界面，如图 8-3 所示。

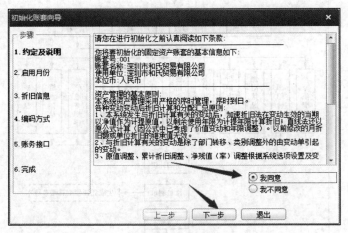

图 8-3

（3）仔细阅读约定及说明，然后单击"我同意"单选按钮，单击"下一步"按钮进入"2.启用月份"界面，如图 8-4 所示，系统以账套启用月份开始计提折旧，以此月之前的固定资产作为期初值。账套启用月份的修改需要到固定资产系统启用设置中进行。

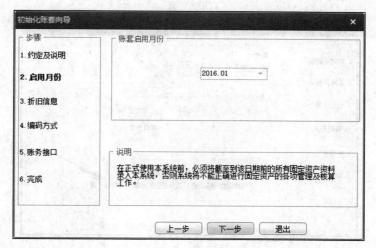

图 8-4

（4）单击"下一步"按钮进入"3.折旧信息"界面，如果不勾选"本账套计提折旧"复选框，则系统将不予计提折旧，如果勾选"本账套计提折旧"复选框，则要选择本账套的主要折旧方法、折旧汇总分配周期（一般为 1 个月），用户还可以根据核算单位的实际情况来进行其他设置，如图 8-5 所示。

> 提示　有的核算单位的固定资产是不需要计提折旧的，如大部分的行政单位，另外有部分事业单位的固定资产也不计提折旧。

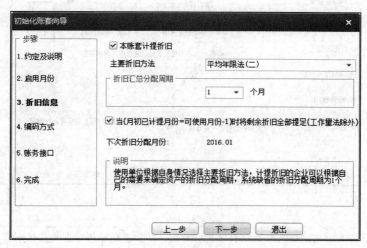

图 8-5

（5）单击"下一步"按钮进入"4.编码方式"界面，在此设置"资产类别编码方式"（如"2-1-1-2"）和"固定资产编码方式"（手工输入或自动编码，选择自动编码之后，还可以选择自动编码的方式），如图 8-6 所示。

说明 设定好资产类别编码方式后，如果某一级的编码在设置类别时被使用，则资产类别编码方式不能修改，未使用的类别可以修改。自动编码方式一经设定、使用，就不能再修改。

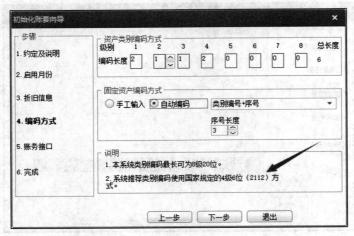

图 8-6

（6）单击"下一步"按钮进入"5.账务接口"界面，单击"固定资产对账科目"文本框和"累计折旧对账科目"文本框右侧的按钮，便可向财务系统（即总账系统）中传输数据，这样可进行固定资产核算业务的自动转账工作，如图 8-7 所示。建议不勾选"在对账不平情况下允许固定资产月末结账"复选框。

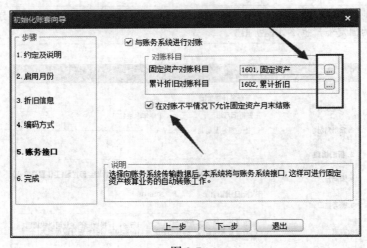

图 8-7

 提示 本系统在月末结账前自动执行一次"对账"功能（存在相对应的总账账套的情况下），给出对账结果，如果不平衡，说明两系统出现偏差，应予以调整。但偏差不一定是由错误引起的，有可能是操作的时间差异（在账套刚开始使用时比较普遍，如第一个月原始卡片没有录入完毕等）造成的，因此会判断是否"在对账不平情况下允许固定资产月末结账"，如果希望严格控制系统间的平衡，并且能做到两个系统录入的数据没有时间差异，则不要勾选该复选框，否则勾选该复选框。

（7）单击"下一步"按钮进入"6.完成"界面，系统列出本次的初始化结果，如图 8-8 所示。如果希望修改，单击"上一步"按钮，可重新进行设置；单击"完成"按钮，系统将提示是否保存初始化设置，单击"是"按钮，系统将进入固定资产管理窗口。

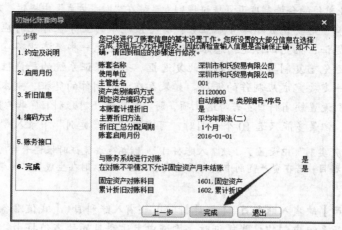

图 8-8

2．选项设置

选项设置中包括账套初始化时设置的参数和一些其他的在账套运行中使用的参数或判断。在运行本系统前，设置所需要的账套参数，以便系统在使用过程中进行相应的处理，如与财务系统（即总账系统）的接口和折旧方法的处理。

（1）展开"设置"选项，选择"选项"，系统弹出"选项"窗口。

（2）在选项窗口中列出本系统初始化时的一些已设置好的参数，单击"编辑"按钮进行参数设置。

（3）选择"与账务系统接口"选项卡，如图 8-9 所示。

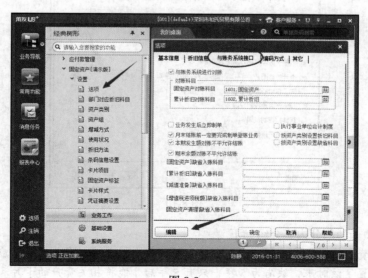

图 8-9

"与财务系统接口"选项卡的部分内容介绍如下。

- 业务发生后立即制单：若勾选此项，则业务发生时会立即制单；若不勾选此项，则系统将把没有制单的原始单据的资料收集到批量制单部分，使用批量制单功能统一制单。
- 执行事业单位会计制度：事业单位对于固定资产的账务处理与企业单位不同，勾选此项，可以根据事业单位的会计制度设置凭证规则（系统在"增减方式"中提供"列支科目"的选择）。
- 月末结账前一定要完成制单登账业务：有些系统中的业务在存在对应的总账账套的情况下应制作凭证，把凭证传递到总账系统，但是有可能一些经济业务在其他系统中已制作凭证，为避免重复制单，可不勾选此复选框。若要保证系统的严谨性，则可勾选此复选框，表示一定要完成应制作的凭证。如果存在没有制作的凭证，则本期间不允许结账。
- 按资产类别设置缺省科目：若勾选此项，则"固定资产对账科目"和"累计折旧对账科目"可以多选，但最多能只选 10 个；同时，可以在"资产类别"中录入"缺省入账科目"。

注意　若在"资产类别"中设置了"缺省入账科目"，则在生成凭证时根据卡片所属末级资产类别带出相应的科目；若在资产类别中没有设置缺省入账科目，则在生成凭证时带出选项中设置的缺省入账科目。

- 【固定资产】缺省入账科目、【累计折旧】缺省入账科目、【减值准备】缺省入账科目：在固定资产系统中制作记账凭证时，凭证中上述科目的缺省值将由此处的设置决定，当这些设置为空时，凭证中的缺省科目为空。

（4）在"其他"选项卡中，可勾选"卡片关联图片"复选框，然后指定固定资产中的图片文件存放路径（如将固定资产的图片放在"E:\固定资产图片"文件夹中），如图 8-10 所示。

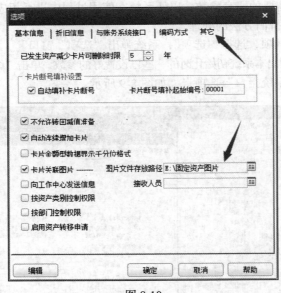

图 8-10

"其他"选项卡的部分内容介绍如下。

- 已发生资产减少卡片可删除时限 5 年：根据规定，已清理资产的资料应保留 5 年，所以系统设置了该时限，缺省为 5 年，只有 5 年后才能将相关资产的卡片和变动单删除（删除指从系统的数据库中彻底删除）。使用者可根据需要修改这个时限，系统通过修改后的时限来判断已清理资产的卡片和变动单能否删除。

- ● 自动连续增加卡片：勾选此项，则增加的卡片保存后，系统会自动增加一张新的卡片。
- ● 不允许转回减值准备：2007 年企业会计准则规定，资产减值损失一经确认，在以后的会计期间就不得转回。若勾选此项，则该账套不允许转回减值准备。此项可以随时修改，新建账套中该项默认为勾选。
- ● 卡片金额型数据显示千分位格式：若勾选此项，则单张卡片中的金额显示为千分位格式。
- ● 卡片关联图片：因为固定资产管理要求一定金额以上的固定资产在固定资产卡片中能联查扫描或用数码相机生成资产图片，以便管理起来更具体、更直观。因此，在选项中增加了固定资产卡片联查图片功能，允许在卡片管理界面中联查资产的图片文件。

首先勾选"卡片关联图片"复选框，然后选择图片的存放路径。系统会自动查询用户选择的图片文件存放路径中对应固定资产卡片编号（不是固定资产编号）的图片文件，图片文件可以保存为*.JPG、*.BMP、*.GIF、*.DIB 等多种格式。在卡片管理时增加显示"图片"按钮，单击该按钮可以显示固定资产的实物图片，或者单击鼠标右键，在弹出的快捷菜单中选择"显示图片预览"命令显示资产图片。

- ● 向工作中心发送信息：若勾选此项，则当固定资产系统内的业务单据（原始卡片、新增资产、变动单）保存时、资产减少成功时向工作中心发送信息。

3. 部门对应折旧科目设置

固定资产计提折旧后需把折旧归入成本或费用，根据核算单位的需求，按部门或按类别归集。当按部门归集折旧费用时，某一部门所属的固定资产折旧费用将被归集到一个固定的科目。部门对应折旧科目的设置就是为部门选择一个折旧科目，录入卡片时，该科目会自动显示在卡片中，而不必一个个输入，这样可提高工作的效率。在生成部门折旧分配表时，每一个部门按折旧科目汇总，生成记账凭证。

（1）展开"设置"选项，选择"部门对应折旧科目"，系统弹出"部门对应折旧科目"窗口，如图 8-11 所示。

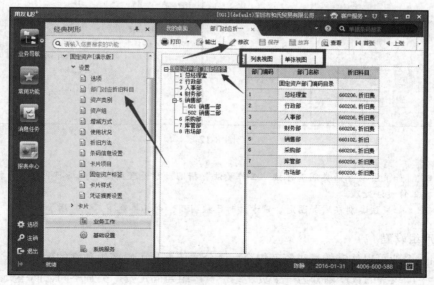

图 8-11

（2）在此设置每一个部门相对应的折旧科目。

4．资产类别设置

固定资产的种类繁多，规格不一，要加强固定资产管理，做好固定资产核算，必须建立科学的固定资产分类体系，为核算和统计管理提供依据。核算单位可根据自身的特点和管理要求，确定一个较为合理的资产分类方法。

例8-1 参照表8-1，设置固定资产管理系统中的资产类别。

表 8-1 固定资产的类别

编码	类别名称	折旧方法
01	办公设备	平均年限法（一）
02	车辆	平均年限法（一）
03	生产设备	工作量法

（1）展开"设置"选项，选择"资产类别"，系统弹出"资产类别"窗口。

（2）单击工具栏中的"增加"按钮，增加新的资产类别。如果需要在已有的资产类别下再分类，则需要先选中该分类，再单击"增加"按钮，如图8-12所示。设置完毕单击"保存"按钮保存新增数据。

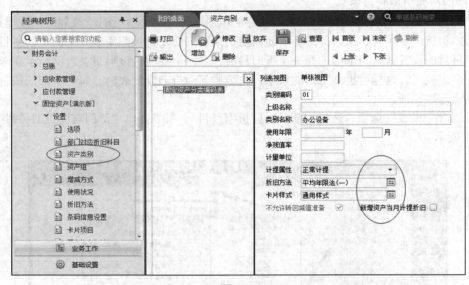

图 8-12

注意
- 如果没有资产类别选择按"工作量法"折旧，则处理固定资产折旧业务时，就不能折行按工作量法处理。
- 如果该类别在增加固定资产卡片时已被引用，则其类别下不能再增加新类别。

5．资产组设置

资产组是企业可以认定的最小资产组合，区分的依据是可以产生独立的现金流入，比如，可以把同一个生产线中的资产划分为一个资产组。资产组与固定资产类别不同，同一资产组中的资产可以分属不同的固定资产类别。在计提减值准备时，企业有时需要以资产组为单位进行计提。企业可根据自身管理要求确定合理的资产组分类方法。

（1）展开"设置"选项，选择"资产组"，系统弹出"资产组"窗口，如图 8-13 所示。

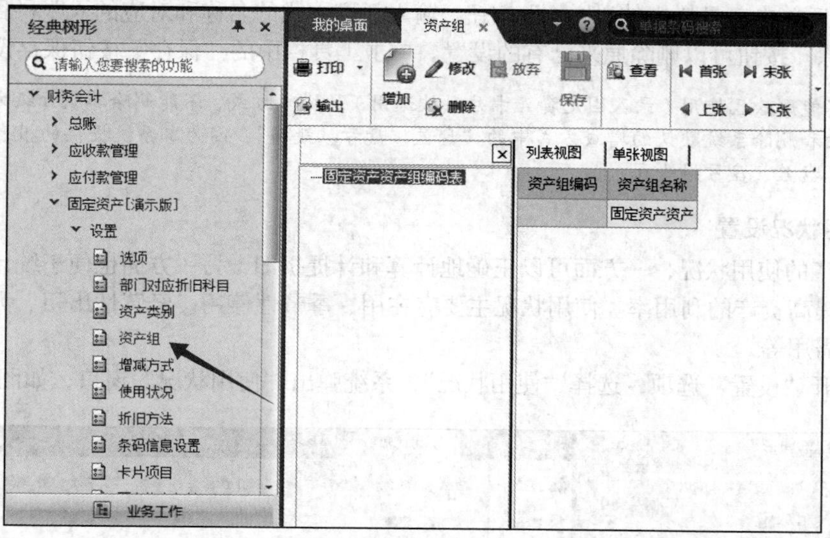

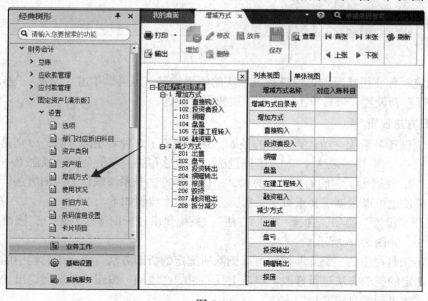

图 8-13

（2）单击"增加"按钮增加资产组名称。

 提示　只有在最新会计期间时可以增加资产组名称，月末结账后不能增加；资产组编码不能重复，同级的资产组名称不能相同；资产组编码、资产组名称不能为空。

6. 增减方式设置

增减方式分为增加方式和减少方式两类，用来确定资产计价和处理原则，明确资产的增加或减少方式，使得对固定资产增减的汇总管理更加条理化、明细化。

（1）展开"设置"选项，选择"增减方式"，系统弹出"增减方式"窗口，如图 8-14 所示。

图 8-14

（2）可以选择系统默认的增减方式，也可以从"增减方式目录表"中选择"增加方式"或"减少方式"，然后单击工具栏中的"增加"按钮，输入新增方式的名称和对应的入账科目。单击工具栏中的"删除"按钮可以删除原来已有的设置。单击工具栏中的"保存"按钮保存设置。

注意 不能删除已使用（录入固定资产卡片时被选用）的增减方式，不能删除非明细级方式，不能修改和删除系统默认的增减方式中的"盘盈、盘亏、毁损"，因为本系统提供的报表中有固定资产盘盈、盘亏报告表。

7. 使用状况设置

明确资产的使用状况，一方面可以正确地计算和计提折旧，另一方面也便于统计固定资产的使用情况，提高资产的利用率。使用状况主要有在用、季节性停用、经营性出租、大修理停用、未使用和不需用等。

（1）展开"设置"选项，选择"使用状况"，系统弹出"使用状况"窗口，如图 8-15 所示。

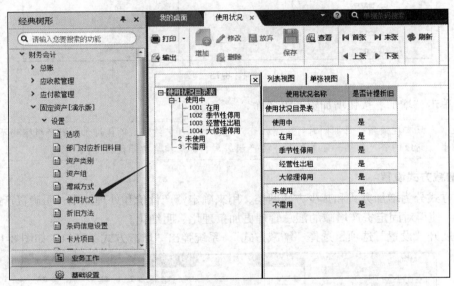

图 8-15

（2）选定一种使用状况，可以是系统默认的使用状况，也可以单击"增加""修改"或"删除"按钮进行重新设置，最后单击"保存"按钮保存设置。

8. 折旧方法设置

折旧方法设置是系统自动计算折旧的基础。系统给出了 7 种常用的方法，分别是不提折旧、平均年限法（一）、平均年限法（二）、工作量法、年数总和法、双倍余额递减法（一）和双倍余额递减法（二），并列出了它们的折旧计算公式。这几种方法是系统默认的折旧方法，不能删除和修改。核算单位也可以根据需要来自定义折旧方法，操作步骤如下。

（1）展开"设置"选项，选择"折旧方法"，系统弹出"折旧方法"窗口，该窗口列出了已有的折旧方法，如图 8-16 所示。

（2）单击工具栏中的"删除"按钮可以删除所选定的折旧方法。单击工具栏中的"修改"按钮可以对所选定的折旧方法进行修改。单击工具栏中的"增加"按钮，系统会弹出"折旧方法定义"窗口，在此可新增自定义折旧方法。

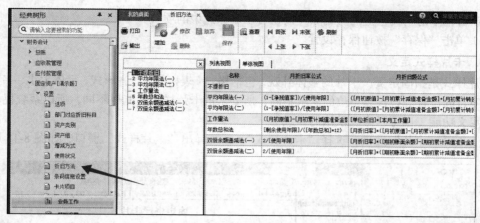

图 8-16

注意　自定义公式中所包含的项目只能是自定义窗口左侧给定的项目，定义月折旧率和月折旧额公式时必须有单向包含关系，即月折旧额公式中包含月折旧率项目，或月折旧率公式中包含月折旧额项目，但不能同时互相包含。

9. 卡片项目设置

卡片项目包含资产卡片上用来显示资产资料的栏目（如原值、资产名称、使用年限和折旧方法等）。固定资产管理系统提供了一些常用卡片必须的项目，这些项目被称为系统项目。

核算单位可以根据需要自定义卡片项目，系统项目和自定义项目共同构成了卡片项目目录，其定义方式如下。

（1）展开"卡片"选项，选择"卡片项目"，系统弹出"卡片项目"窗口，如图 8-17 所示。

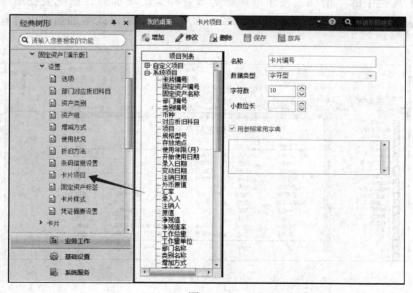

图 8-17

（2）单击工具栏上的"增加"按钮增加新项目，录入新增项目的名称、数据类型等信息。在"项目列表"中选择项目，然后单击工具栏上的"修改"按钮可对该项目进行修改。在"项目列表"

中选择项目，单击工具栏上的"删除"按钮可以删除选中的项目。

（3）单击"保存"按钮保存设置。

10. 卡片样式定义

卡片样式是指固定资产卡片的整体外观，包括格式（表格线、对齐形式、字体大小、字型等）、项目和项目的位置。各核算单位的需求不同，所要求的卡片样式可能也不同，所以系统提供了卡片样式定义功能（也可以修改默认的样式）。

（1）展开"卡片"选项，选择"卡片样式"，系统弹出"卡片样式"窗口，如图 8-18 所示。

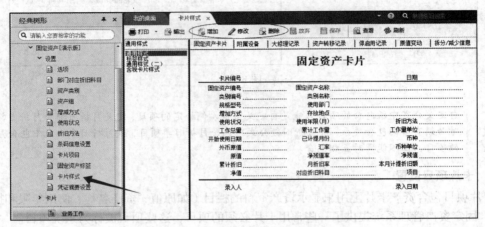

图 8-18

（2）系统提供了一个通用样式，可以单击工具栏中的"修改"按钮对通用样式进行修改，也可以单击工具栏中的"增加"按钮增加新的卡片样式。增加时，系统会提示"是否以当前卡片样式为基础建立新样式"，单击"是"按钮即可按照通用格式增加新的卡片样式，结果如图 8-19 所示。

图 8-19

（3）单击工具栏中的"编辑"按钮对卡片上的项目进行修改，也可以选定具体的卡片项目，然后单击鼠标右键，在弹出的快捷菜单中对该卡片项目进行具体的设置。

（4）给修改完成的卡片模板定义一个新的模板名，然后单击工具栏上的"保存"按钮保存模板。

8.3　固定资产卡片

1. 录入原始卡片

固定资产卡片是固定资产核算和管理的依据，在使用固定资产管理系统进行核算前，除了前面必要的基础设置工作外，还必须将建账日期以前的数据录入系统中，以保持历史资料的连续性。原始卡片的录入不用必须在第一个会计期间结账前完成，任何时候都可以录入。

例 8-2　参照表 8-2～表 8-5，录入原始固定资产卡片。

表 8-2　　　　　　　　　**2016 年 1 月 1 日原始固定资产卡片 1**

基本信息		部门及其他		原值与折旧	
资产类别	办公设备	固定资产科目	1601	币别	人民币
资产编码	01001	累计折旧科目	1602	原币金额	3 500 元
名称	联想电脑 1	使用部门	总经理室	开始使用日期	2015-05-12
计量单位	台	折旧费用科目	660210	预计使用期间数	36 个月
数量	1			已使用期间数	7
入账日期	2015-05-12			累计折旧	500 元
存放地点	办公室			预计净残值	200 元
使用状况	正常使用			折旧方法	平均年限法（一）
增加方式	购入				

表 8-3　　　　　　　　　**2016 年 1 月 1 日原始固定资产卡片 2**

基本信息		部门及其他		原值与折旧	
资产类别	办公设备	固定资产科目	1601	币别	人民币
资产编码	01002	累计折旧科目	1602	原币金额	3 500 元
名称	联想电脑 2	使用部门	财务部	开始使用日期	2015-05-12
计量单位	台	折旧费用科目	660210	预计使用期间数	36 个月
数量	1			已使用期间数	7
入账日期	2015-05-12			累计折旧	500 元
存放地点	办公室			预计净残值	200 元
使用状况	正常使用			折旧方法	平均年限法（一）
增加方式	购入				

表 8-4　　　　　　　　　**2016 年 1 月 1 日原始固定资产卡片 3**

基本信息		部门及其他		原值与折旧	
资产类别	办公设备	固定资产科目	1601	币别	人民币
资产编码	01003	累计折旧科目	1602	原币金额	3 500
名称	联想电脑 3	使用部门	行政部	开始使用日期	2015-05-12
计量单位	台	折旧费用科目	660210	预计使用期间数	36 个月
数量	1			已使用期间数	7

续表

基本信息		部门及其他		原值与折旧	
入账日期	2015-05-12			累计折旧	500 元
存放地点	办公室			预计净残值	200 元
使用状况	正常使用			折旧方法	平均年限法（一）
增加方式	购入				

表 8-5　　　　　　　　　　　　**2016 年 1 月 1 日原始固定资产卡片 4**

基本信息		部门及其他		原值与折旧	
资产类别	车辆	固定资产科目	1601	币别	人民币
资产编码	02001	累计折旧科目	1602	原币金额	119 000 元
名称	金杯汽车	使用部门	销售一部、销售二部，分别占 50%	开始使用日期	2015-07-01
计量单位	台	折旧费用科目	660102	预计使用期间数	90 个月
数量	1			已使用期间数	5
入账日期	2015-07-01			累计折旧	6 427.6 元
存放地点	车库			预计净残值	15 000 元
使用状况	正常使用			折旧方法	平均年限法（一）
增加方式	购入				

（1）展开"卡片"选项，选择"录入原始卡片"，系统弹出"固定资产类别档案"窗口，选择增加的卡片类别"01—办公设备"，如图 8-20 所示。

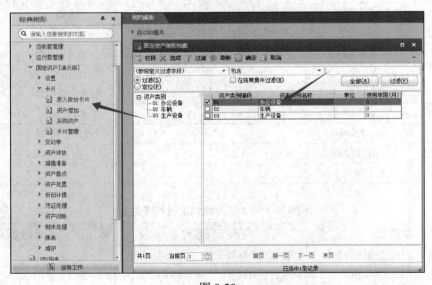

图 8-20

（2）单击"确定"按钮，系统弹出"固定资产卡片"窗口，如图 8-21 所示，选择新增的原始卡片的"固定资产卡片"选项卡。

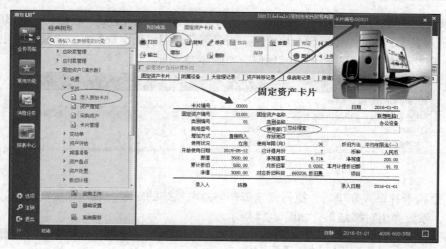

图 8-21

（3）在各项目中录入例 8-2 中"表 8-2"的联想电脑 1 的原始卡片信息和一些主要项目的说明，在光标位于该项目时，按 F1 键可得到随机帮助。

（4）选择其他选项卡（如"附属设备""大修理记录"），可输入该资产的附属设备和该资产以前发生的各种变动，"附属"设备选项卡中的信息只供参考，不参与计算。

（5）单击工具栏中的"图片"按钮，可以联查到与本固定资产相对应的图片。如果没有设置图片查询，则"图片"按钮不会显示。用户应该先将一张与本卡片中的联想电脑对应的图片放入"E:\固定资产图片"文件夹中，并将该图片文件的文件名更改为与本卡片中的卡片编号（不是固定资产编号）一致，图片格式为.JPG 格式。

（6）单击工具栏中的"保存"按钮，保存录入的卡片。

（7）接着录入表 8-3 和表 8-4 中的原始固定资产卡片，因为这两张固定资产卡片与表 8-2 中的卡片信息基本相同，因此可以通过复制固定资产卡片的方式快速导入，然后再进行修改。首先找到表 8-2 中的固定资产卡片，然后单击"复制"按钮，系统会提示需要复制的固定资产张数和固定资产编号，如图 8-22 所示。

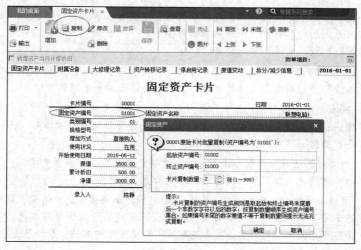

图 8-22

（8）录入完成后，单击"确定"按钮完成复制，然后再修改固定资产名称、使用部门等信息。

（9）录入表 8-5 中的固定资产卡片信息。当多部门使用该固定资产时，系统会弹出"使用部门"窗口，在此设置各部门的折旧分摊比例，如图 8-23 所示。

使用部门

使用部门有效数量范围:2 ～ 999个

序号	使用部门	使用比例%	对应折旧科目	项目大类	对应项目	部门编码
1	销售一部	50.0000	660102,折旧			501
2	销售二部	50.0000	660102,折旧			502

图 8-23

（10）原始卡片录入完毕后，执行固定资产与总账系统的对账。展开"资产对账"选项，选择"对账"，系统弹出对账结果，如图 8-24 所示。

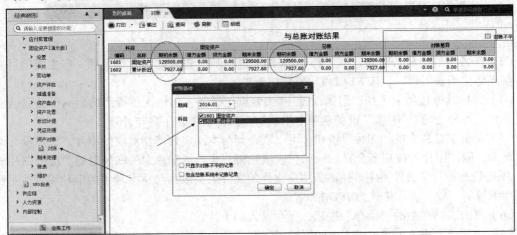

图 8-24

- 一个固定资产被多部门使用时，部门数的范围为 2～20。
- 系统根据初始化时设置的编码方案对卡片进行自动编号，但不能修改。如果删除了其中一张卡片且不是最后一张，则系统将保留其空号。录入与计算折旧有关的项目后，系统会按照录入的内容将本月应提的折旧额显示在"月折旧额"项目内，可将该值与手工计算的值进行比较，看是否录入错误。

其他选项卡的内容只是为了管理卡片，不参与计算。除了附属设备，其他选项卡中的内容除"备注"外，均由系统自动生成，在录入月结账后不能修改和输入。

 提示

- 原值、累计折旧、累计工作量中录入的一定是卡片录入月月初的价值，否则将会出现计算错误；已计提月份必须严格按照该资产已经计提的月份数填写，不应包括使用期间停用等不计提折旧的月份，否则不能正确计算折旧。

- 如果与总账系统对账结果不平衡，则要仔细检查一下是否有录错，或者漏录原始固定资产卡片的情况，如果有，则修改到平衡为止。

- 原始卡片的录入也可以在后期工作中进行。如果属于这种情况，则在此与总账系统的对账结果不平衡也没有关系，需要在固定资产系统的选项设置中勾选"在对账不平情况下允许固定资产月末结账"复选框，但建议不要使用这种方法，最好还是在启用固定资产后，一次性将原始卡片录入完毕。

2. 资产增加

资产增加是指新增加固定资产卡片。在系统的日常使用过程中，可能会购进或通过其他方式增加企业资产，这些资产通过资产增加的操作录入系统。只有固定资产开始使用日期的会计期间等于录入的会计期间时，才能通过资产增加录入资产。

例8-3 增加一项固定资产，具体如下

固定资产编号：11004。

固定资产名称：DELL 电脑。

使用部门：人事部。

增加方式：直接购入。

使用年限：4 年。

折旧方法：平均年限法（一）。

开始使用日期：2016-01-01。

原值：5 000 元人民币。

净残值率：10%。

（1）展开"卡片"选项，选择"资产增加"，系统弹出"固定资产类别档案"窗口。

（2）选择需增加的固定资产类别"办公设备"，然后单击"确定"按钮，系统进入"固定资产卡片"窗口。

（3）依据卡片中的项目提示，将例 8-3 中的数据依次录入相应的项目中，最后单击"保存"按钮保存录入的数据，结果如图 8-25 所示。

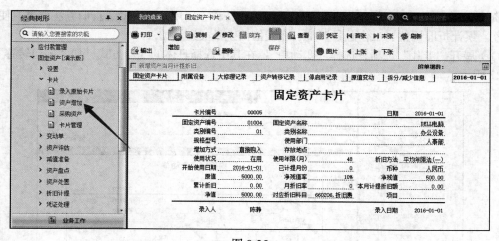

图 8-25

注意
- 因为是新增的固定资产，所以在进行固定资产日期的录入时，只能修改日，而不能修改年与月，新增固定资产的第一个月不计提折旧，所以为 0。
- 对于固定资产被多部门使用的情况，一般是指该固定资产没有单一的使用部门，所以该固定资产的折旧费用就由共同使用的部门来分摊。

3. 卡片管理

卡片管理功能可以对固定资产管理系统中的所有卡片进行综合管理，可以完成固定资产卡片的查询、修改、打印、联查图片等操作。

在固定资产管理系统中，展开"卡片"选项，选择"卡片管理"命令，系统列出全部的固定资产卡片，如图8-26所示。

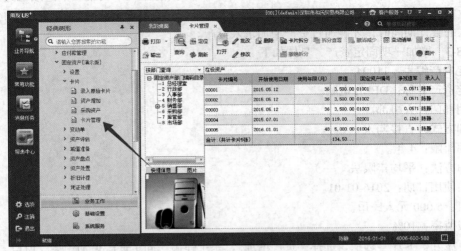

图 8-26

8.4 资产变动管理

资产变动方式包括原值增加、原值减少、部门转移、使用状况变动、折旧方法调整、使用年限调整、累计折旧调整、工作总量调整、净残值调整及类别调整。

（1）展开"卡片"选项，选择"变动单"，在其中选择具体的变动方式，如"部门转移"，如图8-27所示。

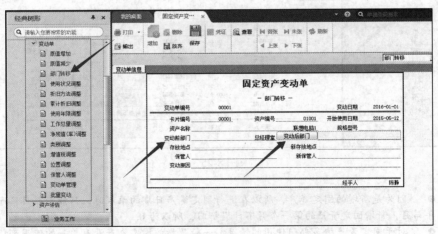

图 8-27

（2）在所选定的固定资产变动单中修改需变动的内容，最后单击"保存"按钮进行保存。

 提示
- 固定资产变动单不能修改，只有当月可删除重做，所以应仔细确认后再保存。
- 具体的变动方式中有一些需要注意的地方，比如，如果选择"部门转移"变动，则当月原始录入或新增的资产不允许做此种变动业务。

● 在进行具体的变动操作时，请认真查看帮助信息（在打开变动单后，按 F1 键）。

8.4.1　资产评估

随着市场经济的发展，企业在经营活动中会根据国家要求或业务需要对部分资产或全部资产进行评估和重估，其中，固定资产评估是资产评估中很重要的一部分。例如，某企业原有的一块土地，几年之后升了值，就需要进行资产评估。

例8-4　做一次资产评估，如例 8-3 的固定资产 DELL 电脑，评估其净值为 4 800 元。

（1）展开"资产评估"选项，选择"资产评估"，系统弹出"资产评估"窗口，如图 8-28 所示。

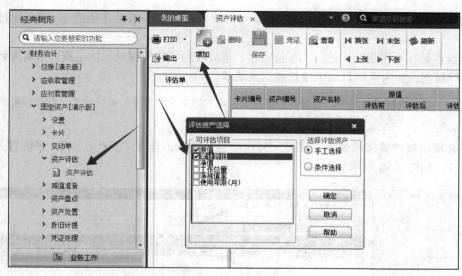

图 8-28

（2）单击工具栏中的"增加"按钮，新增资产评估记录。

（3）进行资产评估时，每次要评估的内容可能不一样，系统会弹出"评估资产选择"窗口。

（4）勾选可评估的项目，然后单击"确定"按钮。

（5）选择需要进行评估的固定资产，在需要更改的评估后的项目中进行数据修改，最后单击"保存"按钮保存评估结果，结果如图 8-29 所示。

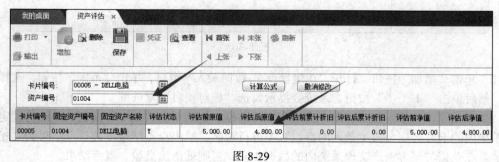

图 8-29

提示

- 只有当月制作的评估单才可以删除。
- 若一项资产既做过变动单又做过评估单，则必须先删除变动单再删除评估单。
- 原值、累计折旧和净值3个中必须选择2个，而另一个通过公式"原值-累计折旧=净值"推算得到。
- 评估后的数据必须满足以下条件。

$$原值-净值=累计折旧\geqslant 0$$
$$净值\geqslant 净残值率\times 原值$$
$$工作总量\geqslant 累计工作量$$

8.4.2 资产盘点

企业要定期对固定资产进行清查，至少每年清查一次（一般是在年底）。清查通过盘点中实现。

资产盘点是在对固定资产进行实地清查后，将清查的实物数据录入固定资产管理系统来与账面数据进行对比，并由系统自动生成盘点结果清单。

提示 在进行资产盘点前，最好打印出可供对比的固定资产清单，以便盘点。打印固定资产清单在卡片管理中实现。

（1）在固定资产管理系统中，展开"资产盘点"选项，选择"资产盘点"，系统打开"资产盘点"窗口，如图8-30所示。

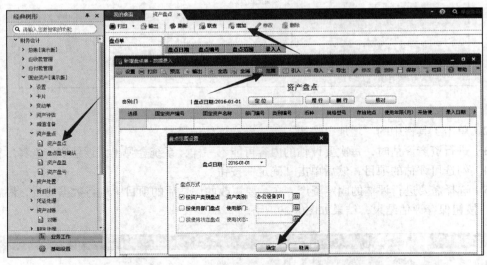

图 8-30

（2）单击"增加"按钮，打开"新建盘点单-数据录入"窗口，单击"范围"按钮，选择盘点方式，然后单击"下一步"按钮，系统会提示勾选"核对项目"复选框。

（3）单击"下一步"按钮，录入人工盘点的数据，然后单击"核对"按钮，系统将固定资产管理系统内的卡片数据与人工录入的盘点数据进行对照，给出盘点结果。若盘点结果为"相同"，则表示盘点数据与固定资产管理系统内的数据相同，否则就给出盘盈、盘亏结果。

（4）单击"保存"按钮保存该张盘点单，如图 8-31 所示。

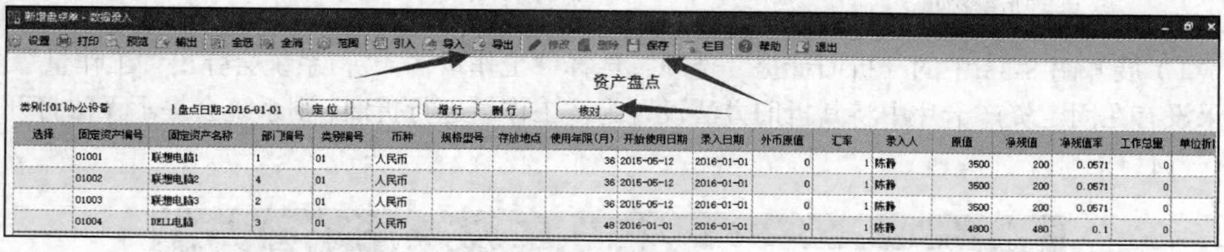

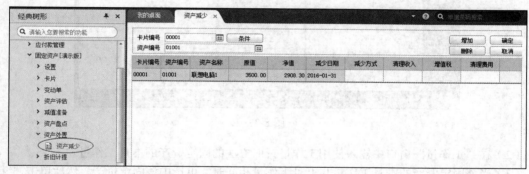

图 8-31

8.4.3 资产处置（资产减少）

在使用过程中，资产总会由于各种原因，如毁损、出售和盘亏等退出企业，这就是资产减少。固定资产管理系统提供了资产减少的批量操作，为同时清理一批资产提供方便。

（1）展开"资产处置"选项，选择"资产减少"，系统弹出"资产减少"窗口，如图 8-32 所示。

图 8-32

（2）输入需要进行资产减少的卡片编号，然后单击"增加"按钮，在资产减少表中增加一项记录，在减少方式中选择此次操作相应的减少方式项目。

（3）单击"确定"按钮。

注意 只有经过月计提折旧的固定资产才能执行资产减少操作。

8.5 固定资产处理

固定资产处理是对现有的固定资产进行业务上的处理，主要包括折旧计提和凭证处理。折旧计提又分为工作量输入、计提本月折旧、折旧清单和折旧分配表；凭证处理又分为批量制单和查询凭证。

8.5.1 工作量输入

当账套内有资产使用工作量法进行计提折旧时，每月计提折旧前必须录入资产当月的工作量。使用本功能可以录入当月工作量，并查看以前会计期间的工作量信息。

> 🐝 **提示**　工作量计提的折旧方式一般用于企业的生产设备等固定资产，根据其使用的工作量来计算其折旧。

（1）展开图 8-33 中的"折旧计提"选项，选择"工作量输入"，系统会弹出"工作量"窗口（如果没有在固定资产卡片中将其折旧方法设置为按工作量进行折旧，则系统会提示无法打开"工作量"窗口）。

图 8-33

（2）在"工作量"窗口中输入使用工作量折旧方法的固定资产的本月工作量。

（3）当该固定资产的本月工作量与上月工作量相同时，可选中该固定资产，然后单击"继承上月工作量"按钮，系统会自动录入该固定资产的本月工作量（与上月工作量相同的数据）。

固定资产的累计工作量显示的是截至本次工作量输入后，该固定资产的累计工作量。

（4）单击"保存"按钮保存。

8.5.2　计提本月折旧

在使用过程中，随着时间或工作量的增加，固定资产的价值会越来越小，这就是折旧。自动计提折旧是固定资产管理系统的主要功能之一。系统每期计提折旧一次，根据录入系统的资料自动计算每项资产的折旧，并自动生成折旧分配表，然后制作记账凭证，将本期的折旧费用自动登账。

（1）展开"折旧计提"选项，选择"计提本月折旧"，如图 8-34 所示。

（2）系统提示"是否要查看折旧清单？"，单击"是"或"否"按钮（单击"是"按钮，计提折旧系统会列出折旧清单，单击"否"按钮则不会列出），系统开始计提折旧，最后提示折旧完成。

> **注意**
> ● 固定资产管理系统在一个期间内可以多次计提折旧，每次计提折旧后，只将计提的折旧累加到月初的累计折旧，不会重复累计。
> ● 如果上次计提折旧已制单并把数据传递到总账系统，则要删除该凭证之后再重新计提折旧。计提折旧后若对账套进行可能影响折旧计算或分配的操作，则应重新计提折旧，否则系统不允许结账。如果使用自定义的折旧方法，月折旧率或月折旧额出现负数，则系统自动中止计提。

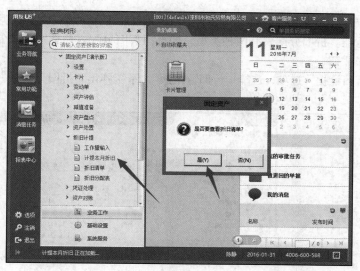

图 8-34

8.5.3　折旧清单

折旧清单是显示资产计提折旧数额的列表。单期的折旧清单中列示了资产名称、计提原值、月折旧率、单位折旧、月工作量和月折旧额等信息。全年的折旧清单中同时列出了各资产在 12 个计提期间中的月折旧额、本年累计折旧等信息。

（1）在图 8-34 中展开"折旧计提"选项，选择"折旧清单"，系统弹出图 8-35 所示的"折旧清单"窗口。

卡片编号	资产编号	资产名称	原值	计提原值	本月计提折旧	累计折旧	本年计提折旧	减值准备	净值	净残值	折旧率	单位折旧	本月工作量	累计工作量	规格型号
00001	01001	联想电脑1	3,500.00	3,500.00	91.70	591.70	91.70	0.00	2,908.30	200.00	0.0262		0.00	0.00	
00002	01002	联想电脑2	3,500.00	3,500.00	91.70	591.70	91.70	0.00	2,908.30	200.00	0.0262		0.00	0.00	
00003	01003	联想电脑3	3,500.00	3,500.00	91.70	591.70	91.70	0.00	2,908.30	200.00	0.0262		0.00	0.00	
00004	02001	金杯汽车	119,000.00	119,000.00	1154.30	7,581.90	1,154.30	0.00	111,418.10	15,000.00	0.0097		0.00	0.00	
合计			129,500.00	129,500.00	1429.40	9,357.00	1,429.40		120,143.00	15,600.00					

图 8-35

（2）在"折旧清单"窗口中可以按照部门来具体查询折旧数据。

注意　当月新增的固定资产不折旧，所以例 8-3 中的 DELL 电脑在本月折旧中不予折旧。但不同国家的财务制度不同，其要求也不一样。

8.5.4　折旧分配表

折旧分配表是把计提折旧额分配到成本和费用的依据。生成折旧分配凭证的时间根据初始化或选项中选择的折旧分配汇总周期确定。如果选定的是 1 个月，则每期计提折旧后自动生成折旧分配表；如果选定的是 3 个月，则只有到 3 的倍数的期间，即第 3、6、9、12 月计提折旧后才自动生成折旧分配凭证。折旧分配表有两种类型，即部门折旧分配表和类别折旧分配表，只能从中选择一个制作记账凭证。

（1）展开"折旧计提"选项，选择"折旧分配表"，系统弹出"折旧分配表"窗口，如图 8-36 所示。

图 8-36

（2）选择"按类别分配"或"按部门分配"项。

（3）单击工具栏中的"打印"按钮可将折旧分配表打印出来，单击工具栏中的"凭证"按钮可生成折旧分配凭证。

8.5.5 批量制单

完成任何一笔需要制单的业务后，都可以单击"制单"按钮制作记账凭证并将其传输到总账系统，也可以在当时不制单（不要勾选"业务发生后立即制单"复选框），而在某一时间（如月底）利用本系统提供的批量制单功能完成制单工作。批量制单可以同时为一批需要制单的业务连续制作记账凭证并传输到总账系统，避免了多次制单的烦琐。

凡是在业务发生当时没有制单的业务都会被自动排列在批量制单表中，表中各列为业务发生的日期、类型、原始单据号、默认的借贷方科目和金额，以及制单选择标识。

（1）展开"凭证处理"选项，选择"批量制单"，系统弹出"批量制单"窗口，如图 8-37 所示。

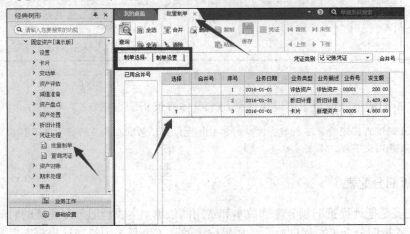

图 8-37

（2）如果单击工具栏中的"全选"按钮，则双击所有记录的"选择"标记项均会被打上红色的"Y"字样，表示对全部记录进行制单。如果不需要全部制单，则双击需要制单的记录的"选择"标记项，手动打上红色的"Y"字样即可。

（3）选择"制单设置"选项卡，在此选择生成凭证的科目，注意借贷方向，单击工具栏中的"保存"按钮保存设置。

（4）单击工具栏中的"凭证"按钮，系统弹出"填制凭证"窗口。

（5）在"填制凭证"窗口中，首先选择所生成的凭证类别，然后填入各分录的摘要内容，最后单击"保存"按钮进行保存，如图 8-38 所示。如果顺利，该张凭证会出现"已生成"字样，并传递到总账系统中。

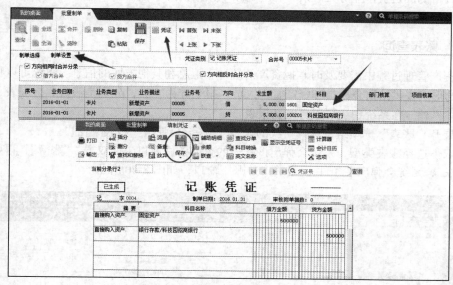

图 8-38

8.5.6　查询凭证

由固定资产管理系统制作并传输到总账系统中的记账凭证，可通过凭证查询功能查看和删除。

（1）展开"凭证处理"选项，选择"查询凭证"，系统弹出"查询凭证"窗口，如图 8-39 所示。

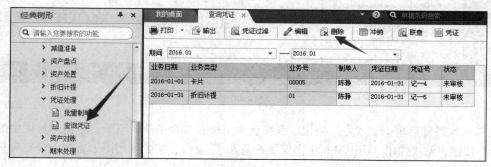

图 8-39

（2）双击记录联查原始凭证，或者单击工具栏中的"联查"按钮，输入条件后可进行查询。单击工具栏中的"删除"按钮可以删除所选的凭证。

注意 只能在本系统中删除凭证，在总账系统中无法删除此系统生成的凭证。已经在总账系统中审核和记账的凭证不能修改和删除，只有将总账系统中的审核与记账取消后才可以修改和删除。

8.6 账表查询和月末处理

完成日常的固定资产业务处理后，相应的结果数据就可以在账表中进行查询。每月月末需要进行月末处理。

8.6.1 账表查询

固定资产管理过程中需要及时掌握资产的统计、汇总和其他方面的信息。系统可以将这些信息以报表的形式提供给财务人员和资产管理人员。报表分为 4 类，分别是账簿、折旧表、汇总表及分析表，另外，在系统中还可以自定义报表。

（1）展开"账表"选项组，选择"我的账表"，系统会弹出"报表"窗口。

（2）双击选择账表类型，系统会弹出该账表的查询条件窗口，如双击 "账簿"，再单击"固定资产总账"，系统会弹出"条件-固定资产总账"窗口，如图 8-40 所示。

图 8-40

（3）录入条件后单击"确定"按钮，系统会弹出所有符合条件的记录。单击工具栏中的"图形分析"按钮，系统弹出"图形分析【固定资产总账】"窗口，在此可用图形直观地进行分析，如图 8-41 所示。

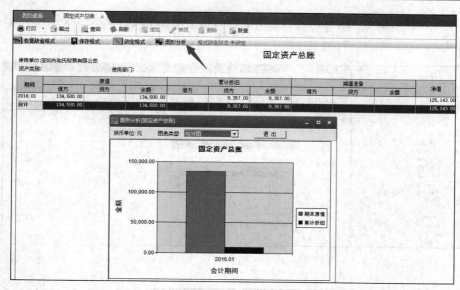

图 8-41

8.6.2 月末处理

由固定资产管理系统生成凭证并传递到总账系统后，凭证在总账系统中经出纳签字、审核和科目汇总、记账后，就可以在固定资产管理系统中进行对账。如果对账平衡，月底时就可以进行固定资产的月末结账。

1. 对账

系统在运行过程中，应保证本系统管理的固定资产的数值和总账系统中固定资产科目的数值相等。两个系统的资产数值是否相等，可以通过本系统提供的对账功能进行检验。对账操作不限制执行的时间，任何时候均可进行对账。系统在执行月末结账前自动对一次账，给出对账结果，并根据初始化或选项中的判断确定不平情况下是否允许结账。

> **注意** 只有系统初始化或在选项中选择了与账务对账，才可使用本功能。在使用对账功能之前，需要将在固定资产管理系统中制单生成并传递到总账系统的凭证，在总账系统中进行审核、记账。因为对账时，账务账套原值和账务账套累计折旧数据是统计的在总账系统中审核和记账后的凭证数据。

（1）展开"资产对账"选项，选择"对账"。

（2）系统弹出"对账"窗口，其中显示了对账的结果，如图 8-42 所示。在"对账条件"窗口中，选择需要对账的月份、会计科目，选择是否只显示对账不平的记录，选择是否包含总账系统中未记账的记录。

2. 月末结账

月末结账每月进行一次，结账后当期的数据不能修改。在对账不平的情况下是否可以执行月末结账，需要看在固定资产管理系统的选项设置中，是否勾选了"在对账不平情况下允许固定资产月末结账"复选框。

（1）展开"期末处理"选项，选择"月末结账"（如果本月已结账，则不再显示），系统弹出"月末结账"窗口，如图 8-43 所示。

（2）单击"开始结账"按钮，系统开始进行结账工作，系统会显示与账务对账的结果，如图 8-44 所示。

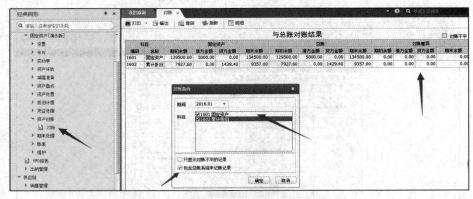

图 8-42

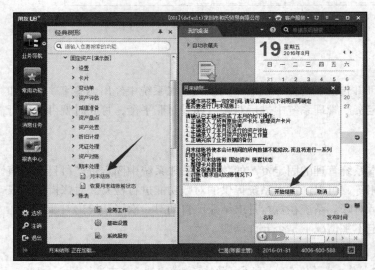

图 8-43

图 8-44

（3）单击"确定"按钮，系统会提示"月末结账成功完成"。

> **提示** 月末结账在运行时，有可能会受到外部影响而中断，所以执行之前最好备份账套数据，以避免数据丢失。

3. 取消结账

在结账期内的数据是不能修改的，如果需要修改结账前的数据，则要先取消结账。

（1）展开"期末处理"选项，选择"恢复月末结账前状态"（只有在本月已执行月末结账的情况下才显示），系统会弹出提示窗口，如图 8-45 所示。

（2）单击"是"按钮，系统就会完成取消月末结账的操作。

> **注意**
> - 不能跨年度恢复数据，即本系统年末结转后，不能利用本功能恢复年末结转前的状态。
> - 如果成本管理系统从本系统提取了折旧费用数据，则该期不能反结账。
> - 恢复到某个月月末结账前的状态后，本账套内结账后做的所有工作都会被无痕迹地删除。

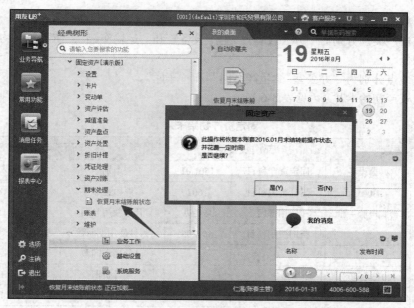

图 8-45

课后习题

（1）当固定资产被启用后总账系统是否也一定要启用？
（2）固定资产管理系统能否不计提折旧？
（3）能否清理当期已进行变动的资产？
（4）固定资产管理系统清理资料的方法是什么？
（5）期末处理时是否一定要操作"工作量管理"功能？

实验六 固定资产管理

【实验目的】
1. 掌握固定资产管理系统的基本设置。
2. 掌握固定资产的日常业务处理。
3. 掌握固定资产的期末处理。

【实验内容】
1. 固定资产管理系统的基本设置。
2. 固定资产初始卡片的录入。
3. 固定资产结束初始化。
4. 新增卡片。
5. 固定资产清单。
6. 业务单据生成凭证。
7. 计提折旧。

【实验资料】

1. 固定资产类别分别为"办公设备""生产设备"和"运输车辆"，使用年限均为 5 年，净残值率为 10%。

2. 存放地点分别为"办公室""生产车间"和"车库"。

3. 固定资产初始卡片 1（见表 8-6）。

表 8-6 　　　　　　　　　　　　固定资产初始卡片 1 　　　　　　　　　　　　余额单位：元

基本信息		部门及其他		原值与折旧	
资产类别	办公设备	固定资产科目	1601.01	币别	人民币
资产编码	B001	累计折旧科目	1602	原币金额	18 000
名称	台式电脑一批	使用部门	总经办	开始使用日期	2015-06-08
计量单位	台	折旧费用科目	660205	预计使用期间数	60
数量	2			已使用期间数	6
入账日期	2015-06-08			累计折旧	1 620
存放地点	办公室			预计净残值	1 800
使用状况	正常使用			折旧方法	平均年限法（基于入账原值和预计使用期间）
变动方式	购入				

4. 固定资产初始卡片 2（见表 8-7）

表 8-7 　　　　　　　　　　　　固定资产初始卡片 2 　　　　　　　　　　　　余额单位：元

基本信息		部门及其他		原值与折旧	
资产类别	生产设备	固定资产科目	1601.02	币别	人民币
资产编码	S001	累计折旧科目	1602	原币金额	49 000
名称	多功能移印机	使用部门	生产部	开始使用日期	2015-06-23
计量单位	台	折旧费用科目	510102	预计使用期间数	60
数量	1			已使用期间数	6
入账日期	2015-06-23			累计折旧	4 410
存放地点	生产车间			预计净残值	4 900
使用状况	正常使用			折旧方法	平均年限法（基于入账原值和预计使用期间）
变动方式	购入				

5. 2016 年 1 月 16 日购买了一辆瑞风商务车，卡片信息如表 8-8 所示。

表 8-8 　　　　　　　　　　　　瑞风商务车卡片信息 　　　　　　　　　　　　余额单位：元

基本信息		部门及其他		原值与折旧	
资产类别	运输车辆	固定资产科目	1601.03	币别	人民币
资产编码	Y001	累计折旧科目	1602	原币金额	110 000
名称	瑞风商务车	使用部门	销售部	开始使用日期	2016-01-16

续表

基本信息		部门及其他		原值与折旧	
计量单位	辆	折旧费用科目	660103	预计使用期间数	60
数量	1			已使用期间数	0
入账日期	2016-01-16			累计折旧	0
存放地点	车库			预计净残值	11 000
使用状况	正常使用			折旧方法	平均年限法（基于入账原值和预计使用期间）
变动方式	购入				

【实验步骤】

1. 以"李丽"的身份登录账套，将固定资产启用会计期间设置为 2016 年 1 月。

2. 新增"办公设备""生产设备"和"运输车辆"类别，使用年限均为 5 年，净残值率为 10%。

3. 新增"办公室""生产车间"和"车库"存放地点。

4. 录入固定资产初始卡片 1 和固定资产初始卡片 2。

5. 结束初始化。

6. 以新增卡片的形式录入 2016 年 1 月 16 日购买的瑞风商务车。

7. 将录入的卡片生成凭证。

8. 计提固定资产折旧。

9. 查询固定资产清单、折旧费用分配表。

第 9 章　薪资管理系统

通过本章的学习，了解工资类别的设置方法、工资项目的设置方法、工资计算公式的设置方法和个人所得税的计算方法，并学会查询和输出各种工资报表。

9.1　概述

核算单位员工众多，工资的核算、发放，工资费用分摊，工资统计分析和个人所得税核算，工资发放签名表、工资发放条、工资卡、部门工资汇总表、人员类别工资汇总表、条件汇总表、条件明细表、条件统计表等的制作需要很大的工作量，以记账凭证的方式来核算工资业务是根本无法完成的。

用友 U8 的薪资管理系统以工资报表的方式管理工资。核算单位可以根据自身的需求设置工资项目和计算公式，若工资发生变动，则修改相应的工资项目，系统就会自动计算出与之相关的结果。系统还会依据所设的税率自动计算出职工的个人所得税。对于工资发放来说，如果发放现金，则系统可以自动处理找零工作；如果通过银行代发工资，则系统可以自动输出各银行所需格式的工资表，并自动完成工资及相关税费的分摊、计提、转账业务，制单生成凭证并将其传递到总账系统中。在生产型企业中，工资系统还向成本管理系统提供生产线的生产费用分摊数据，以便计算产成品成本。

薪资管理系统的操作流程如图 9-1 所示。

打开薪资管理系统的方式是，进入用友 U8 操作平台后，在左侧功能区选择"业务工作"选项卡，展开"人力资源"选项，然后选择"薪资管理"。

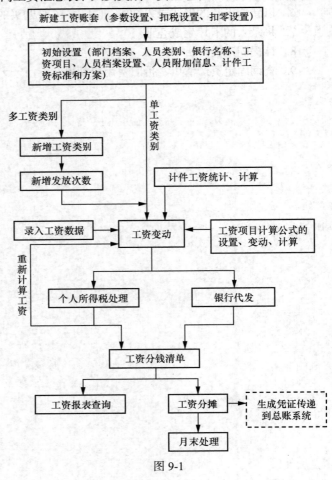

图 9-1

9.2　薪资管理系统初始化设置

初始化是使用薪资管理系统的前提条件，直接关系到薪资管理系统的日后使用和业务点控制的便利与否。初始化时要建立基础档案。初始化设置是首次使用薪资管理系统不可缺少的步骤。

9.2.1　启动薪资管理系统并建立工资账套

建立工资账套是整个薪资管理系统正常运行的基础，可通过系统提供的工资建账向导逐步完成整套工资的建账工作。

（1）如果是第一次进入薪资管理系统，系统会自动打开建立工资套向导，弹出"1. 参数设置"界面，如图 9-2 所示。

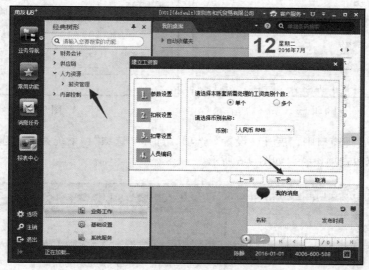

图 9-2

（2）选择需要在本账套中处理的工资类别个数，每套账可以同时处理多种不同的工资类别，最终进行工资类别的汇总；选择工资计算的币种为"人民币"（可选人民币或外币）。

（3）单击"下一步"按钮，进入"2. 扣税设置"界面。勾选"是否从工资中代扣个人所得税"复选框，如图 9-3 所示，系统会根据所设定的所得税基数和所得税扣除方法自动计算个人所得税。

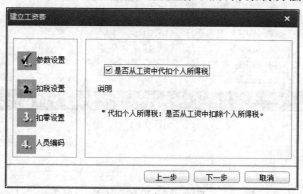

图 9-3

（4）单击"下一步"按钮，进入"3.扣零设置"界面。扣零设置是将工资的零头扣下，本月不发放，累积起来，下月再发放（扣零设置是指扣除零头，而不是四舍五入）勾选"扣零"复选框，选择"扣零至元"单选按钮，如图 9-4 所示。

（5）单击"下一步"按钮，进入"4.人员编码"界面，系统提示"本系统需要您"对员工进行统一编号，人员编码同公共平台的人员编码保持一致"（请参阅本书 4.2.1 小节人员档案设置的内容），如图 9-5 所示。最后单击"完成"按钮进入薪资管理窗口。

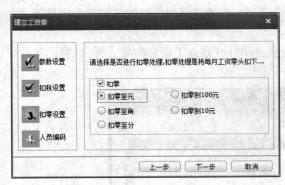

图 9-4

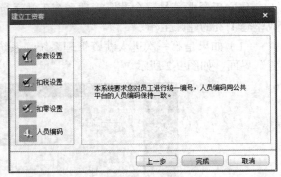

图 9-5

（6）在薪资管理窗口中，展开"设置"选项，选择"选项"，系统弹出"选项"窗口，单击"编辑"按钮可修改选项设置，如图 9-6 所示。

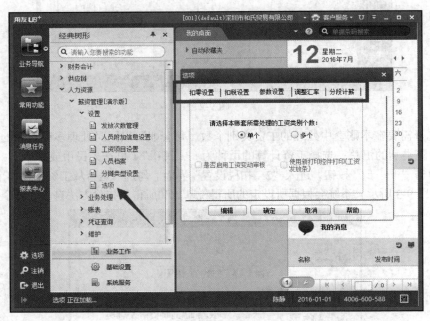

图 9-6

9.2.2 基础设置

基础设置包括发放次数设置、人员附加信息设置、工资项目设置、人员档案及分摊类型设置。

1．发放次数设置

发放次数设置是对发放次数进行增加、修改、删除及停用的设置的。

如果企业中每个月发放工资的次数不只一次，就要建立新的发放次数，如：周薪、补发之前的工资、年终奖等都要用到多次发放。

发放次数管理要在退出薪资管理系统的其他功能后才能进入。

2．人员附加信息设置

薪资管理系统不仅可以核算人员的工资，还可增加人员信息、丰富人员档案，这样可以对人员进行更加高效的管理。

例 9-1　在薪资管理系统中进行人员附加信息设置，设置信息为"爱好"。

（1）展开"设置"选项，选择"人员附加信息设置"，系统弹出"人员附加信息设置"窗口，如图 9-7 所示。

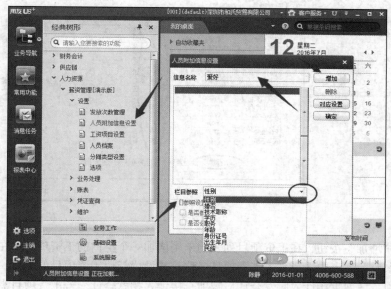

图 9-7

（2）单击"增加"按钮，在"信息名称"文本框中输入所增加的附加信息项，也可以在"栏目参照"下拉列表中选择由系统提供的参照信息，将例 9-1 中的人员附加信息项目增加到系统中，最后单击"确定"按钮完成设置。

（3）选择已设置好的附加信息，然后可以设置该附加信息是否必输项。如果在录入人员档案时是必输项，则勾选"是否必输项"复选框；如果勾选"是否参照"复选框，则可以单击"参照档案"按钮为该附加信息设置参照档案，如图 9-8 所示。

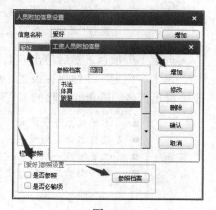

图 9-8

3．工资项目设置

工资项目是计算工资的基础载体，可以设置其名称、类型和宽度。系统提供了一些固定的工资项目，核算单位也可以根据需求自定义工资项目。

例9-2 在薪资管理系统中进行工资项目"交补""基本工资""迟到扣款"的设置。
工资项目的计算公式如下。

$$应发合计=基本工资+交补$$
$$扣款合计=代扣税+迟到扣款$$
$$实发合计=应发合计-扣款合计$$

（1）展开"设置"选项，选择"工资项目设置"，系统弹出"工资项目设置"窗口，如图9-9所示。

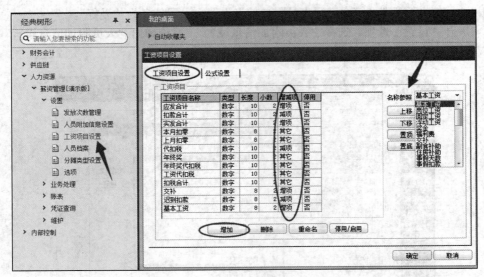

图 9-9

（2）单击"增加"按钮，在工资项目列表的末尾增加一个空白的工资项目，在此输入工资项目或在"名称参照"列表中选择一个工资项目名称，并设置新建工资项目的类型、长度、小数位数和工资增减项。增项直接计入应发合计，减项直接计入扣款合计。若工资项目类型为字符型，则小数位数不可用，增减项被定义为其他。

提示 定义为"其他"，表示该项目不能直接作为工资的增项或减项使用，而是作为其他工资项目的计算项目使用，比如，可以增加两个工资项目"迟到次数""单次迟到扣款金额"，将其设置为"其他"，然后在公式设置中，设置公式为"迟到扣款=迟到次数×单次迟到扣款金额"。

选定工资项目，然后单击"上移"或"下移"按钮可以调整工资项目的排列顺序。

单击"确定"按钮保存设置，单击"取消"按钮取消设置并返回。单击"重命名"按钮可修改工资项目名。选定要删除的工资项目，单击"删除"按钮可删除该工资项目。

注意
● 多类别工资管理时，关闭工资类别后，才能新增工资项目。
● 项目名称必须唯一。
● 工资项目一旦使用，就不允许修改数据类型。
● 数字型的工资项目中，小数点也占长度的1位，如长度为10，小数位为2，那么整数位为7。

（3）选择"公式设置"选项卡，如图9-10所示。

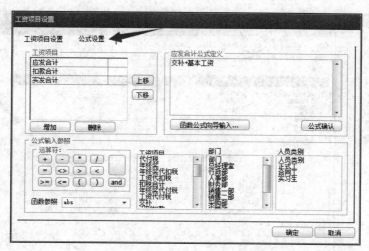

图 9-10

> 🐝 **提示**　若"公式设置"选项卡无法打开，可能是因为还没有设置薪资管理系统的人员档案，需要设置好再回到此处设置工资项目的计算公式。

（4）设置工资项目的计算公式。首先单击"增加"按钮新增一个工资项目，然后在右侧的公式定义栏中输入计算公式。计算公式中的工资项目、部门和人员类别需要在系统提供的工资项目、部门和人员类别列表中选取，也可以用函数来定义公式。这里请读者自行将例 9-2 中的工资计算公式设置到系统中。

（5）公式设置完毕后，单击"公式确认"按钮保存所设置的公式，最后单击"确定"按钮退出。

4．人员档案

人员档案用于登记工资发放人员的所在部门、人员编号、人员姓名、人员类别等信息，员工的增减变动必须先在本功能中处理。这里的人员档案与总账系统中的职员档案不同，需要单独设置。

例 9-3　在薪资管理系统中进行人员档案设置，设置信息如表 9-1 所示。

表 9-1　　　　　　　　　　　　　　　　　人员档案

薪资部门名称	人员编号	人员姓名	人员类别	账号	中方人员	是否计税	工资停发	核算计价工资	现金发放	婚否	爱好
总经理室	001	仁渴	正式工	6225880000013921	是	是	否	否	否	是	书法
财务部	004	何平	正式工	6225880000013922	是	是	否	否	否		
财务部	005	陈静	正式工	6225880000013923	是	是	否	否	否		
销售一部	002	董凤	正式工	6225880000013924	是	是	否	否	否		
采购部	003	何亮	正式工	6225880000013925	是	是	否	否	否		
库管部	006	王丽	正式工	6225880000013926	是	是	否	否	否		

（1）展开"设置"选项，选择"人员档案"，系统弹出"人员档案"窗口，如图 9-11 所示。

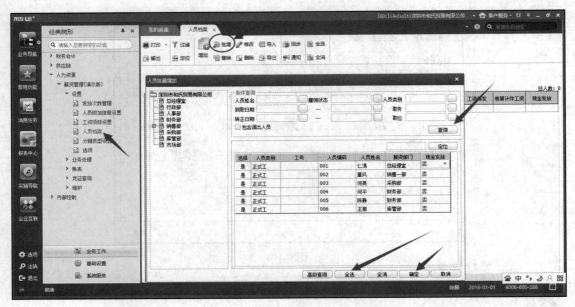

图 9-11

（2）单击工具栏中的"增加"按钮，系统弹出"人员档案明细"录入窗口，人员姓名的设置资料来源于本书 4.2.1 小节，依照例 9-3 将人员档案的基本信息补充完成。此外，也可以单击"批增"按钮，批量增加基础档案中的职员信息。

（3）单击"修改"按钮逐一修改人员档案信息，如图 9-12 所示，修改完成后单击"确定"按钮保存并退出该录入窗口。

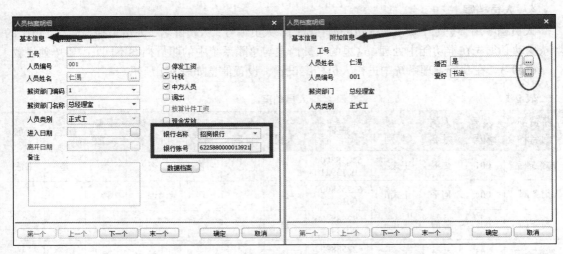

图 9-12

5. 分摊类型设置

分摊类型设置是对企业支付工资费用的分摊规则进行设置，如生产型企业需要将车间工人的工资分摊到生产成本，将职能部门员工的工资分摊到管理费用，将销售部门员工的工资分摊到销售费用。

提示　在会计科目设置中需要在生产成本、管理费用、销售费用科目下分别设置明细科目"薪资"，用于分摊类型设置，并且在进行工资分摊时，根据分摊类型设置中所对应的会计科目而生成记账凭证。

（1）展开"设置"选项，选择"分摊类型设置"，系统弹出"分摊类型设置"窗口，单击"增加"按钮，增加一种分摊类型，如图 9-13 所示。

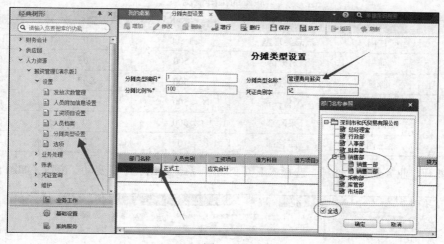

图 9-13

（2）根据不同的职能部门，设置不同的分摊类型和对应入账的会计科目，最终结果如图 9-14 所示。

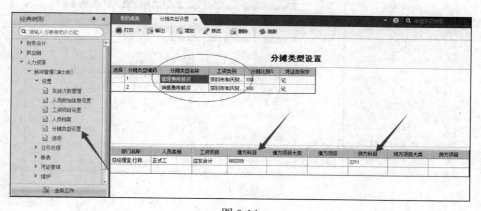

图 9-14

 提示　设置分摊类型时，贷方科目设置为"2211 应付职工薪酬"，生成记账凭证之后，当正式从类型银行存款中支出工资时，再冲销"2211 应付职工薪酬"。

9.3　业务处理

业务处理包括工资变动、工资分钱清单、扣缴所得税、银行代发和工资分摊等。

9.3.1　工资变动

工资变动包括岗位升迁、水电费扣发、事病假扣发、发放奖金等，是经常用到的一项功能。

例9-4　首先录入公司各职员的基本工资和交补（见表 9-2），然后将所有非销售部人员的交补都增加 10%。

表 9-2　　　　　　　　　　　　　　　　　　职工的工资情况　　　　　　　　　　　　　　　　　　单位：元

人员编号	姓名	部门	交补	迟到扣款	基本工资
001	仁渴	总经理室	1 500	0	10 000
004	何平	财务部	500	0	6 000
005	陈静	财务部	500	200	4 000
002	董风	销售一部	500	0	3 000
003	何亮	采购部	500	0	6 000
006	王丽	库管部	0	0	4 000

（1）展开"业务处理"选项，选择"工资变动"，系统弹出"工资变动"窗口，如图 9-15 所示。

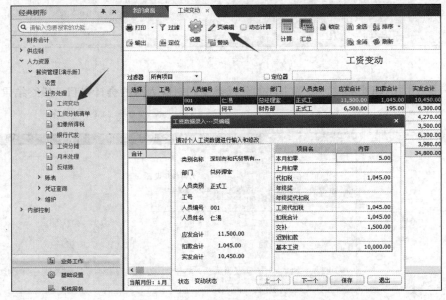

图 9-15

注意　在工资变动单中，上月的工资内容作为本月的参考，所以本月的工资数据在上月的基础上进行变动即可。如果是第一次使用薪资管理系统，则薪资管理系统中各职员的工资项目内容都为空，需要人为补充，可选择"页编辑"菜单进行录入。计件工资数据不能在此更改，因为计件工资数据来源于计件工资统计。

（2）按照表 9-2 中的数据录入各职员的基本工资和交补，应发合计、扣税等项目由系统自动计算得出。

（3）将工资信息录入完毕后，单击"全选"按钮选择全部记录，然后单击"替换"按钮，将所有非销售人员的交补都增加 10%，如图 9-16 所示，最后单击"确定"按钮完成替换。

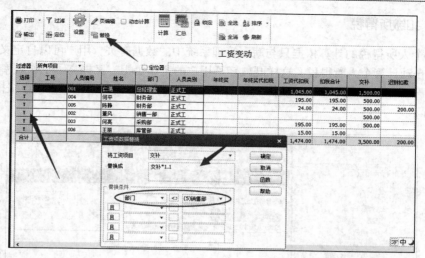

图 9-16

（4）在人员信息比较多的情况下，可以单击"过滤"按钮进行过滤。单击"页编辑"按钮，系统可以按照每一个人的信息单独进行编辑。

（5）在将数据、公式等修改之后，先单击"计算"按钮，再单击"汇总"按钮，系统重新计算刚才所修改的数据，然后进行汇总处理，以保证数据的正确性。

9.3.2　工资分钱清单

工资分钱清单是指核算单位在工资发放时的分钱票面额清单，该功能适合以现金形式发放工资的核算单位使用。

> 提示　现在很少有对企业会以现金形式发放工资，所以此功能现在用得很少。只有在薪资管理系统的人员档案设置中对该人员勾选了"现金发放"复选框的才会在此显示。

（1）展开"业务处理"选项，选择"工资分钱清单"，系统弹出"工资分钱清单"窗口，如图 9-17 所示。

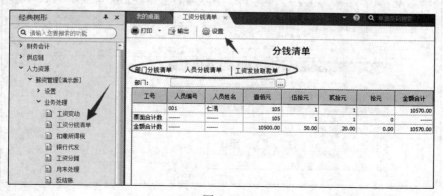

图 9-17

（2）选择"部门分钱清单""人员分钱清单"或"工资发放取款单"选项卡，可进行不同的查询。单击工具栏中的"设置"按钮可以进行票面额设置。

9.3.3 扣缴所得税

系统中个人所得税的计算依据只与薪资管理系统中的数据有关。用户可以自定义所得税率，之后由系统自动计算个人所得税。这样既减轻了用户的工作负担，又提高了工作效率。

（1）展开"业务处理"选项，选择"扣缴所得税"，系统弹出"个人所得税申报模板"窗口，如图 9-18 所示。

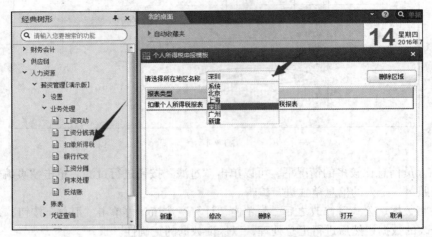

图 9-18

> **提示** 不同地区个人所得税的税率不一样，但 2018 年 10 月之后，全国都统一将 5 000 元作为起征点（书中案例的时间为 2016 年，故为 3 500 元）。

（2）单击"打开"按钮，可以查询个人所得税报表，查询结果如图 9-19 所示。

图 9-19

（3）单击图 9-19 中的"税率"按钮，可以查询个人所得税税率，个人所得税税率可在薪资管理系统中进行修改，方法如图 9-20 所示。

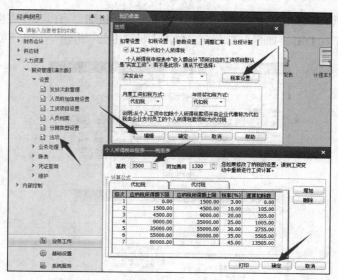

图 9-20

（4）单击"确定"按钮完成修改。

9.3.4　银行代发

银行代发是指核算单位在月底将工资报表设置成银行所需的数据格式，然后直接打印或报盘给银行，由指定的银行直接将工资发放到人员档案的银行账号中。

（1）展开"业务处理"选项，选择"银行代发"，系统弹出"请选择部门范围"窗口，勾选需要进行银行代发的部门，单击"确定"按钮，系统弹出"银行代发"窗口，如图 9-21 所示。

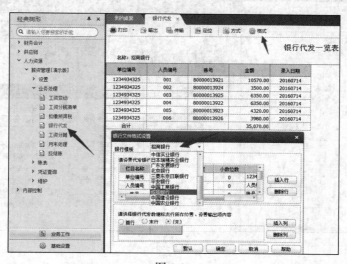

图 9-21

（2）单击"格式"按钮，系统弹出"银行文件格式设置"窗口，从中选择银行模板（可选择的银行名称是在薪资管理系统的基础设置中预先设置的）。

（3）单击"插入行"按钮或"删除行"按钮可以为选择的银行模板修改格式。

（4）在"银行代发"窗口中，单击工具栏中的"方式"按钮，可以选择表格的输出格式，输出格式包括 TXT、DAT 和 DBF，如图 9-22 所示；单击工具栏中的"传输"按钮，可以选择输出的路径。

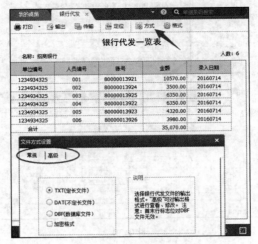

图 9-22

注意 只有设置了工资在指定银行中发放的人员，才会在银行代发一览表中显示，否则不显示。

9.3.5 工资分摊

财务部门根据工资费用分配表编制转账会计凭证，便于登账处理使用。

（1）展开"业务处理"选项，选择"工资分摊"，系统弹出"工资分摊"窗口，如图 9-23 所示。

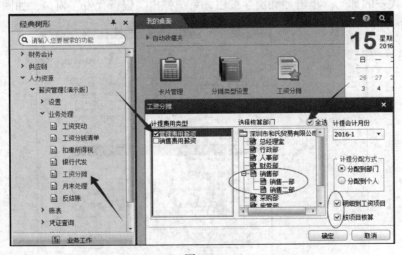

图 9-23

（2）选择已经设置好的计提费用类型、核算部门，并且勾选"明细到工资项目""按项目核算"复选框，然后单击"确定"按钮，系统会列出分摊表。在分摊表中，单击"制单"按钮，系统会生成记账凭证，如图 9-24 所示，单击凭证上的"保存"按钮将其保存。该凭证保存之后会传递到总账系统中进行审核和记账。

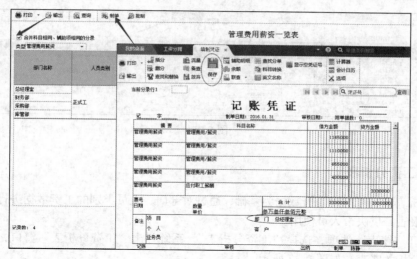

图 9-24

注意　生成凭证的操作员必须是总账系统中有制单权限的人，并且日期必须大于或等于当前总账系统会计期的最大凭证日期。

9.4　统计分析

统计分析主要是生成工资表和工资分析表。

9.4.1　工资表

工资表用于显示本月工资的发放和统计情况，用户可以查询和打印各种工资表。

（1）展开"账表"选项，选择"工资表"，系统弹出"工资表"窗口，如图 9-25 所示。

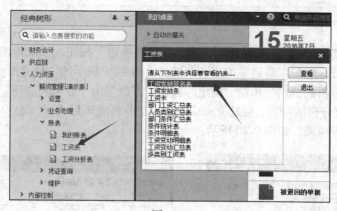

图 9-25

（2）在"工资表"窗口中选择要查询的工资表，如双击"工资发放签名表"选项，系统会弹出"工资发放签名表"界面，选择好查询部门后，单击"确定"按钮，系统会列出所有符合条件的记录，如图 9-26 所示。

人员编号	姓名	应发合计	扣款合计	实发合计	本月扣零	上月扣零	代扣税	代付税	年终奖	年终奖代扣税	工资代扣税	扣税合计	年终奖代付税	工资代付税	交补	迟到扣款	基本工资	签名
001	仁湧	11,650.00	1,075.00	10,570.00	5.00		1,075.00				1,075.00	1,075.00			1,650.00		10,000.00	
004	何平	6,550.00	200.00	6,350.00			200.00				200.00	200.00			550.00		6,000.00	
005	陈静	4,550.00	225.50	4,320.00	4.50		25.50				25.50	25.50			550.00	200.00	4,000.00	
002	董凤	3,500.00		3,500.00											500.00		3,000.00	
003	何亮	6,550.00	200.00	6,350.00			200.00				200.00	200.00			550.00		6,000.00	
006	王丽	15.00	15.00	3,980.00	5.00		15.00				15.00	15.00					4,000.00	
合计		36,800.00	1,715.00	35,070.00	14.50	0.00	1,515.50	0.00	0.00	0.00	1,515.50	1,515.50	0.00	0.00	3,800.00	200.00	33,000.00	

图 9-26

9.4.2 工资分析表

工资分析表的功能是以工资数据为基础，通过对部门、人员类别的工资数据进行分析和比较来产生各种报表，供决策人员使用。

（1）展开"账表"选项，选择"工资分析表"，系统弹出"工资分析表"窗口，从中选择需要进行工资分析的账表，如图 9-27 所示。

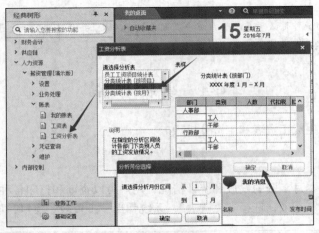

图 9-27

（2）双击"分类统计表（按部门）"选项，单击"确定"按钮，系统弹出"分析月份选择"窗口，选定分析月份，单击"确定"按钮，系统弹出图 9-28 所示的"请选择分析部门"窗口。

（3）选择需要分析的部门，单击"确定"按钮，系统弹出"分析表选项"对话框，如图 9-29 所示，在此选择需要分析的项目，通过箭头按钮将需要分析的项目选到"已选项目"，单击"确定"按钮，系统给出分析结果，如图 9-30 所示。

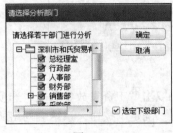

图 9-28

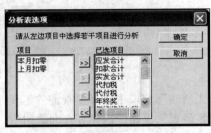

图 9-29

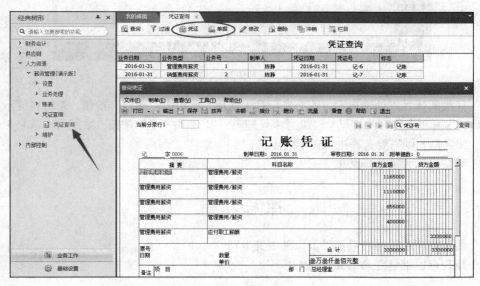

分类统计表（按部门）
2016 年度 1 月 – 1 月

部门	类别	人数	应发合计	扣款合计	实发合计	本月扣零	上月扣零	代扣税	代付税	年终奖	年终奖代税	工资代扣税	扣税合计	年终奖代付税	工资代付税	交补
总经理室																
	正式工	1	11,650.00	1,075.00	10,570.00	5.00		1,075.00				1,075.00	1,075.00			1,650.00
行政部																
人事部																
财务部																
	正式工	2	11,100.00	425.50	10,670.00	4.50		225.50				225.50	225.50			1,100.00
销售部																
	正式工	1	3,500.00		3,500.00											500.00
销售一部																
	正式工	1	3,500.00		3,500.00											500.00
销售二部																
采购部																
	正式工	1	6,550.00	200.00	6,350.00			200.00				200.00	200.00			550.00
库管部																
	正式工	1	4,000.00	15.00	3,980.00	5.00		15.00				15.00	15.00			
市场部																
合计		6	36,800.00	1,715.50	35,070.00	14.50		1,515.50				1,515.50	1,515.50			3,800.00

图 9-30

9.5　凭证查询

凭证查询功能可以查询传输到总账系统的凭证。如果有业务需要（如工资数据录入错误），也可以通过本功能来删除和冲销凭证。

（1）展开"凭证查询"选项，选择"凭证查询"，系统弹出"凭证查询"窗口，如图 9-31 所示。

图 9-31

（2）选中一张凭证，单击工具栏中的"删除"按钮可删除标识为"未审核"的凭证。

（3）单击工具栏中的"冲销"按钮，可以对当前标识为"记账"的凭证进行红字冲销操作，自动生成与原凭证相同的红字凭证。

（4）单击工具栏中的"单据"按钮，显示生成凭证的费用一览表。

（5）单击工具栏中的"凭证"按钮，显示单张凭证界面。

9.6　月末处理

　　每月的工资数据处理完毕后均要进行月末结转，即将当月数据处理后结转至下月。在工资项目中，有的项目是变动的，即每月的数据均不相同，在月末处理时，均需将此项目数据清零，到下个月时，再输入相应的数据，这样的项目称为清零项目（如夏季的高温补助，在冬天时就需要清零）。

　　（1）展开"业务处理"选项，选择"月末处理"，系统弹出"月末处理"窗口，如图 9-32 所示。

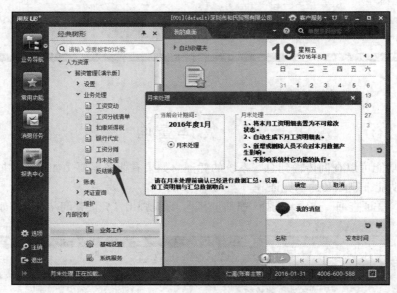

图 9-32

　　（2）仔细阅读月末处理提示，若要进行月末处理，则单击"确定"按钮，系统将提示"月末处理之后，本月工资将不许变动！继续月末处理吗？"，单击"是"按钮，系统将提示是否进行清零工作，如果是，则需要选择进行清零的项目。

　　（3）系统提示月末处理结束。

课后习题

　　（1）薪资管理系统是否只提供了一种工资类别？
　　（2）是否可以批量变动工资数据？

实验七　　工资管理

【实验目的】
1. 掌握工资管理的基础方法。
2. 掌握工资的日常业务处理。
3. 掌握工资报表的查询操作。

【实验内容】

1. 建立工资类别。
2. 分别导入部门信息和职员档案。
3. 设置工资项目。
4. 设置工资公式。
5. 录入工资数据。
6. 处理个人所得税。
7. 查询工资报表。

【实验资料】

1. 工资类别：管理人员。
2. 部门档案（见表 9-3）。

表 9-3 部门档案

代码	名称	工资类别
01	总经办	管理人员
02	财务部	管理人员
03	销售部	管理人员
04	采购部	管理人员
05	仓库	管理人员
06	生产部	管理人员
07	品管部	管理人员
08	行政部	管理人员

3. 职员档案（见表 9-4）。

表 9-4 职员档案

代码	姓名	部门	工资类别
01	何小川	总经办	管理人员
02	贺君兰	财务部	管理人员
03	李丽	财务部	管理人员
04	王力保	销售部	管理人员
05	叶小英	采购部	管理人员
06	谭艳	仓库	管理人员
07	张先	品管部	管理人员
08	谢至星	行政部	管理人员

4. 管理人员类别下的公式。

公式 1	应发合计=基本工资+奖金+福利费
公式 2	扣款合计=其他扣款+代扣税
公式 3	实发合计=应发合计−扣款合计

5. 管理人员工资（见表 9-5）。

表 9-5　　　　　　　　　　　　　　**管理人员工资**　　　　　　　　　　　单位：元

职员代码	职员姓名	基本工资	奖金	福利费	其他扣款
01	何小川	10 000	500	50	50.23
02	贺君兰	8 000	300	50	45.78
03	李丽	3 500	100	50	23.18
04	王力保	5 000	100	50	45
05	叶小英	3 200	100	50	59.30
06	谭艳	3 000	100	50	67
07	张先	2 800	100	50	23
08	谢至星	3 100	100	50	55

【实验步骤】

1. 以"李丽"的身份登录账套，新增管理人员和计件工资类别。
2. 导入部门信息。
3. 导入职员档案。
4. 新增管理人员类别下的公式。
5. 录入管理人员工资。
6. 设置所得税（设置个税扣除基数为 4 200 元）。
7. 计算个人所得税后，返回工资录入中导入个人所得税，再重新计算工资数据。
8. 录入计件工资数据。
9. 处理费用分配凭证。
10. 查询并设置工资条的格式。

第 10 章　出纳管理系统

学 习 目 标

通过本章的学习，了解现金日记账的处理方法和现金对账的方法，了解银行日记账的处理方法，了解银行对账单的录入、将对账单与银行日记账进行对账处理的方法、支票管理和各种出纳报表的查询方法等。

10.1　概述

企业财务一般设置会计、出纳两个岗位，会计管账，出纳管钱，实行分工合作，互相监督。

企业出纳人员使用出纳管理系统记录现金流水账、银行流水账，与银行对账，与会计所做的账务对账，购买支票，登记支票领用情况，打印支票，打印进账单。

即使没有启用出纳管理系统，出纳人员也可以在总账系统中进行部分出纳业务的处理。总账系统中的出纳管理是指在会计填制凭证之后，出纳在对涉及现金银行科目的凭证进行签字、查询、统计的管理；而出纳管理系统中的业务与会计是否在总账系统中填制了凭证无关，可以独立记录出纳业务。

10.2　系统设置

系统设置包括账套参数设置、用户权限设置、账户管理设置。

10.2.1　账套参数设置

账套参数设置如图 10-1 所示。

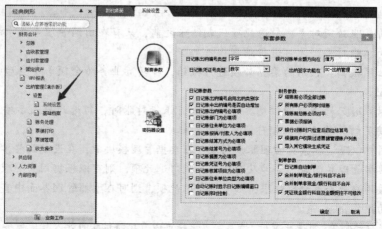

图 10-1

"账套参数"窗口中的部分内容介绍如下。

- 日记账出纳编号类型：设置日记账中出纳编号一列的排序规则，可以选择按照字符型排序，也可选择按照数字型排序。默认为字符型。
- 日记账凭证号类型：设置日记账中凭证号一列的排序规则，可以选择按照字符型排序，也可选择按照数字型排序。默认为数字型。
- 银行对账单余额方向在：在使用银行对账功能前，需要在此设置其银行对账单的余额方向。这里提供了两种出纳管理的余额方向，默认的方向在借方。如果需要将日记账的借方与录入对账单的借方对账，则在此需要选择余额在借方；如果需要将日记账的借方与录入对账单的贷方对账，则在此需要选择余额在贷方。
- 出纳签字功能在：此项控制出纳签字功能是从总账系统中使用，还是从出纳管理系统中使用。
- 日记账出纳编号启用出纳类别字：此项控制日记账编辑时出纳编号的规则，当不勾选此项时，出纳编号为普通的编号，当勾选此项时，编号前缀按照定义好的出纳类别字显示。
- 日记账中出纳编号是否自动增加：勾选此项后，添加一行日记账信息，下一条日记账信息的出纳编号就会自动加 1。
- 日记账部门为必填项：录入日记账时，日记账部门一列为必填项，不可忽略。
- 日记账往来单位为必填项：录入日记账时，日记账往来单位一列为必填项，不可忽略。
- 日记账报销/付款人为必填项：添加日记账时，日记账报销/付款人一列为必填项，不可忽略，显示在日记账界面就为职员一项。
- 日记账结算方式为必填项：录入日记账时，日记账结算方式一列为必填项，不可忽略。
- 日记账结算号为必填项：录入日记账时，日记账结算号一列为必填项，不可忽略。
- 日记账摘要为必填项：录入日记账时，日记账摘要一列为必填项，不可忽略。
- 日记账凭证号为必填项：录入日记账时，凭证号一列为必填项，不可忽略。
- 日记账核算项目为必填项：录入日记账时，日记账核算项目一列为必填项，不可忽略。
- 日记账往来单位类型为必填项：用户添加日记账时必须填写往来单位项，不可忽略。
- 自动记账时显示日记账编辑窗口：是否勾选此项决定当票据领用或报销自动记账时是否弹出日记账编辑界面。
- 结账前必须全部过账：该账套内的各个账户在月末结账前必须全部过账。
- 所有账户必须同时结账：如果有多个银行账户，则结账时必须同时操作，不可对某一账户单独结账。
- 结账前总账必须对平：勾选此项代表结账之前，只有在出纳管理系统中的出纳账与财务软件的总账对平，才可进行结账操作。
- 票据必须报销：领用的票据必须进行报销，即实际业务（金额）发生后必须及时进行报销处理。
- 银行对账时只检查后四位结算号：在进行银行对账时，勾选此项表示按照结算号对账，只要满足结算号后四位相符便可自动对账。
- 根据用户权限过滤票据管理账户列表：在票据管理模块中，在设定某些票据账户不需要显示在票据管理界面时，会涉及此项。如果勾选此项，则可以根据用户管理中的用户权限来设定该用户是否有修改权限；如果不勾选此项，则可在票据管理界面中直接进行过滤票据账户的操作。
- 日记账自动制单：勾选此项后，填写完日记账可以直接将该账目导入其他财务软件中生成凭证。

10.2.2 用户权限设置

用户权限用来定义某个用户具体的操作权限，其中包括账务处理、票据权限、票据管理权限、基础数据权限、系统设置权限等，如图 10-2 所示，用户可以根据不同需要来定义各种权限。设置用户权限的方法是，进入用户权限管理界面后，可以看到 U8 中的所有用户，通过"设置权限"功能来设置用户具体的使用权限。

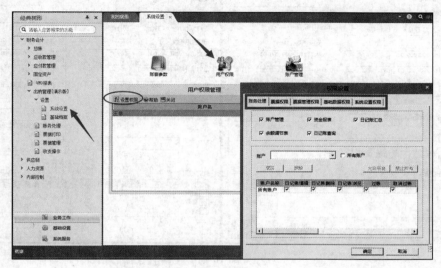

图 10-2

10.2.3 账户管理设置

出纳对资金的收入、支出、结存进行登记时，往往要设置多个账户才能满足管理的需要，本模块可以使用用户设置多个出纳账户。账户分为现金账户和银行账户。

例10-1 某单位于 2016 年 1 月建立了一个现金账户，现金人民币日记账的期初余额为 40 000 元。建立的账户如图 10-3 所示。

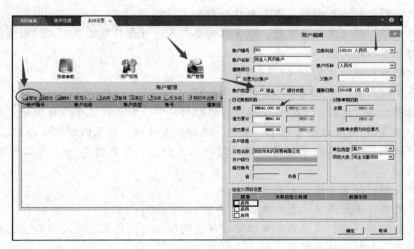

图 10-3

例10-2 某单位于2016年1月建立了两个银行账户，招商银行人民币账户期初余额为 200 000 元，工商银行人民币账户期初余额为 200 000 元。建立的账户如图 10-4 所示。

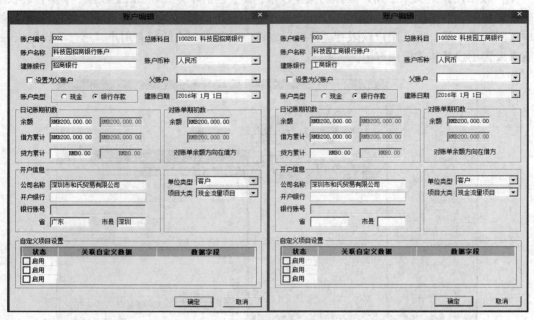

图 10-4

"账户编辑" 窗口中的部分内容介绍如下。

● 总账科目：当需要和用友财务通或 U8 中的总账系统进行对账时，在此可指定总账系统中的科目，即将该账户中的日记账信息与总账系统中的该科目信息进行对账。

● 账户名称：存款人以单位名称在银行开立银行结算账户，为单位银行结算账户。每个单位可能有多个银行账户，为了区分，一般以各银行名称作为账户名。

● 账户币种：在 U8 出纳管理系统中支持外币业务，在此可以选择一种货币作为记账本位币。

● 建账银行：指的是哪个银行的账户。在资金报表中将会用到。

● 账户类型：账户类型包括现金和银行存款。

● 建账日期：建立账户的日期。默认当前日期，也可在日期处单击，弹出选择日期窗口，进行相应日期的选择。

● 日记账期初数：建账时日记账的期初余额。

● 对账单期初数：建账时对账单的期初余额。

● 对账单余额方向在借方：在使用银行对账功能前，需要在账套参数中设置其银行对账单的余额方向，U8 出纳管理系统提供了两种余额方向，默认的方向在借方。

● 开户信息：本单位在银行建立账户时的基本信息。开户信息一定是客户信息中存在的信息。

● 单位类型：设置单位客户的类型。

● 项目大类：设置项目大类的内容。

● 自定义项目设置：需要添加日记账中缺少的项目时，设置自定义项目，主要关联自定义数据中添加的项目内容等。

账户录入完毕后，需启用账户才能使用，如图 10-5 所示。

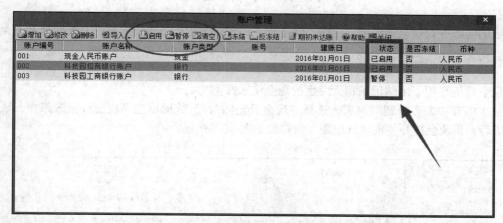

图 10-5

账户可以启用、暂停、清空、冻结、反冻结。

当日记账的期初数与对账单的期初数不等时，该账户无法启用，需要先进行期初未达账的设置。

如果某单位日记账的期初数为 498 000 元，银行对账单的期初数为 500 000 元，发现银行已经收到但企业未入账的金额为 1 500 元，银行已付但企业未付账的金额为 4 500 元，企业账面已经支付但银行未支付的金额为 5 000 元，则需要在"企业未达账"中录入这部分金额。

10.3 基础档案

出纳管理系统的基础档案设置包括票据用途、券别信息、自定义数据、参数设置、出纳类别字。图 10-6 所示为增加了两个出纳类别字 —— "收款"和"付款"。

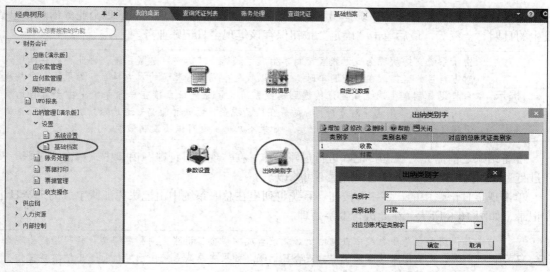

图 10-6

10.4 账务处理

出纳的账务处理包括现金日记账、现金盘点、银行日记账、银行对账、总账对账和月结。

10.4.1 现金日记账

现金日记账用于出纳记录每天发生的现金流水账。

（1）展开"账务处理"选项，选择"现金日记账"，系统提示选择现金日记账账户，账户选择完毕后，系统会打开"现金日记账"窗口，如图 10-7 所示。

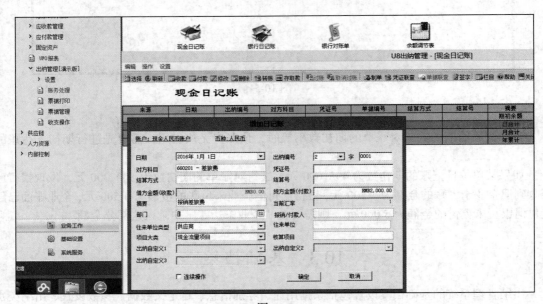

图 10-7

（2）单击"付款"按钮，系统弹出"增加日记账"窗口，在此录入一笔现金业务信息，包括发生的日期、金额等，最后单击"确定"按钮保存该笔现金日记账业务。

> **提示** 由于系统支持从现金日记账直接制单生成记账凭证并传递到总账系统，因此可以在此填入对方科目，这样，在系统制单时，就可以找到生成记账凭证的对方科目。如果不考虑从现金日记账制单生成记账凭证传递到总账系统（记账凭证直接在总账系统中由会计自己制单），则在此不用选择对方科目。如果在填制现金日记账时能够知道总账系统中该笔业务的记账凭证，则可以在此填入凭证号，如果不知道，则可以不填制该项。

准备结账之前需先对观念日记账进行过账操作，在"现金日记账"窗口中，单击"过账"按钮进行过账，过账后的观念日记账信息不可修改。

单击现金日记账中的"签字"按钮，系统将列出在总账系统中由记账凭证所生成的现金日记账记录，如图 10-8 所示，在此进行签字处理。

> **提示** 如果需要在总账系统中查询由记账凭证生成的现金日记账，则需要将会计科目指定为现金科目，才能出来总账系统中的现金日记账。如果在总账系统中已经执行了出纳签字操作，则在此不需要再执行出纳签字操作。

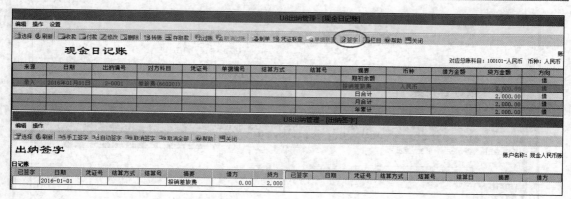

图 10-8

10.4.2　现金盘点

现金盘点是用来进行每日现金的实盘数与现金日记账的对账工作，如图 10-9 所示。

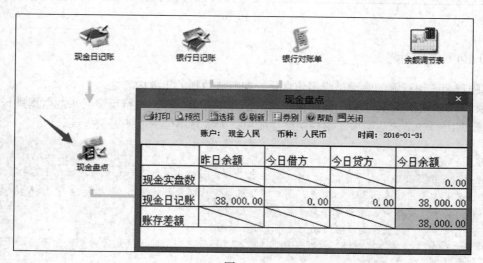

图 10-9

"现金盘点"窗口中的内容介绍如下。

- 现金实盘数：出纳人员实际盘点的现金数目。其中，"今日余额"是指当日盘点后的现金数目，双击该单元格，直接输入数据即可。
- 现金日记账：现金日记账的发生额。
- 账存差额：现金实盘数与现金日记账的差额。

10.4.3　银行日记账

银行日记账用于出纳记录银行业务发生的日记账，与现金日记账原理一样，如图 10-10 所示。

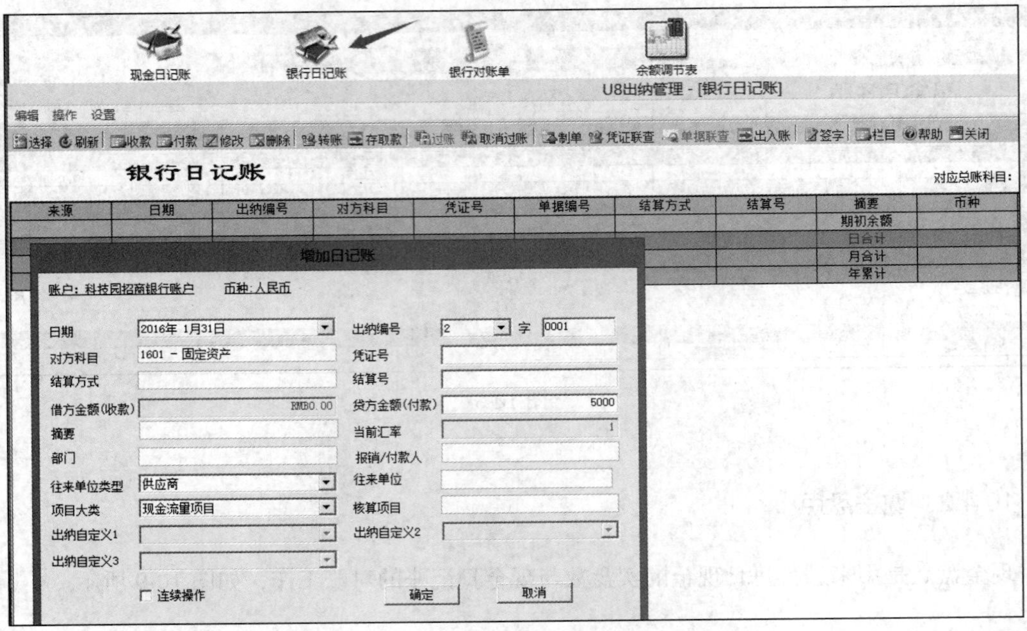

图 10-10

10.4.4 银行对账

加强现金、银行账的管理是应用信息化处理财务数据的重要内容之一。

银行对账是指将核算单位所做的银行账数据和核算单位开户银行反馈回来的数据进行勾对，以及时查询出哪些是未达账项，哪些是已达账项，为核算单位的业务提供指导。

会计知识：银行对账

银行对账的工作通常在月末进行，由会计人员将银行存款的账面余额与开户银行转来的对账单的余额核对一次。如果由清查人员进行清查，则事前要取得银行存款的对账单，并把本单位银行存款的账面结清，再将二者逐笔核对，查明账实是否相符及其差异原因。造成账实不符的原因有两方面：一是双方记账出现了差错，二是双方无错的情况下，未达账项的存在造成双方银行存款余额不一致。

未达账项是指核算单位与银行双方在凭证传递的过程中，由于凭证接收时间的差异造成记账时间不一致，从而发生一方已经入账，另一方尚未入账的事项。

实际业务中，比如核算单位开出了一张 10 万元的转账支票给 A 供应商，然后在核算单位的银行账数据上记录下已付 A 供应商 10 万元的数据，但是 A 供应商根本就没有将这张转账支票去核算单位的开户银行进账（或者因为该张支票填写失误而没有执行），这就有可能造成核算单位所做的银行账的数据（已转账 10 万元给 A 供应商）和核算单位开户银行所反馈回来的数据（转账 10 万元给 A 供应商的这笔业务不存在）不一致，于是就需要用到银行对账来处理。

用友系统提供自动对账和手工对账两种方式。

- 自动对账是由系统进行银行对账，系统根据银行日记账未达账项与银行对账单进行自动核对、勾销，一般情况下，有"结算方式+结算号+方向+金额"或"方向+金额"两种方式。
- 手工对账是对自动对账的补充。执行完自动对账后，如果一些特殊的已达账项尚未勾对出来而被视作未达账面，则可以通过手工对账进行勾销。

● 系统要求对账的科目是在科目设置时定义为"银行账"辅助账类的科目。

● 对账单文件中的一条业务记录与银行日记账未达账项文件中的一条业务记录相同时，系统能自动核销已对账的记录。

注意

● 对账单文件中的一条业务记录与银行日记账未达账项文件中的多条业务记录相同、对账单文件中的多条业务记录与银行日记账未达账项文件中的一条业务记录相同、对账单文件中的多条业务记录与银行日记账未达账项文件中的多条业务记录相同时，均不能由系统自动核销已对账的记录，只能通过人工挑选相应的业务，进行强制核销处理。

1. 录入银行对账单

银行对账单是核算单位开户银行所反馈回来的对账单据，将其手工录入总账系统中（也可以将符合需求格式的电子文档直接导入总账系统中），如图 10-11 所示。

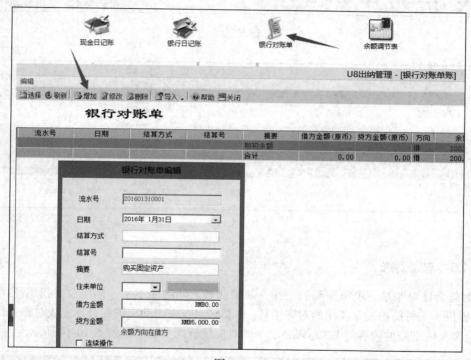

图 10-11

🐝 **说明**　单击"导入"按钮可以从系统外的文件中导入银行对账单的数据。

2. 开始银行对账

当进行银行对账时，可以选择自动对账，也可以选择手工对账。如果企业的银行日记账记录与银行对账单的记录相匹配，则在勾对项中标注上勾选字符，如图 10-12 所示。

可以单击"取消"按钮取消对账字符。

3. 查询余额调节表

对账完毕后，系统会自动生成银行存款余额调节表，此表是先前输入截至对账日期的余额调节表，若无对账截止日期，则为最新余额调节表，目的是检查对账是否正确，如图 10-13 所示。

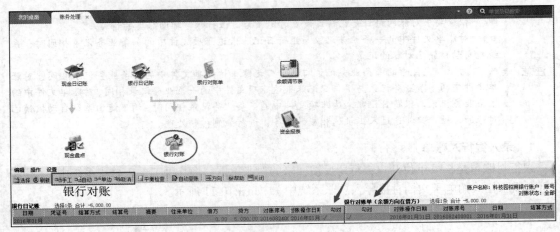

我的桌面
账务处理
现金日记账
银行日记账
银行对账单
余额调节表
资金报表
现金盘点
银行对账
编辑 操作 设置
选择 刷新 手工 自动 单边 取消 平衡检查 自动登账 方向 帮助 关闭
银行对账
账户名称：科技园招商银行账户 账号
对账状态：全部
银行日记账 选择1条 合计 -5,000.00
日期 凭证号 结算方式 结算号 摘要 往来单位 借方 贷方 对账序号 对账操作日期 勾对
银行对账单（余额方向在借方） 选择1条 合计 -5,000.00
勾对 对账操作日期 对账序号 日期 结算方式

图 10-12

现金日记账
银行日记账
银行对账单
余额调节表
余额调节表
输出 打印 预览 明细 刷新 帮助 关闭
账户名称 日期 银行账面存款余额 加：银行未收账款 减：银行未付账款 调整后余额 企业账面存
科技园工商银行账户 2016年08月24日 200,000.00 0.00 0.00 200,000.00
科技园招商银行账户 2016年01月31日 195,000.00 0.00 0.00 195,000.00
总计 人民币：395000.00 人民币：0.00 人民币：0.00 人民币：395000.00 人民

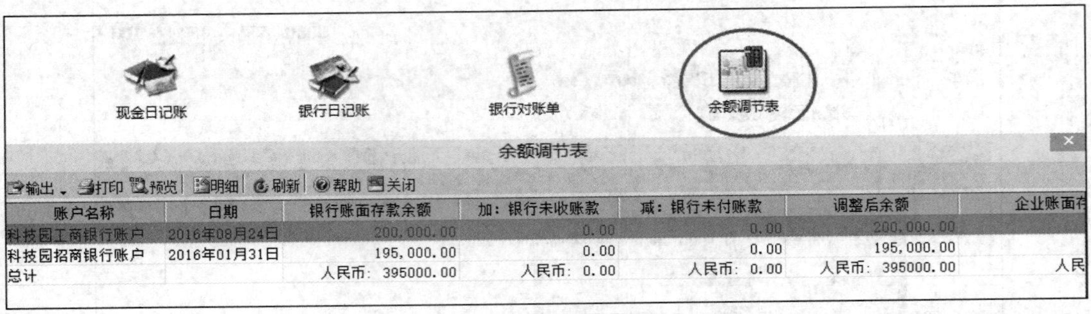

图 10-13

10.4.5 总账对账

出纳与会计对账是一项很重要的工作，如果两者之间的账不平，则应及时找出原因。用友 U8 系统提供了一种简单而又实用的对账工具，即总账对账来协助出纳和会计完成对账工作。此处的总账金额及明细账的内容与 U8 总账系统中的对应凭证同步显示，如图 10-14 所示。

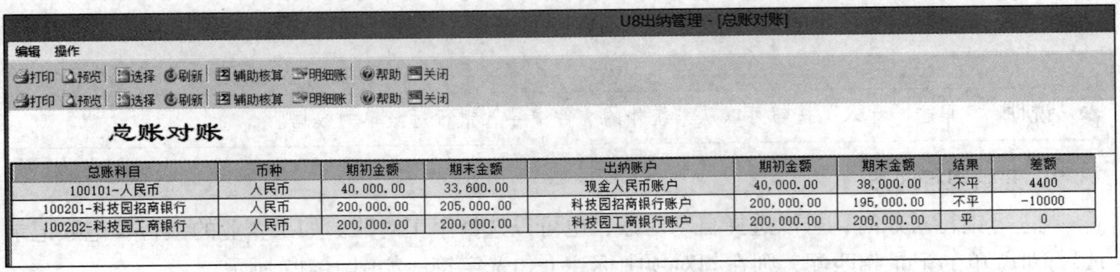

U8出纳管理 - [总账对账]
编辑 操作
打印 预览 选择 刷新 辅助核算 明细账 帮助 关闭
总账对账
总账科目 币种 期初金额 期末金额 出纳账户 期初金额 期末金额 结果 差额
100101-人民币 人民币 40,000.00 33,600.00 现金人民币账户 40,000.00 38,000.00 不平 4400
100201-科技园招商银行 人民币 200,000.00 205,000.00 科技园招商银行账户 200,000.00 195,000.00 不平 -10000
100202-科技园工商银行 人民币 200,000.00 200,000.00 科技园工商银行账户 200,000.00 200,000.00 平 0

图 10-14

10.4.6 月结

月结，即每月在指定的时间进行结账操作。本期所有的出纳业务处理完毕之后，就可以进行出纳结账的处理，如图 10-15 所示。首先在"系统设置"的"账套参数"中指定月结的条件，如月结前必须全部过账、所有账户必须同时结账。一旦进行结账，本期的出纳日记账、银行对账单数据将不能进行修改，也不能新增本期的各项数据。

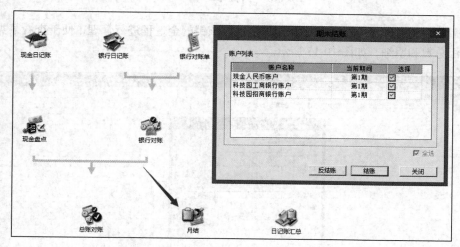

图 10-15

🐝　说明　　单击"结账"按钮，会计期间会过渡到下一期间；单击"反结账"按钮，会计期间会恢复到前一期间。

10.5　票据打印

票据打印模块集合了票据模版设计、打印、单张票据的查询、多张票据的联查、票据的汇总、票据的关联、票据的自动记账等多种实用操作。

出纳在票据方面的日常工作主要包含填制支票和进账单，可以通过用友提供的票据打印功能进行支票进账单的套打，如图 10-16 所示。

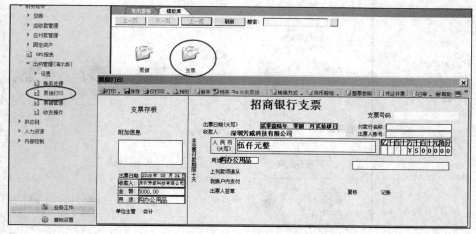

图 10-16

票据打印之后，系统会自动记录曾经打印过的票据内容，后期可以进行查询。

10.6 票据管理

票据管理是对任意票据的添加、领用、报销、核销的全过程进行管理，便于查看某类票据不同状态的汇总数和明细，如图 10-17 所示。

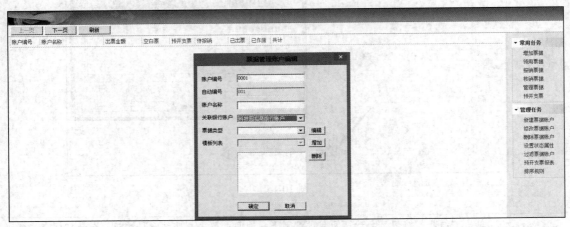

图 10-17

10.7 收支操作

收支与应收款管理系统和应付款管理系统的数据相关联，如图 10-18 所示，如根据付款申请单（付款申请单在应付款管理系统中增加）生成付款单（付款单将被传回应付款管理系统中形成付款单）。

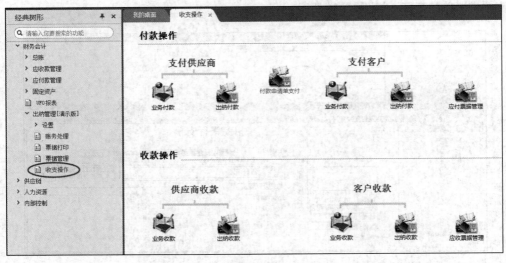

图 10-18

选择应收款管理系统中的收款单，也可以登记记入收款流水账中，如图 10-19 所示。

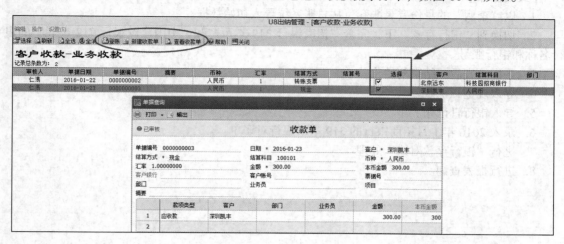

图 10-19

课后习题

（1）是否可以导入银行对账单？

（2）票据打印时，是否可以自定义票据格式？

实验八 现金管理

【实验目的】

1. 掌握出纳管理系统的功能。

2. 掌握现金日记账和银行日记账的处理方法。

【实验内容】

① 初始化设置。

② 导入现金日记账、银行日记账。

③ 录入银行对账单。

④ 银行存款对账。

⑤ 报表查询。

【实验资料】

2016 年 1 月招商银行的 319 本币银行对账单（见表 10-1）。

表 10-1   银行对账单   单位：元

日期	摘要	结算方式	结算号	借方金额	贷方金额
2016-01-08	提备用金	现金	201601601	12 000	0
2016-01-23	购买专利	支票	201601602	200 000	0
2016-01-24	支付物料清洁费	支票	201601603	1 200	0

【实验步骤】

1. 以"李丽"的身份登录账套，从总账系统导入初始数据。

2. 切换到"银行存款"下，完善"招商银行 319 本币"和"中国建设银行 712 美元"的银行名称和银行账号。

3. 平衡检查后，结束初始化。

4. 导入现金日记账。

5. 导入银行日记账。

6. 录入 2016 年 1 月招商银行的 319 本币银行对账单。

7. 进行"银行存款对账"处理。

8. 进行报表查询。

第11章 业务系统

---学习目标---

通过本章的学习，了解业务系统（采购管理系统、销售管理系统、库存管理系统、存货管理系统）各模块间的数据传递关系，了解业务系统中单据的基本使用和各种报表的查询方法。

11.1 概述

用友 U8 中的业务系统指的是采购管理系统、销售管理系统、库存管理系统、存货核算系统四大模块，俗称供应链系统。业务系统可以满足企业需要同步管理物料动态、即时了解销售订单情况、即时采购进度和即时核算材料成本等需求。业务系统既适合工业会计人员使用，也适合各业务部门自行使用，如销售部门负责销售管理系统的应用、采购部门负责采购管理系统的应用。业务系统的数据传递关系如图 11-1 所示。

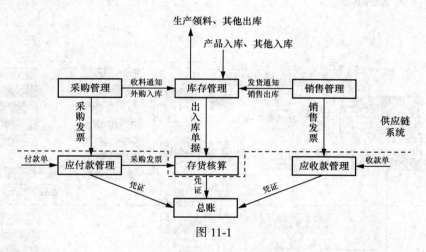

图 11-1

1. 采购管理系统

采购管理系统主要负责材料的采购业务，接收物料需求计划系统传递的"采购计划"，也可手工录入采购订单（采购订单可以参照销售订单生成），根据订单生成采购入库单，由采购入库单生成采购发票以达到正确核算材料成本的目的，采购发票传递到应付款管理系统以供"付款单"结算处理。可以随时查询或跟踪采购订单的完成情况。采购业务到财务处理业务的流程如图 11-2 所示。

2. 销售管理系统

销售管理系统主要负责销售业务的处理。销售业务包括销售报价、销售订单、销售出库和销售发票，销售出库单与库存管理连接使用形成数据共享，销售发票传递到应收款管理系统中供"收款单"结算处理。可以随时查询或跟踪销售订单的执行情况。销售业务到财务处理业务的流程如图 11-3 所示。

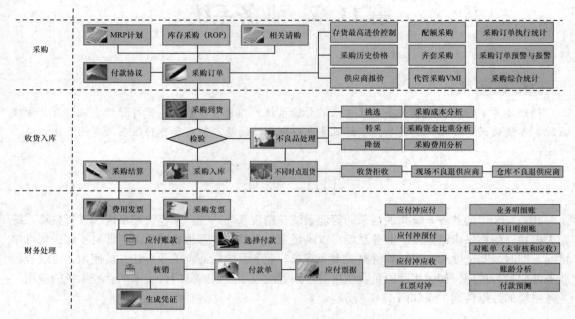

图 11-2

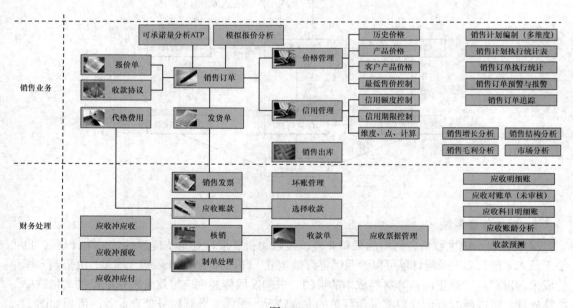

图 11-3

3. 库存管理系统

库存管理系统主要负责企业的物料管理业务，从采购管理系统接收"采购入库单"，从销售管理系统接收"销售出库单",处理日常的生产领料业务、成品入库业务和其他物料业务,如盘点业务、盘亏盘盈等。可以随时查询库存情况、库存台账、收发存汇总等的报表。

4.存货核算系统

存货核算系统主要负责物料成本的核算工作,接收从库存管理系统传递的各种出入库单据,先核算入库成本,再核算出库成本,从而及时了解企业的库存资金是否合理。可以随时查询采购成本、销售成本和生产成本等的报表。各种出入库单据可以生成凭证传递到总账系统,以供总账系统会计进行账务核算使用。

从库存业务到存货核算业务的流程如图 11-4 所示。

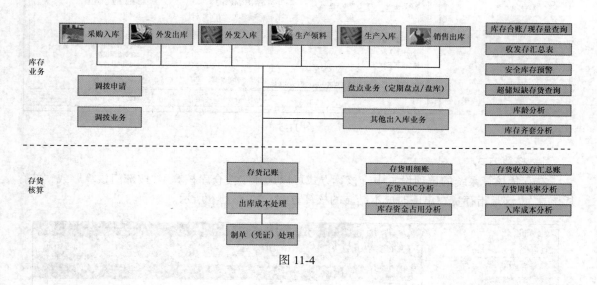

图 11-4

11.2　初始设置

初始设置是对用友 U8 系统的核算参数和基础资料进行设置,如只有设置了某年某月开始使用本系统,才能知道期初数据应该录入什么数据;只有基础资料设置成功,才能正常进行单据处理。

11.2.1　系统参数设置

在每个系统模块的"选项"中,都可以设置该系统模块的业务参数,如在销售管理系统中,展开"设置"选项,选择"选项",系统弹出"销售选项"窗口,如图 11-5 所示。

每个业务参数的设置都会影响到系统中的业务控制,如在销售管理系统的选项设置中,如果勾选了"普通销售必有订单"复选框,则表示销售中的所有业务都必须先有销售订单,后期的销售发货单、销售开票都必须参照销售订单生成,而不能在无销售订单的情况下,独自增加销售发货单或销售开票。

销售管理系统的业务参数设置完毕后,再分别在采购管理系统、库存管理系统中进行选项设置。

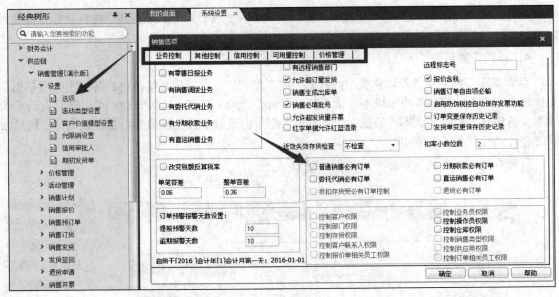

图 11-5

1. 核算方式

在存货核算系统的选项设置中，核算方式可以选择"按仓库核算""按部门核算"或"按存货核算"，这是指存货在出库时成本结转的核算方式，如图 11-6 所示。

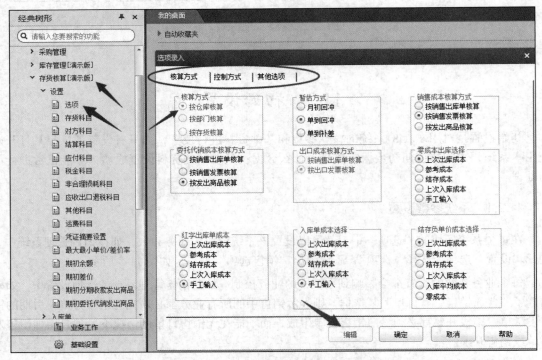

图 11-6

如果选择"按仓库核算",则按仓库在仓库档案中设置计价方式(请参阅本书 4.2.6 小节的仓库档案设置),并且每个仓库单独核算出库成本;如果选择"按部门核算",则在仓库档案中按部门设置计价方式,并且所属部门相同的各仓库统一核算出库成本;如果选择"按存货核算",则按用户在存货档案中设置的计价方式进行核算。

只有在期初记账前,才能将按存货核算的计价方式改为按仓库核算或按部门核算,或者将按仓库核算或按部门核算的计价方式改为按存货核算。这里选择"按仓库核算"。

> **提示**　用友 U8 系统建账后的默认核算方式是"按仓库核算",并且在建立仓库档案时,默认仓库的计价方式是"全月平均法",很多用户在建账后直接使用用友系统的默认设置,在后期的业务中,如果出现一个月内在两个仓库之间的同一存货往返调拨,则成本计算将会非常麻烦,因为涉及存货调拨入库时的取价问题,而调拨入库单价又取自调拨出库时的单价,又因为是一个月内往返调拨,并且使用的还是"全月平均法"(每个仓库中的存货成本价在仓库期末处理后才能出来),这就出现了存货中的一个循环取价的悖论。所以建议在此选择"按存货核算",并且存货档案设置中存货的计价方式选择为"移动平均法",这样,不管存货在哪个仓库中,其出库成本价都一样,但这样设置时要注意,当存货入某仓库时的单价低(或单价高),而出该仓库时的成本价高(或成本价低),在存货核算中查询该仓库中的数据时,可能会出现该仓库存货的数量为 0,而金额的余额却为负数或正数的情况(这是因为系统在查询该仓库时直接用出库金额减去入库金额),这是正常现象,只要不是查询某一仓库,而是查询所有仓库,总数量与总金额是能对应得起来的。此外,也有企业有多个仓库,希望将指定的仓库进行绑定与其他几个绑定的仓库分开计算成本,互不影响,那就可以选择"按部门核算",在仓库档案设置中将需要绑定的仓库的所属部门设置成一个部门就可以,并且这几个仓库档案的计价方式保持一致。

2. 暂估方式

暂估是指采购入库的货到票(采购发票)未到时,暂时估计该到货的入库成本,在此设置暂估成本的回冲方式。这里选择"单到回冲"。

3. 销售成本核算方式

如果选择"按销售出库单核算",则库存管理系统中的销售出库单会传递到存货核算系统中来记账,生成主营业务成本;如果选择"按销售发票核算",则系统会将销售管理系统中的销售发票传递到存货核算系统中来记账,生成主营业务成本;如果选择"按发出商品核算",则库存管理系统中的销售出库单传递到存货核算系统中来记账,生成发出商品,将销售管理系统中的销售发票传递到存货核算系统中来记账,生成主营业务成本,并冲销发出商品。这里选择"按发出商品核算"。

> **提示**　由于销售发票才是企业形成应收账款的凭证(被认为是企业的资产),但是往往先送货给客户(库存中的销售出库单),而销售发票却可能隔一段时间(如跨月,甚至更长时间)才会开出来,为了确认销售应收款和主营业务成本相匹配,往往在销售开票时一边确认应收账款,一边结转主营业务成本,于是就会选择"按销售发票核算",但这样,在财务账上又无法体现出销售出库的数据,所以很多时候也选择"按发出商品核算",这样在财务科目上才会体现出发出商品(发货未开票的数据)和主营业务成本(发货已开票的数据)。

11.2.2　科目设置

存货核算系统接收来自于库存管理系统中的各种出入库单据,然后通过单据记账命令,自动计算各种物料的入库成本、出库成本,最终将业务单据通过制单命令生成记账凭证传递到总账系统中。

　　在制单生成记账凭证时，系统根据存货核算系统中的科目设置，自动找到记账凭证的借方、贷方的会计科目。

　　在存货核算系统的科目设置中设置系统生成凭证所需要的各种存货科目、差异科目、分期收款发出商品科目、委托代销科目、运费科目、税金科目、结算科目和对方科目等。用户在制单之前应先在此正确并完整地设置存货科目，否则无法生成完整的凭证。

1. 存货科目

　　存货科目包含生成凭证所需要的各种存货科目、差异科目、分期收款发出商品科目、委托代销科目，系统制单生成凭证时会自动带出相应的会计科目。

例11-1　参照表11-1录入存货科目

表 11-1　　　　　　　　　　　　　　　　　存货信息

存货分类编码	存货分类名称	存货科目编码	存货科目名称
01	电脑	1405	库存商品
02	手机	1405	库存商品

　　（1）在存货核算系统中，展开"设置"选项，选择"存货科目"，系统弹出"存货科目"窗口，如图11-7所示。

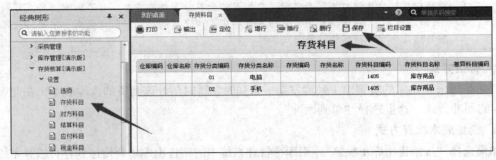

图 11-7

　　（2）单击工具栏中的"增行"按钮，系统新增一项空白的存货科目记录。

　　（3）双击空白记录的项目栏，设置存货科目，然后参照例11-1录入其他数据。

2. 对方科目

　　对方科目功能用于设置生成凭证需要的存货对方科目（即收发类别）所对应的会计科目，即设置各种不同业务行为所对应的会计科目。

例11-2　参照表11-2录入对方科目

表 11-2　　　　　　　　　　　　　　　　　对方科目

收发类别编码	收发类别名称	对方科目编码	对方科目名称
11	采购入库	1401	材料采购
23	销售出库	6401	主营业务成本

　　（1）在存货核算系统中，展开"设置"选项，选择"对方科目"，系统弹出"对方科目"窗口，如图11-8所示。

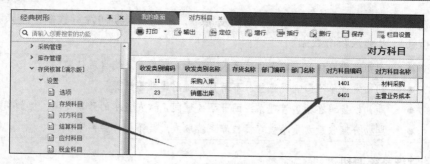

图 11-8

（2）单击工具栏中的"增行"按钮新增一项空白记录，然后参照例 11-2 录入对方科目。

11.2.3 初始数据录入

第一次启用各功能模块时，还需要将截至该模块启用时尚未处理完成的业务单据和期初数据录入各功能系统中，以便后期业务处理时引用，使前后业务的处理有着连续性。例如，如果账套从 2016 年 1 月 1 日开始启用，则需要盘点仓库中各存货的数量，然后录入库存管理系统中作为该账套库存的期初余额；然后录入一些未处理完成的单据，如有一些销售发票是在 2010 年 11 月产生的，但是该张销售发票并没有完全核销（即客户尚有未付清该张发票的应收账款），于是在录入期初余额时，就需要录入该张销售发票的基本信息作为期初销售单据，为 2010 年执行销售收款核销时使用。

如果系统中上年已经启用了用友软件，则可以在系统管理中使用"结转上年数据"功能，将上年度该模块系统的期末数据自动结转到本年，形成该模块系统的期初数据。

1. 销售管理系统期初

销售管理系统的期初数据是指在启用销售管理系统之前尚有未处理完成的数据。

期初发货单可处理建账日之前已经发货、出库，但尚未开发票的业务，包括普通销售、分期收款发货单。

用户可以录入启用日之前已经发货但未完全结算的委托代销发货单。如果在销售选项设置时没有勾选有委托代销业务，则本功能将被关闭。

（1）在销售管理系统中，展开"设置"选项，选择"期初发货单"，系统弹出"期初发货单"窗口，如图 11-9 所示。

图 11-9

（2）单击"增加"按钮，可新增一张期初发货单，在此录入期初发货数据，录入完毕后，单击"审核"按钮，以确认新增数据。

2. 采购管理系统期初

采购管理系统的期初记账是指将采购期初数据记入有关采购账、受托代销商品采购账中。期初记账后，期初数据不能增加、修改，除非取消期初记账。

期初记账后输入的入库单、发票都是启用月份及以后月份的单据，在"月末结账"功能中记入有关采购账。

期初数据包括期初暂估入库、期初在途存货、期初受托代销商品。

（1）期初暂估入库。将启用采购管理系统时，没有取得供货单位的采购发票，而不能进行采购结算的入库单录入系统，以便取得发票后进行采购结算。录入期初暂估入库单就是指在尚未进行采购记账时，在采购管理系统中录入采购入库单。

（2）期初在途存货。将启用采购管理系统时，已取得供货单位的采购发票，但货物没有入库，而不能进行采购结算的发票录入系统，以便货物入库后填制入库单时进行采购结算。录入期初在途存货就是指在尚未进行采购记账时，在采购管理系统中录入采购发票。

（3）期初受托代销商品。将启用采购管理系统时，没有与供货单位结算完的受托代销入库记录录入系统，以便在受托代销商品销售后，能够进行受托代销结算。录入期初受托代销商品就是指在尚未进行采购记账时，在采购管理系统中录入期初受托代销商品单。只有在建账时，账套的企业类型被选择为商业才会有受托代销业务。

（1）在进行采购期初记账前，需要先将期初暂估入库、期初在途存货、期初受托代销商品录入采购系统中。

（2）在采购管理系统中，展开 "设置"选项，选择"采购期初记账"，系统弹出"期初记账"窗口，如图 11-10 所示。

（3）单击"记账"按钮，系统提示记账成功。记账后如果需要取消记账，则在"期初记账"窗口中单击"取消记账"按钮即可。

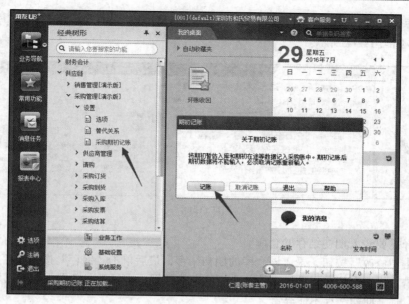

图 11-10

注意 如果是以"demo"操作员的身份进入 999 电子行业演示账套进行操作,则系统会提示"已有其他会计月份结账或者存货核算系统已经期初记账,或者本系统有结算单,不能取消期初记账!",这是因为 999 电子行业演示账套数据中的采购管理系统已经执行了结算等操作。如果想要详细了解期初记账的操作方式,则需要建立一套新账进行操作。

3. 库存管理和存货核算系统期初

库存管理系统和存货核算系统期初用于录入使用库存管理系统前各仓库各存货的期初结存情况(即启用库存管理系统时的库存现状,所以需要在此时进行盘点,然后将盘点数据录入库存管理系统中作为期初结存)。不进行批次管理、保质期管理的企业,只需录入各存货期初结存的数量;进行批次管理、保质期管理、出库跟踪入库管理的企业,需录入各存货期初结存的详细数据,如批号、生产日期、失效日期、入库单号等;进行货位管理的企业,还需录入货位。

库存管理系统期初和存货核算系统期初有可能是一致的,如不参予成本核算的仓库,则该仓库中的存货业务只在库存管理中处理,在存货核算中不处理,所以该仓库的期初则只在库存管理中录入,在存货核算中不录入。库存管理期初可以只录入存货的数量,不录入金额,而存货核算期初则必须录入金额。库存管理系统期初有一栏期初入库日期,用于库存库龄分析时使用。

注意 如果库存管理系统和存货核算系统的期初数据不是同时录入的,则库存管理系统和存货核算系统可先后启用,不必同时启用,即允许先启用存货核算系统再启用库存管理系统,或者先启用库存管理系统再启用存货核算系统。

例11-3 在库存管理系统中参照表 11-3 录入存货的期初结存数据。

表 11-3 　　　　　　　　　　　　　　存货的期初结存数据

仓库	存货名称	数量/件	成本单价/元
深圳商品仓	ThinkPadE450	10	4 500
深圳商品仓	vivo Xplay5	30	3 200

（1）在库存管理系统中，展开"设置"选项，选择"期初结存"，系统打开"库存期初数据录入"窗口，如图 11-11 所示。

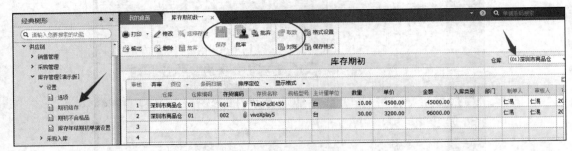

图 11-11

（2）选择需要录入期初结存的仓库。

（3）单击"修改"按钮，录入该仓库的期初结存，最后单击"保存"按钮保存期初数据。

（4）单击"批审"按钮，批量审核该仓库的期初数据。有日常业务发生（如已填制了其他的出入库单据）时，期初结存不能弃审。

说明　单击"取数"按钮，库存管理系统中的期初结存可以从存货核算系统的期初数中进行取数，这是因为存货核算系统与库存管理系统中的期初数应保持一致，所以不必录入两次。只有在第一年启用时，才能使用取数功能；以后年度结转上年后，取数功能不能使用，系统自动结转期初数据。

注意　单击"审核"按钮只能审核仓库中当前指定的某一存货的初始数据，单击"批审"按钮才能审核当前仓库中所有的初始数据。

单击"对账"按钮，将库存管理系统的期初数据与存货核算系统相同月份的期初数据进行核对，并显示核对不上的数据，如图 11-12 所示。

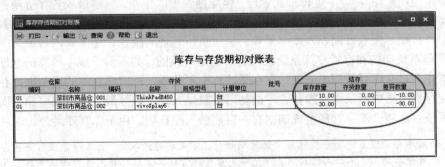

图 11-12

如果在库存管理系统中已经录入了期初数据，则可以单击"取数"按钮，从库存管理系统中将期初余额数据取至存货核算系统中。

（5）参照例 11-3 录入期初数据（如果在库存管理系统中已经录入了期初数据，则可以单击"取数"按钮，从库存管理系统中将期初数据取到存货核算系统中，然后再录入各期初所对应的会计科目），当期初余额录入完毕后，单击工具栏中的"记账"按钮对期初余额进行记账。

提示

库存管理系统和存货核算系统的期初数据可以分别录入，也可以各自从对方系统中取得期初余额数据，在"期初余额"窗口中，单击"对账"按钮，系统将库存管理系统和存货核算系统的期初余额数据进行对账，若库存管理系统与存货核算系统期初对账一致，则系统提示对账成功。

在存货核算系统中，单击"取数"按钮，可以从库存管理系统中将期初余额取数过来，然后单击"记账"按钮进行确认，如图 11-13 所示。

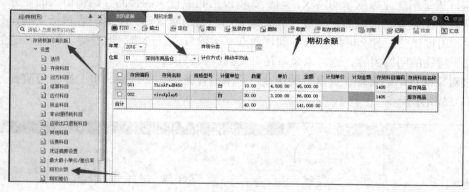

图 11-13

11.3　采购业务

采购业务包含请购业务，采购订货业务，采购到货，退货业务，采购入库，采购发票，采购结算等内容。

11.3.1　请购业务

请购是指企业内部向采购部门提出采购申请，或者采购部门汇总企业内部的采购需求而做出的采购清单。一般情况下，请购单是由采购部门的经理审核或负责采购业务的公司副总审核，有的小型企业则由老板亲自审核。如果是生产型企业，请购业务也可以由 MRP/MPS 计划生成。

请购是采购业务处理的起点，在此描述和生成采购的需求，如采购什么货物、采购多少、何时使用、谁用等；同时，也可为采购订单提供建议内容，如建议供应商、建议订货日期等。可根据企业的实际业务需要来决定是否需要使用采购请购单。采购请购单如图 11-14 所示。

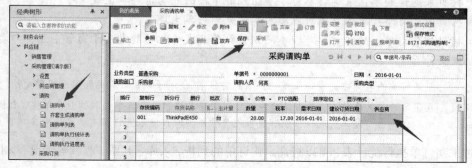

图 11-14

请购时可以不填写请购单价，而由请购业务批准后，再去寻找合适的供应商询价，在采购请购单中可以注明需要该货物的日期和建议供应商。

单击"保存"按钮保存采购请购单，单击"审核"按钮审核采购请购单。

11.3.2 采购订货业务

采购订货是指企业根据采购需求，与供货单位之间签订采购合同、购销协议的业务。

采购订单是企业与供应商之间签订的采购合同、购销协议等，主要内容包括采购什么货物、采购多少、由谁供货、什么时间到货、到货地点、运输方式、价格、运费等。它可以是企业采购合同中关于货物的明细内容，也可以是一种订货的口头协议。

通过对采购订单的管理，可以帮助企业进行采购业务的事前预测、事中控制与监督。采购订单如图 11-15 所示。

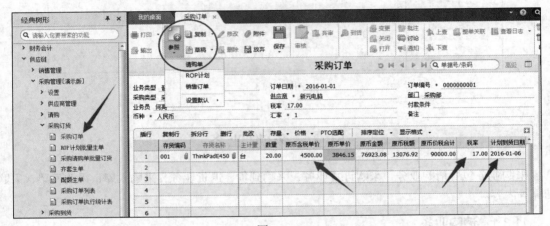

图 11-15

 提示 如果设置了必有订单业务模式（请参阅采购管理系统"选项"中的参数设置），则以订单为中心的采购管理是标准、规范的采购管理模式，采购订单是整个采购业务的核心，整个业务流程的执行都围绕采购订单进行，通过采购订单可以跟踪采购的整个业务流程，后期的到货、退货、入库、开票等业务都需要参照采购订单生成。

采购订单的生成方式有以下几种。
- 拷贝采购请购单：采购订单可以参照经过审核的采购请购单生成。
- 拷贝采购订单：采购订单可以参照其他采购订单生成。
- 拷贝销售订单：采购订单可以参照销售订单生成（此功能常用于商贸企业，即卖什么，就买什么）。

 提示 采购订单的表体中，有一项是"计划到货日期"，用于到货日期的预警和报警使用。
在采购订单的表体中，单击鼠标右键可以联查与该张采购订单关联的业务单据，如图 11-16 所示，单击"整单关联"按钮，可以图像化展现与该张采购订单有关联的业务单据。

通过采购订单执行统计表，可以查询采购订单的到货、入库、开票、收款等情况，如图 11-17 所示。

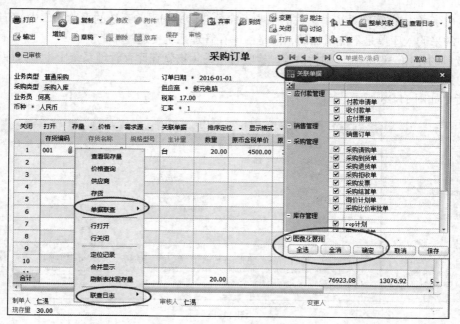

图 11-16

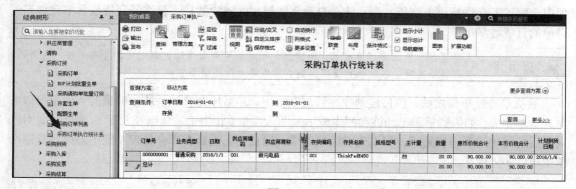

图 11-17

11.3.3 采购到货、退货业务

将采购订单下达给供应商（可以将采购订单打印出来寄给供应商）之后，经过一段时间，供应商根据订单上的要求（货物、数量、交货期）将货物送过来，此时就需处理到货业务。采购到货是采购订货和采购入库的中间环节，一般由采购业务员根据供应商的通知或供应商交过来的送货单填写，确认对方所送货物、数量、价格等信息，以入库通知单的形式传递到仓库作为保管员收货的依据。到货单是可选单据，用户可以根据业务需要选用。

1. 到货单

到货单可以被库存管理系统参照生成采购入库单（请参阅 11.4.1 小节的内容）。

如果在采购管理系统中不处理到货业务，则当采购订单下达给供应商之后，经过一段时间，供应商将货物送过来，此时就直接进入库存管理系统中，进行采购入库处理（采购入库可参照采购订单生成），在库存管理系统中生成的采购入库单会传递到采购系统的采购入库中，所以采购管理系统中的采购入库单是不能增加的，而是由库存管理系统传递过来的。

到货单的作用一般是处理到货检验，检验合格的货物就在库存管理系统中生成入库单，检验不合格的货物则生成到货退回单。

到货单如图 11-18 所示。

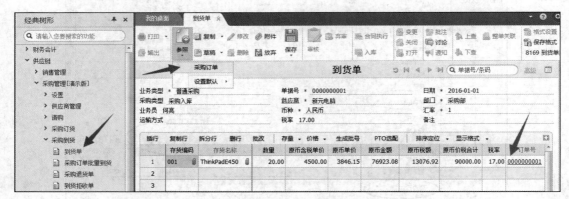

图 11-18

到货单可参照采购订单生成，到货数量可以更改（即一张订单可以分次到货，如果在采购选项中设置了不允许超订单到货，则系统会自动累加每次的到货数量，最终的到货数量不允许超过订单的订货数量）。

 提示 如果到货单参照采购订单生成，则建立起了本次到货与采购订单之间的业务连接，进而可以查询整个采购业务的执行情况。到货单保存之后不需要审核。

到货单经过审核之后，被传递到库存管理系统中，然后库存管理系统中的采购入库单可以参照到货单生成，如果到货单已经被参照生成了采购入库单（相当于货物已经入库），则此时要对已入库后的货物进行退货处理，可以先在此填制采购退货单，然后在库存管理系统中参照到货退回单生成红字入库单。

 提示 到货单和到货退回单的数据经过保存之后，单据上均没有"审核"字样，这是因为这些单据都传递到了库存管理系统中，由仓库人员对到货（退货）进行确认审核，而不是由采购人员进行确认审核。

2. 到货拒收单

到货单经过保存和审核之后，还没有被库存管理系统中的采购入库单参照生成采购单时，若要进行入库前的拒收作业，则可以通过填制到货拒收单来实现。到货拒收单是到货单的红字单据。

11.3.4　采购入库

如果没有启用库存管理系统，则可在采购管理系统中录入采购入库单据；如果启用了库存管理系统，则必须在库存管理系统中录入采购入库单据（库存管理系统中的采购入库单也是根据采购管理系统中的到货单或采购订单而生成的），然后将入库信息再传递到采购管理系统中。采购入库单据在采购管理系统中只能查看，在采购管理系统中可以根据采购入库单生成采购发票。

本月存货已经入库，但采购发票尚未收到时，可以对货物进行暂估入库。待发票到达后，再根据该入库单与发票进行采购结算处理。

 提示　因为启用了库存管理系统，所以以下所操作的采购入库单均是从库存管理系统中的采购入库单传递过来的。

1. 采购入库单

采购入库单是根据采购到货签收的实收数量填制的单据。对于工业企业而言，采购入库单一般是指采购原材料验收入库时所填制的入库单据。对于商业企业而言，采购入库单一般是指商品进货入库时所填制的入库单据。

采购入库单按进出仓库方向分为蓝字采购入库单、红字采购入库单，按业务类型分为普通采购入库单、受托代销入库单（商业）。

采购入库单如图 11-19 所示。

图 11-19

2. 红字采购入库单

红字采购入库单是采购入库单的逆向单据。在采购业务中，如果发现已入库的货物有质量问题而要求退货，则对普通采购业务进行退货处理。

如果发现已审核的采购入库单的数据有误（如多填数量等），则可以原数冲回，即将有误的采购入库单，以相等的数量填制红字采购入库单，冲抵原入库单数据。

注意　如果启用了库存管理系统，则红字采购入库单是由库存管理系统生成的，而库存管理系统的红字采购入库单也可能是参照采购管理系统中的采购退货单而生成的。

11.3.5　采购发票

采购发票是供应商开出销售货物的发票，企业根据采购发票确认采购成本，进行记账和付款核销的业务。采购发票是供应商开出的销售货物的凭证，系统将根据采购发票确认采购成本，并以此登记应付账款。

采购发票按业务性质分为蓝字发票和红字发票。

采购发票按发票类型分为增值税专用发票、增值税普通发票和运费发票。增值税专用发票的单价为无税单价。增值税普通发票包括普通发票、废旧物资收购凭证、农副产品收购凭证、其他收据，这些发票的单价、金额都是含税的。普通发票的默认税率为 0，可修改。运费发票的运费主要是指向供货单位或提供劳务单位支付的代垫款项、运输装卸费、手续费、违约金（延期付款利息）、包装费、包装物租金、储备费、进口关税等。运费发票的单价、金额都是含税的。运费发票的默认税率为 7%，可修改。

在收到供货单位的发票后，如果没有收到供货单位的货物，则可以对发票进行压单处理，待货物到达后，再录入系统做报账结算处理；也可以先将发票录入系统，以便实时统计在途货物。

发票经过保存之后，就自动传递到应付款管理系统中，在应付款管理系统中可执行应付单审核，以确认该笔应付账款，并进行后期的付款核销等业务。

1. 专用采购发票

专用采购发票即增值税专用发票，单价是无税单价，金额是无税金额。

（1）专用采购发票如图 11-20 所示。

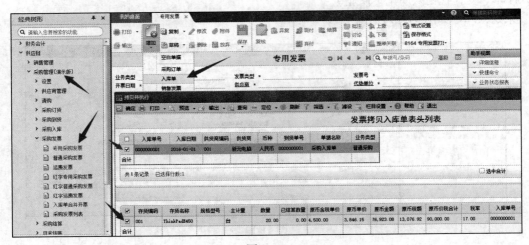

图 11-20

（2）专用采购发票也可以选择复制采购订单或采购入库单而生成。

（3）单击"现付"按钮可对当前单据进行现付，并且发票左上角会注明"已现付"红色字样；单击"弃付"按钮可取消现付，如图 11-21 所示。

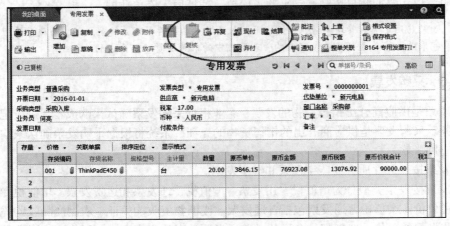

图 11-21

说明　现付业务是指在采购业务发生时，立即付款和开发票；在实际业务中，当采购人员在采购取得货物的同时将货款先行垫付，这时需将款项直接支付给本单位的采购人员。在采购发票保存后就可以进行现付处理，已审核的发票不能再做现付处理。

提示　在此执行现付操作后，在应付款管理系统中会生成一张付款单。

无论是否做采购结算都可以进行现付。支持外币现付，现付汇率以发票上的汇率为准。应付总额大于 0 时，付款单的总金额必须大于 0；应付总额小于 0 时，付款单的总金额必须小于 0。支持全额现付和部分现付，结算金额不得大于应付金额。现付处理后在应付款管理系统中做付款核销处理。

已审核记应付账的采购发票不能进行现付；已现付的采购发票记账后不能取消现付。

如果采购发票是参照采购入库单生成的，则可以单击"结算"按钮，将此采购发票与采购入库单在此进行直接结算。如果此时不结算，也可以后期再结算。

2. 普通采购发票

普通采购发票即增值税普通发票，包括普通发票、废旧物资收购凭证、农副产品收购凭证、其他收据，单价是含税单价，金额是价税合计。

普通采购发票的操作方式与专用采购发票的一样。

3. 运费发票

运费发票是记录在采购货物过程中产生的运杂费、装卸费、入库整理费等费用的单据。运费发票记录可以在手工结算时进行费用分摊，也可以单独进行费用结算。

注意　运费发票的表体存货只能是在存货档案中设定属性为"应税劳务"的存货（请参阅本书 4.2.3 小节的存货档案设置，其实就是将运费项目以存货的方式建立档案）。如果运费发票与采购入库单或直接与存货进行结算，则会产生一张结算单。

提示　其实在存货档案中属性为"应税劳务"的存货是不存在的，只是为了做运费发票，虚拟了一个存货（如存货名称就叫做"运输费"）。

运费发票也会传递到应付款管理系统中进行处理。运费发票中的存货只能选择存货档案设置中存货属性为"应税劳务"的存货。

4. 红字发票

红字发票是采购发票的逆向单据。红字发票的处理方式与蓝字发票的处理方式一样，在此不再详细讲解。

11.3.6　采购结算

采购结算也称采购报账，是指采购核算人员根据采购入库单、采购发票核算采购入库成本；采购结算的结果是采购结算单，它是记载采购入库单记录与采购发票记录对应关系的结算对照表。

提示　采购结算后的存货入库成本单价会自动填写回库存管理系统中采购入库单的存货单价上，如果原采购入库单中的存货有单价，则将覆盖其原来的存货单价。例如，原采购入库单中的存货采购单价是 50 元，但是此次结算时，可能将运费一起分摊进入库成本中，那么存货的入库成本单价就有可能会增加。经过结算后的入库成本会经库存管理系统中的采购入库单传递到存货核算系统的采购入库单中，为存货核算系统中核算其出库成本（即成本结转，如先进先出、后进后出等）做准备。可以这样说，采购结算是确认采购入库商品的入库成本，这是因为采购订单（采购入库单）上的单价在没有结算之前都是无效的，因为真正的入库成本是根据供应商开具的采购发票上的金额来确认的，比如当时采购订单上的单价是 10 元，而采购发票上的单价是 9.8 元（由于某些因素，供应商同意以更低的价格执行），则结算之后，这 9.8 元的单价将被返写回采购入库单的单价中形成入库成本（也就是会自动覆盖原来采购入库单上的 10 元的单价）。如果当月的采购入库没有被结算（可能因为采购发票没有到，即货到票未到），则在存货系统中，当月底对该采购入库单记账时，其成本叫暂估成本。暂估成本后期的处理方式有 3 种，分别是单到回冲、单到补差、月初回冲。

采购结算从操作方式上分为自动结算、手工结算两种方式，另外，运费发票可以单独进行费用折扣结算。

1. 自动结算

自动结算是由系统自动将符合结算条件的采购入库单记录和采购发票记录进行结算。系统按照 3 种结算模式进行自动结算，分别是入库单和发票、红蓝入库单、红蓝采购发票。

（1）在采购管理系统中，展开"采购结算"选项，选择"自动结算"，系统打开"自动结算"窗口，根据需要输入结算条件，系统根据输入的条件范围自动结算，并产生结算结果列表。如没有产生结算结果列表，则提示"没有符合条件的单据，不能继续"。

（2）在采购管理系统中，展开"采购结算"选项，选择"结算单列表"，可在弹出的窗口中查询、打印本次的自动结算结果。

- 入库单和发票：将供应商和存货相同，数量完全相等的入库单记录和发票记录进行结算，生成结算单。发票记录金额作为入库单记录的实际成本。记录自动结算到行。
- 红蓝入库单：将供应商和存货相同、数量绝对值相等、符号相异的红蓝入库单记录进行结算，生成结算单。入库单记录可以没有金额，只有数量。记录自动结算到行。
- 红蓝采购发票：将供应商和存货相同、金额绝对值相等、符号相异的采购发票记录进行结算，生成结算单。结算的金额即为各发票记录的合计金额。记录自动结算到行。

2. 手工结算

手工结算是指人工指定采购发票与采购入库单钩稽关系进行结算，手工结算中，可以将采购费用发票和采购发票一起与采购入库单进行结算，可以选择采购费用分摊方式（按入库数量分摊还是按入库金额分摊）。

（1）在采购管理系统中展开"采购结算"选项，选择"手工结算"，系统打开"手工结算"窗口，如图 11-22 所示。

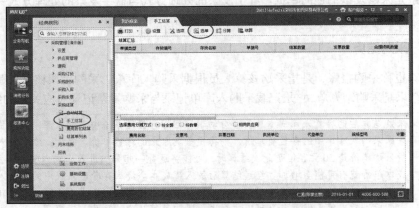

图 11-22

"手工结算"窗口中的部分内容介绍如下。

相同供应商

　　如果勾选此项，则结算时只结算一个供应商的记录。如果不勾选，则可以同时进行不同供应商的采购结算，采购结算单取其中一个供应商；不同供应商的入库记录和发票记录之间也可结算，采购结算单取发票的供应商。

　　选择费用分摊方式：如果涉及-费用分摊进存货成本的情况，则在此选择按金额或按数量进行分摊。

　　某些运费、挑选整理费等费用按会计制度可以计入采购成本，单击"选单"按钮时，手工选择费用折扣存货的发票记录，或者单击"选单"按钮时，选择运费发票记录，所选记录会显示在窗口下方的费用结算列表中。

　　例如，采购存货 A，数量为 1，价值 90 000 元；采购存货 B，数量也为 1，价值 10 000 元，共用去运输费 1 000 元。如果选择按数量分摊，则存货 A 的入库成本为 90 500 元，存货 B 的入库成本为 10 500 元。如果选择按金额分摊，则存货 A 的入库成本为 90 900 元，存货 B 的入库成本为 10 100 元。存货价值相差较大的情况下，建议使用按金额分摊。

　　（2）单击"选单"按钮，系统弹出"结算选单"窗口，在"查询"菜单中分别选择"入库单"和"发票"命令，进行入库单和采购发票的选择。

　　（3）在所选择出来的入库单中，选择需要结算的入库单，如图 11-23 所示。

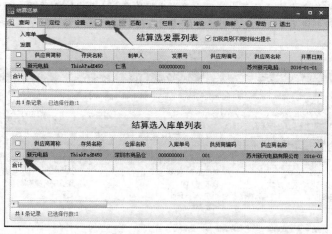

图 11-23

　　（4）在所选择出来的采购发票中，选择需要结算的发票。

提示　　选择了入库单记录，可单击"匹配"按钮，选择"按入库单列表匹配"命令，系统会自动寻找所选入库单记录的匹配记录，提示"可以匹配的发票共有 X 条"，并会勾选匹配的记录，而不勾选未匹配的记录。选择了发票记录，可单击"匹配"按钮，选择"按发票到表匹配"命令，操作同入录单记录。

　　（5）单击"确定"按钮，系统返回"手工结算"窗口，如图 11-24 所示。

　　（6）在"手工结算"窗口中检查一下选单是否有误，如有误，可重新选单。

　　（7）如果有运费发票需要进行分摊（运费发票显示在窗口的下半部分），则单击"分摊"按钮，系统会根据所设置好的分摊方式进行分摊。

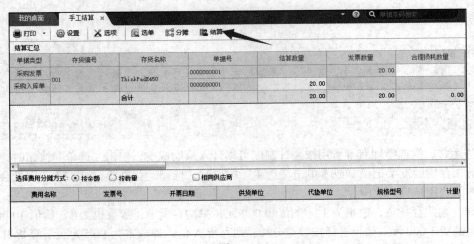

图 11-24

（8）单击"结算"按钮，系统开始结算，最后提示结算完毕。

> **注意**　经结算后的存货入库单价会返填回采购入库单的单价中，如果有费用分摊进入库成本的情况，则可以查看到采购入库单上的单价与供应商开具的采购发票上的单价是不同的，这是因为采购入库单上的单价在原来单价的基础上加上了运费发票分摊进来的费用，并一起记为该存货的入库成本，为将来在存货核算中计算出库成本做准备，如图 11-25 所示。而供应商开具的采购发票上的单价并没有变，该发票仍然是传递到应付款管理系统经过审核之后形成该供应商应付款的依据。

图 11-25

（9）结算后的单据，可以通过结算单列表进行查看，如果发现结算有误，可将结算单删除之后，重新进行结算。

存货相同、结算数量相等的入库单记录和发票记录可以结算，如选择了"相同供应商"，则只有供应商和存货相同、结算数量相等才可结算。发票记录金额作为入库单记录的实际成本。记录结算到行。

红蓝入库单：存货相同、结算数量之和为 0 的入库单（退库单）记录可结算。如选择了"相同供应商"，则只有供应商和存货相同、结算数量相等才可结算。结算的成本即为各入库单记录的暂估金额。记录结算到行。

红蓝采购发票：存货相同、结算数量之和为 0 的红蓝采购发票记录可结算。如果选择了"相同供应商"，则只有供应商和存货相同数量相等才可结算。金额不同的红蓝发票记录也可结算，此时业务含义为实物退回，购销双方各自承担一部分损失。结算的金额即为各发票记录的金额。记录结算到行。

3．结算单列表

采购结算单列表将符合过滤条件的采购结算单记录以列表的形式显示，便于用户快速查询和操作。

（1）展开"采购结算"选项，选择"结算单列表"，系统打开"结算单列表"窗口。

（2）在"结算单列表"窗口中录入筛选条件，然后单击"确定"按钮，系统列出所有符合条件的记录。

（3）双击具体的记录，可以打开该张结算单进行详细查询，如果结算有误，可以单击"删除"按钮删除该张结算单，如图 11-26 所示，然后重新进行采购结算。

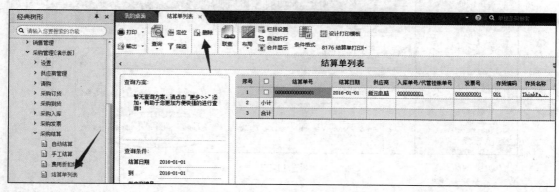

图 11-26

11.4　库存业务

11.4.1　入库业务

仓库收到采购或生产的货物，仓库保管员将货物的数量、质量、规格型号等确认无误后入库，并登记库存账。

入库业务单据主要包括采购入库单、产成品入库单、其他入库单。

1．采购入库单

采购入库单是根据采购到货时签收的实收数量填制的单据。工业企业的采购入库单一般是指采购原材料验收入库时所填制的入库单据（如果启用了委外管理系统，则委外入库也以本张采购入库单来处理）。商业企业的采购入库单一般是指商品进货入库时所填制的入库单据。

采购入库单按进出仓库方向分为蓝字采购入库单、红字采购入库单；按业务类型分为普通采购入库单、受托代销入库单（商业）、委外加工入库单（工业）。

红字采购入库单是采购入库单的逆向单据。在采购业务中，如果发现已入库的货物出现了质量问题要求退货，则对采购业务进行退货单处理。

如果发现已审核的入库单数据有错误（如多填数量），也可以填制退货单（红字采购入库单）原数冲抵原入库单数据。原数冲回是将原错误的入库单，以相等的负数量填单。

注意　在采购管理中指定的批次、生产日期、失效日期等，在库存管理中不可修改；建议由库存管理部门指定以上内容，避免因发生错误而不能及时入库。

采购管理设置必有订单（普通、受托）时，在相应的采购入库单（普通、受托）中不可手工录入存货，需参照采购订单或到货单（到货单参照采购订单生成）生成，如图 11-27 所示。

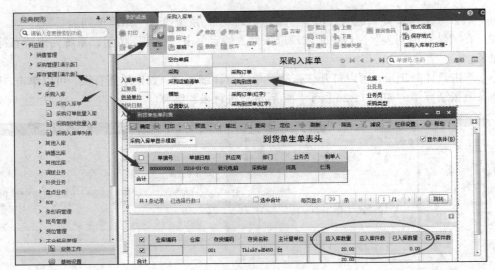

图 11-27

单击"增加"按钮可新增一张采购入库单，也可以单击"增加"按钮的下拉箭头选择参照来源单据生成。系统会弹出"选择采购订单和采购到货单"窗口，在此可参照采购管理系统的采购订单或到货单生成采购入库单。

在已生成的采购入库单中，可以修改此次的入库数量、仓库等信息，单击"保存"按钮保存单据内容，单击"审核"按钮可审核该张采购入库单，如图 11-28 所示。该采购入库单也会分别传递到采购管理系统请参阅采购入库和存货核算系统中。

2. 产成品入库单

产成品入库单一般是指产成品验收入库时所填制的入库单据，是工业企业入库单据的主要部分。只有工业企业才有产成品入库单，商业企业没有此单据。

产成品一般在入库时无法确定其总成本和单位成本，所以在填制产成品入库单时，一般只有数量，没有单价和金额。

产成品入库单也可以参照生产订单系统中的生产订单生成（前提是该张生产订单已经从仓库领料进车间并生产完成）。

参照生产订单而生成的产成品入库单，就是在生产订单与产成品入库单之间建立起了连接，从而可以查询一张生产订单的生产完工情况。

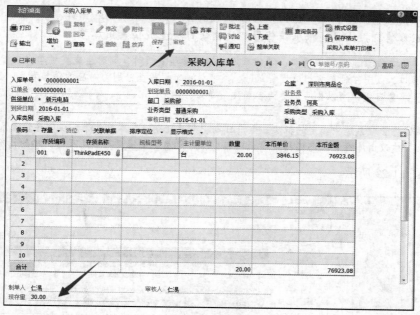

图 11-28

3. 其他入库单

其他入库单是指除采购入库、产成品入库之外的其他入库业务，如样品入库、赠品入库、调拨入库、盘盈入库、组装拆卸入库、形态转换入库等业务形成的入库单。其他入库单一般由系统根据其他业务单据自动生成（如调拨、盘点、组装拆卸、形态转换），也可手工填制。

> **注意**
> ● 只能修改、删除业务类型为其他入库的单据；由其他单据或其他业务（如调拨业务、盘点业务）形成的其他入库单，不能修改、删除。
> ● 如果用户需要修改、删除其他单据或其他业务形成的其他入库单，则应通过其他单据（调拨单）或其他业务（盘点、组装拆卸、形态转换业务）进行修改、删除。

11.4.2　出库业务

出库业务单据包括销售出库单、材料出库单和其他出库单。

1. 销售出库单

销售出库单是销售出库业务的主要凭据，在库存管理系统中用于存货出库数量的核算，在存货核算系统中用于存货出库成本的核算（如果存货销售成本的核算依据销售出库单）。工业企业的销售出库单一般是指产成品销售出库时所填制的出库单据，商业企业的销售出库单一般是指商品销售出库时所填制的出库单据。

销售出库单按进出仓库方向分为蓝字销售出库单和红字销售出库单；按业务类型分为普通销售出库单、委托代销出库单和分期收款出库单。

如果销售管理系统未启用，则可直接在库存管理系统中填制销售出库单，否则不可手工填制，只能使用"生单"功能参照销售管理系统的业务单据生单，包括以下几项。

● 参照销售发货单生成。先发货后开票业务，根据销售管理的发货单生成销售出库单。

● 参照销售发票生成。开票直接发货业务，根据销售管理的销售发票生成销售出库单。

- 参照销售调拨单生成。根据销售管理的销售调拨单生成销售出库单。
- 参照零售日报生成。根据销售管理的销售日报生成销售出库单。

提示 销售发票、销售调拨单、零售日报在销售管理复核时，同时生成发货单。在参照发货单窗口，以上 3 种单据都有发货单号、发票号，单据类型分别为对应的销售发票、销售调拨单、零售日报，所以也可统称为参照发货单。

注意 在销售管理系统中指定的批次、生产日期、失效日期、入库单号等，在库存管理系统中不可修改；建议由库存管理部门指定以上内容，以避免因发生错误而不能及时出库的情况发生。

具体如图 11-29 所示。

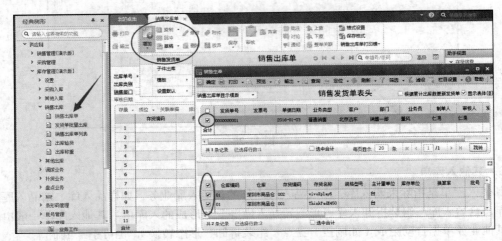

图 11-29

如果没有启用销售管理系统，则可以直接单击"增加"按钮新增一张销售出库单。如果启用了销售管理系统，则销售出库单由销售管理系统传递过来，在此直接单击"审核"按钮即可。

注意 如果销售管理系统的"销售选项"中勾选了"销售生成出库单"复选框，则销售管理系统中的销售发货单保存并审核之后，数据自动传递到库存管理系统中生成销售出库单，库存管理系统只需要对该销售出库单进行审核即可。如果没有勾选"销售生成出库单"复选框，则库存管理系统中的销售出库单可以参照销售发货单生成。

2. 材料出库单

材料出库单是领用材料时所填制的出库单据，当从仓库中领用材料用于生产时，就需要填制材料出库单，只有工业企业才有材料出库单，商业企业没有此单据。

材料出库单可以参照领料申请单、生产订单生成。

提示 材料出库单可以参照生产订单或委外订单生成，由此也建立起了材料出库单与生产订单或委外订单之间的连接，在生产订单管理系统或委外管理系统中就可以查询到该张生产订单或委外订单的材料领用情况。

3. 其他出库单

其他出库单是指除销售出库、材料出库之外的其他出库业务，如样品出库、赠品出库、调拨出库、盘亏出库、组装拆卸出库、形态转换出库、不合格品记录等业务形成的出库单。其他出库单一般由系统根据其他业务单据自动生成，也可手工填制。

> **注意** 只能修改、删除业务类型为其他出库的单据；由其他单据或其他业务（如调拨、盘点）形成的其他出库单，不能修改、删除。如果用户需要修改、删除其他单据或其他业务形成的其他出库单，则应通过其他单据（调拨单、不合格品记录单）或其他业务（盘点、组装拆卸、形态转换）修改、删除。

11.4.3 调拨业务

调拨单是指用于仓库之间存货的转库业务或部门之间存货的调拨业务的单据。同一张调拨单上，如果转出部门和转入部门不同，则表示为部门之间的调拨业务；如果转出部门和转入部门相同，但转出仓库和转入仓库不同，则表示为仓库之间的转库业务。

调拨业务也常用在各办事处之间调货使用，在办事处之间，出库与入库中间有时间差（即货物在途问题），一般情况下是设置一个虚拟仓库（如在途仓库），出库时，做调入在途仓库处理，入库时做从在途仓库调入目的仓库处理，这样也便于查询调拨在途的货物。

> **提示**
> ● 调拨单参照其他单据（生产订单、委外订单、调拨申请单）生成时，用户需要在单据设计中增加调拨单表头的"订单类型""订单号""调拨申请单号"项目。
> ● 调拨单可以修改、删除、审核、弃审。
> ● 调拨单审核后生成其他出库单、其他入库单。

（1）展开"调拨业务"选项，选择"调拨单"，系统打开"调拨单"窗口，如图 11-30 所示。

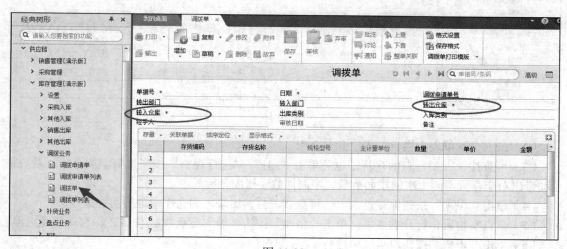

图 11-30

（2）单击"增加"按钮，新增一张调拨单，新增调拨单时，可以选择参照其他单据（调拨申请单）生成。

（3）单击"保存"按钮保存该单据，单击"审核"按钮审核该单据。

> **提示** 出库类别应为调拨出库，入库类别应为调拨入库。调拨单审核后生成其他出库单、其他入库单，因为生成的其他出库单和其他入库单有关联关系，所以不能独立删除。如果要删除，只需删除调拨单，其他出库单和其他入库单也会被同时删除，所生成的其他出库单和其他入库单还需要经过审核之后，系统才能更改库存数量。

11.4.4 盘点

为了保证企业库存资产的安全和完整，做到账实相符，企业必须对存货进行定期或不定期的清查，查明存货盘盈、盘亏、损毁的数量以及造成这些情况的原因，并以此编制存货盘点报告表，按规定程序报有关部门审批。

经有关部门批准后，应进行相应的账务处理，调整存货账的实存数，使存货的账面记录与库存实物相符。

系统提供多种盘点方式，如按仓库盘点、按批次盘点、按类别盘点、对临近保质期的存货进行盘点等，还可以对各仓库或批次中的全部或部分存货进行盘点，盘盈、盘亏的结果自动生成其他出入库单。

盘点单是用来进行仓库存货的实物数量和账面数量核对工作的单据，用户可使用空盘点单进行实盘，然后将实盘数量录入系统，与账面数量进行比较。

（1）展开"盘点业务"选项，选择"盘点单"系统弹出"盘点单"窗口，如图 11-31 所示。

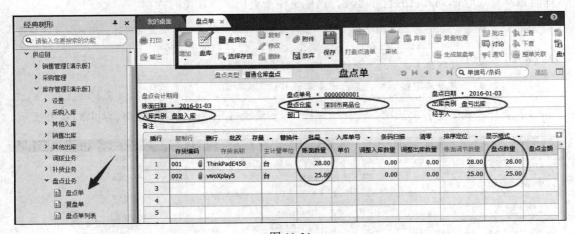

图 11-31

（2）录入盘点单表头栏目，指定盘点仓库。

（3）可直接录入要盘点的存货，也可单击"盘库""选择存货"按钮批量增加存货。系统将自动带出对应存货不同批次的账面数量、账面件数、账面金额等。

（4）单击"保存"按钮保存盘点单。将盘点表打印出来，到仓库中进行实物盘点。

（5）盘点实物后，打开盘点单，单击"修改"按钮，输入盘点数量/件数，保存此张盘点单。

（6）单击"审核"按钮对盘点单进行审核。

周期盘点预警：周期性盘点是指可以按照存货或仓库＋存货的方式设置存货的盘点周期，到盘点周期的存货，系统可以进行预警。设置方式请参阅 4.2.3 小节的存货档案设置。

新增盘点单时，单击"盘库"按钮，设置盘点选项"是否按周期盘点"。系统将符合条件的存货带入盘点单。

提示　审核盘点单时，根据盘点单生成其他出入库单，业务号为盘点单号，单据日期为当前的业务日期。所有盘盈的存货生成一张其他入库单，业务类型为盘盈入库。所有盘亏的存货生成一张其他出库单，业务类型为盘亏出库。弃审盘点单时，同时删除生成的其他出入库单。生成的其他出入库单如已审核，则相对应的盘点单不可弃审。

> **注意**　上次盘点仓库的存货所在的盘点单未审核之前，不可再对此仓库此存货进行盘点，否则系统将提示错误。

应用举例：第一张盘点单是对甲仓库中的 A 存货进行盘点，该盘点单未经审核时，又新增了一张盘点单。如果第二张盘点单也是对甲仓库进行盘点，则第二张盘点单中不能有 A 存货，只能对第一张盘点单中没有的存货进行盘点。

要想在第二张盘点单中对甲仓库中的 A 存货再次进行盘点，必须将第一张盘点单审核或删除后才可以重盘。

如果第二张盘点单是对除甲仓库之外的其他仓库进行盘点，则没有此限制。

盘点前应将所有已办理实物出入库的单据处理完毕，否则账面数量会不准确。

11.5　销售业务

11.5.1　销售报价

销售报价是指客户向企业询价时，由企业向客户提供货品、规格、价格、结算方式等信息，当客户确认向企业购买产品时，销售报价单可以转为有效力的销售合同或销售订单。可以针对不同客户、不同存货、不同批量提出不同的报价、扣率。销售报价单在销售管理系统中不是必填单据，企业可根据业务的实际需要来决定是否进行销售报价。

> **提示**　在进行销售报价时，可以根据价格政策进行报价，如果原材料的价格波动很大，可以使用售前分析系统，先模拟分析所报价产品的成本价格，然后在此基础上再报价。

销售报价单是用来记录企业向客户进行报价的单据。

11-4　某企业接到客户北京远东集团需购买 5 台 vivo Xplay5 的询价，于是向北京远东集团制定了一张销售报价单，销售部门为销售一部，业务员为何亮，销售商品为 vivo Xplay5，数量为 5，含税报价为 3 600 元。

（1）在销售管理系统中，展开"销售报价"选项，选择"销售报价单"，系统弹出"销售报价单"窗口，如图 11-32 所示。

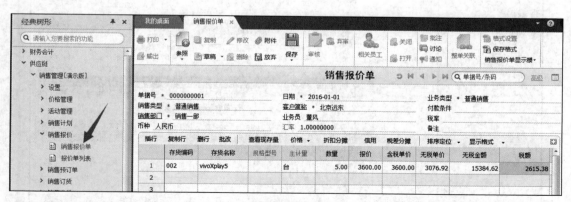

图 11-32

（2）单击"增加"按钮，参照例 11-4 中的内容新增一张销售报价单，单击"保存"按钮保存该张报价单，单击"审核"按钮可审核该张销售报价单。如果需要弃审该张单据，则可以单击"弃审"按钮。经审核后的报价单可以打印出来传送给客户，等待客户回复。

单击"附件"按钮可以将该张报价单与附件文件进行挂接，便于查询。

（3）执行完报价单，就可以关闭该单据；对于确实不能执行的某些单据，经主管批准后，也可以关闭该单据。如果单据已关闭，但又要执行，可以再次打开订单进行操作。单据只能整张关闭/打开，不可拆单。单击"关闭"按钮则执行关闭操作。

（4）单击"退出"按钮退出销售报价单的处理。

> **注意** 只有经过审核，但未关闭的销售报价单才可以被参照拷贝生成销售订单；没有被审核或已关闭的销售报价单都不可以被参照拷贝生成销售订单。

11.5.2 销售订货

销售订货是指由企业和客户双方确认的客户要货需求的过程，用户根据销售订单组织货源，并对订单的执行进行管理、控制和追踪。

销售订单是反映由企业和客户双方确认的客户要货需求的单据，它可以是企业销售合同中关于货物的明细内容，也可以是一种订货的口头协议。

如果设置了必有订单的业务模式（请参阅销售管理系统选项业务参数设置），则销售订单是必填单据，因为销售发货、销售开票等业务都参照拷贝销售订单而生成。

例11-5 参照销售报价单生成销售订单，客户为北京远东集团，销售部门为销售一部，业务员为何亮，销售商品为 vivo Xplay5，数量为 5，含税单价为 3 600 元，然后再增加一行记录，销售商品 ThinkPadE450，数量为 2，含税单价为 5 200 元。

（1）展开销售订货"选项，选择"销售订单"，系统弹出"销售订单"窗口。

（2）单击"增加"按钮，可新增一张销售订单。

销售订单可以参照销售报价单生成，操作方法是在"销售订单"窗口中，单击"参照"按钮，选择"报价单"命令，系统会弹出"参照生单"窗口，在此输入过滤条件，然后单击"确定"命令，系统会列出符合条件的报价单，在此选择需要生成销售订单的销售报价单，如图 11-33 所示。

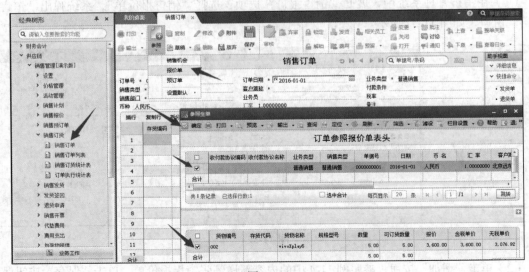

图 11-33

（3）参照例 11-5 填制销售订单，单击"保存"按钮保存该张新增订单。

（4）在销售订单中录入"预发货日期"，单击"保存"按钮保存该张销售订单，最后的结果如图 11-34 所示。

图 11-34

> **提示** 在销售订单的表体中，有一项"预发货日期"，该日期会作为到期发货预警和报警提示及查询。

（5）在销售订单的表体中，单击鼠标右键，在弹出菜单中选择"查看现存量"命令可查看库存中存货的现存量情况，以便在做销售订单时可以直接查询到该存货的库存情况，进而做出应对；选择"查看当前订单预估毛利"命令可预测当前订单的预估毛利，预估毛利（本币）＝无税金额（本币）−参考成本×数量；选择"查看当前订单对应发货单"命令可查看当前订单的累计发货情况，因为可能存在一张订单分次发货的情况；选择"查看当前订单对应发票"命令可查看当前订单的开发票情况，因为可能存在一张订单分次开票的情况。如图 11-35 所示。

图 11-35

注意 订单发货、开票情况的查询是指由该张订单拷贝生成了销售发货单、销售发票之后的查询结果（请参阅销售发货和销售开票）。如果在销售选项设置中勾选了可执行直运业务，则销售订单可以被采购管理系统参照拷贝生成采购订单。

（6）单击"审核"按钮可以审核该张销售订单，销售订单被审核之后则不能执行修改（除非取消审核），但可以单击"变更"按钮，变更销售订单信息，变更后即生效，不必再次审核，即状态依然为"已审核"。

提示
- 变更后的数量（各种计量单位数量）必须大于等于订单累计发货量、订单累计出库量、订单累计开票量中的任意一个。
- 变更后的金额必须大于等于订单累计发货金额、订单累计开票金额中的任意一个。

（7）如果该张销售订单已经执行完毕（即该张销售订单被参照生成了销售发货单、销售发票），则该单据就可以关闭；对于确实不能执行的某些单据，经主管批准后，也可以将其关闭。如果单据已关闭，但又要再次执行，可以再次打开订单进行操作。单据只能整张关闭/打开，不可拆单。

注意 已经被关闭的销售订单不能参照生成销售发货单或销售发票，练习时最好不要使用销售订单关闭功能。

（8）单击"退出"按钮退出"销售订单"窗口。

提示 如果在销售选项中设置了需要进行信用额度控制，则当该客户、部门或销售业务员的应收款额度超过该客户档案、部门档案或职员档案中所设置的信用额度时，系统将会提供报警。

如果仓库中的商品可用量不能满足此次销售订单的要货需求，则需要进行采购，或者需要购买原材料生产。

11.5.3 销售发货

销售发货是企业执行销售订单，将货物发给客户的行为，是销售业务的执行阶段。如果客户所订的货物已备齐（如生产完毕或采购完毕），就可以执行销售发货。

1. 发货单

发货单是销售方作为给客户发货的凭据（可以理解为发货通知单，通知仓库按此单发货，销售管理系统中的发货单并不是给客户的送货单，因为将销售发货单传至库存管理系统中，生成库存管理系统中的销售出库单，这个销售出库单才可以理解为送货单），是销售发货业务的执行载体。发货单是销售管理系统的核心单据。

例11-6 对例11-5中的销售订单，执行销售发货。

（1）展开"销售发货"选项，选择"发货单"，系统弹出"发货单"窗口，如图11-36所示。

（2）单击"增加"按钮，新增一张销售发货单。

如果在"销售选项"的"业务控制"中勾选了"普通销售必有订单"复选框，则销售发货单必须参照拷贝销售订单生成。

如果在"销售选项"的"其他控制"中设置了新增发货单默认参照订单生成，则在销售发货单中单击"增加"按钮后，系统将自动打开"参照生单"窗口，如果没有设置，也可以在销售发货单中，选择"订单"命令打开"参照生单"窗口，在"参照生单"窗口中输入过滤条件，然后单击"查询"按钮，系统会列出所有符合条件的销售订单，然后选择例11-5的销售订单，单击"确定"按钮即可将所选定的需要发货的数据拷贝到销售发货单中，在销售发货单中可修改此次发货的数量。

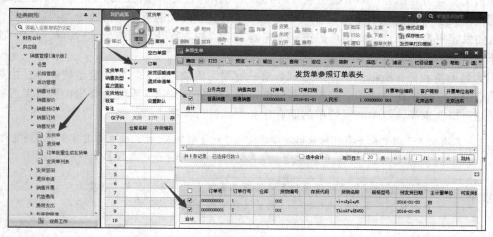

图 11-36

注意　只有使用了销售发货单参照拷贝销售订单生成的情况，才能建立起销售订单与销售发货单之间的联系，也才能在销售订单执行统计表中查询到该张订单的执行情况。在"参照生单"窗口中，"可发货数"栏显示此次可发货的数量，发货数量可以修改，一张订单可以分次发货，系统会列出该张销售订单现在生成销售发货单时的可发货数量，如果在销售选项中勾选了"是否有超订单发货控制"复选框，则每次发货之后，系统都会倒扣可发货数量，避免了超出订单数量发货的情况；否则，不管以前该张销售订单是否有参照而生成过发货单，每次的可发货数量都与销售订单的数量一致。

（3）单击"保存"按钮保存数量。单击"审核"按钮可对该张发货单进行审核，如图 11-37 所示。

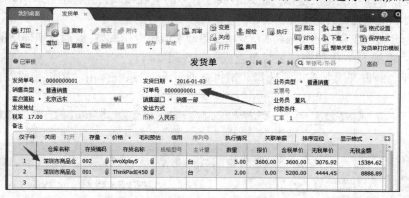

图 11-37

 提示　审核之后的发货单被传递到库存管理系统中，系统自动生成销售出库单，库管人员查询到该张单据，根据单据内容进行备货，办理货物出库手续，并审核该张销售出库单就可以完成存货出库业务。

　　如果在销售选项中设置了可用量控制，则销售发货单中的发货数量如果超过了仓库的可用数量，系统就会提示超可用量出库，不能执行。本书示例中，库存中的期初数据还没有录入，所以在此不需要进行可用量控制。

2. 退货单

销售退货业务是指客户因货物质量、品种、数量等不符合要求而将已购货物退回本企业的业务。

退货单是发货单的红字单据，可以处理客户的退货业务。退货单也可以处理换货业务，货物发出后如果客户要求换货，则用户先按照客户要求退货的货物开退货单，然后再按照客户所换的货物开发货单。

因为是退货业务，所以退货单的退货数量一定要为负数。如果需要指定退货业务是由某张销售订单或销售发货单而产生的，则单击"订单"或"发货"按钮，系统会弹出销售订单或销售发货单过滤窗口，选择该订单或发货单的原有业务数据进行参照。

> **注意** 只有使用了退货业务参照拷贝销售订单或销售发货单生成，才能建立起退货业务与销售订单或销售发货单之间的连接，以便查询（退货业务操作方式请参阅发货业务）。

 提示 经审核之后的退货单被传递到库存管理系统中生成销售出库单（数量为负），由库管人员对该张单据和所退货物进行比照，确认无误之后，就可以完成存货入库业务（即退货入库）。

11.5.4 销售开票

销售开票是在销售过程中，由企业向客户开具销售发票及其所附清单的过程，它是销售收入确认、销售成本计算、应交销售税金确认和应收账款确认的依据，是销售业务的重要环节。

1. 销售发票

销售发票是在销售开票过程中用户所开据的原始销售单据，包括增值税专用发票、增值税普通发票及其所附清单。

销售发票在销售管理系统中填制，经过销售管理系统复核之后，自动传递到应收款管理系统中，经过应收款管理系统再次复核，正式形成该客户的应收账款，并在应收款管理系统中完成应收款核销、制单生成凭证传递到总账系统等操作。

发票分为专用发票和普通发票两种，专用发票即增值税专用发票，普通发票即增值税普通发票。

例11-7 将例 11-6 中的销售发货单生成一张普通发票。

（1）展开"销售开票"选项，选择"销售普通发票"，系统弹出"销售普通发票"窗口，如图 11-38 所示。

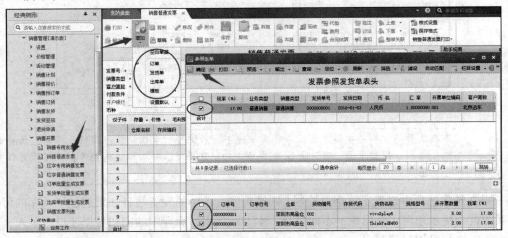

图 11-38

（2）单击"增加"按钮，新增一张销售发票。可以分别选择参照"订单""发货单""出库单"生成采购发票。

> **注意**　只有将销售发票参照销售订单或销售发货单生成，才能建立起销售发票与销售订单或销售发货单之间的连接，以便查询。只有在销售选项中设置了直运业务，才能参照采购发票生成销售发票。

（3）单击"保存"按钮保存该张发票。

单击发票上的"代垫"按钮可新增代垫费用单，表头记录根据当前发票带入，表体记录由用户录入。代垫费用是指随销售货物所产生的，不通过发票处理而形成的暂时代垫将来需向客户收取的费用项目，如运杂费、保险费等。代垫费用实际上形成了用户对客户的应收款，代垫费用的收款核销由应收款管理系统处理。

单击发票上的"支出"按钮可新增销售支出单，表头记录根据当前发票带入，表体记录由用户录入。销售支出是指在销售业务中，随销售货物所产生的为客户支付的业务执行费、现金折扣让利等费用，货物赠送也可按其成本价进行登记。销售支出处理的目的在于让企业掌握用于某客户费用支出的情况，以及承担这些费用的销售部门或业务员的情况，作为对销售部门或业务员的销售费用和经营业绩的考核依据。销售支出单在销售管理系统中仅作为销售费用的统计单据，与其他产品没有传递或关联关系。

未复核的发票可单击"现结"按钮进行现结，现结后可以弃结。现结是在款货两讫的情况下，在销售结算的同时向客户收取货币资金。在销售发票、销售调拨单、零售日报等收到货款后可以随时对其单据进行现结处理。现结操作必须在单据复核操作之前进行。一张销售单据可以全额现收，也可以部分现收。在销售发票复核前进行现结/弃结，已复核的发票不能再现结/弃结；现结处理后在应收款管理系统中做收款核销处理。支持外币现付时，现结汇率以发票上的汇率为准。应收总额大于 0 时，结款单的总金额必须大于 0；应收总额小于 0 时，结款单的总金额必须小于 0。支持全额现收和部分现收，结算金额不得大于应收金额。

> **注意**　现结的发票在应收款管理系统中进行现结制单，但在应收款管理系统账表中并不反映现结的发票和现收款记录，即全额现收的发票在应收款管理系统账表中不反映，部分现收款管理系统的发票在应收款管理系统账表中只记录发票未现收的部分。

（4）单击"作废"按钮可作废未复核的发票，作废后可以弃废。单击"复核"按钮可复核该张发票，如图 11-39 所示。

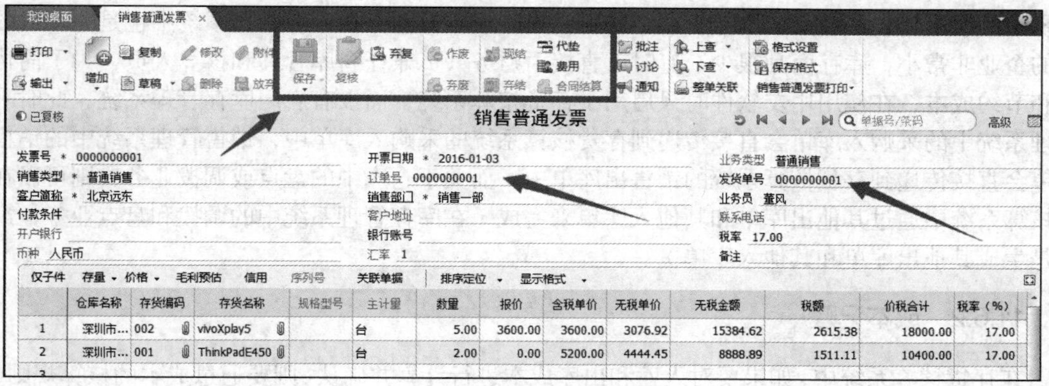

图 11-39

在销售发票的表体中，单击鼠标右键，在弹出菜单中可以查看现存量、当前发票收款结算情况、当前发票预估毛利、当前发票对应的发货单、当前发票对应的出库单、当前发票对应的采购发票（必须是参照采购发票生成），还可以关闭当前发票对应的发货单。

2. 红字销售发票

红字销售发票是销售发票的逆向处理业务单据。当客户要求退货或销售折让，但用户已将原发票作账务处理时，需要向客户开具红字销售发票。

红字销售发票分为红字专用发票和红字普通发票两种。

由于红字销售发票与销售发票的业务一样，只不过是在数量上为负数，因此这里就不再详细介绍，请读者参阅销售发票的操作方式自行操作。

11.6 存货核算系统

11.6.1 日常业务

存货核算系统的日常业务主要是处理各类出入库单据，月末时对车间生产线进行盘点，从而计算当月耗用的材料成本（假退料业务）等。

入库业务的处理在存货核算系统中体现为填制"采购入库单""产成品入库单"和"其他入库单"。

出库业务的处理在存货核算系统中体现为填制"销售出库单""材料出库单"和"其他出库单"。

如果存货核算系统与采购管理系统、库存管理系统、销售管理系统集成使用，则入库、出库单据由这些系统传递过来，在存货核算系统中不能新增入库、出库单据。

可能有读者会有疑问，在库存管理系统中可以处理各种物料的出入库，在存货核算系统中也可以处理各种物料的出入库，那么库存管理系统和存货核算系统有什么区别呢？

库存管理系统的使用者是库存操作管理人员，而存核核算系统的使用者是财务部门的材料成本核算人员，库存管理系统中可以处理的调拨、盘点、补料、参照生产订单（委外订单）发料及成品入库、配比出库、限额领料、库龄分析等业务在存货核算系统中都是完不成的，而存货核算系统中的假退料、产成品成本分析、结转材料出库成本等业务在库存管理系统中也是完不成的。有的企业非常小，库存商品很少，有时就直接由财务人员兼任仓库管理和核算人员，为了简化手续和节约成本，在使用用友软件时只启用了存货核算系统，而没有启用库存管理系统，此时采购管理系统中的采购入库单会直接传递到存货核算系统的采购入库单中，销售管理系统中的销售发货单会直接传递到存货核算系统的销售出库单中，而关于仓库中的盘点或调拨业务，则可以在存货核算系统中通过其他出库单和其他入库单来完成（在库存管理系统中的调拨和盘点业务，最终也是生成其他出库单和其他入库单）。

11.6.2 成本记账

在存货核算系统中，如果要对入库和出库成本进行计算并确认，则要通过成本的核算规则（请参阅本章图 11-6 的存货核算选项设置）对业务进行记账，只有记账后业务记录与能参与成本计算。

1. 暂估业务

存货暂估是外购入库货物的发票还未到，在无法确定实际的采购成本时，财务人员在期末暂时按估计价格入账，后续按照选择的暂估处理方式进行回冲或者补差处理。

对于没有入库成本的采购入库单，只有先进行暂估成本录入，才能进行暂估成本入库。这种情况一般出现在采购入库单产生时，单价为空，并且采购发票没有到，所以还没有结算，但又需要做采购入库单的暂估成本记账。

如果之前采购入库单做了暂估成本入库，现在采购发票与采购入库单结算之后，则需要做结算成本处理。结算成本处理是将结算后的成本冲销之前的暂估成本，系统会形成红字倒冲数据，生成红字回冲单和蓝字回冲单。

 提示　红字回冲单和蓝字回冲单在用友系统中不是真的产生了两张单据，它们只是在原来的采购入库单上记录了红字回冲金额和蓝字回冲金额，所以红字回冲单和蓝字回冲单的单据号就是采购入库单的单据号。

2. 特殊单据记账

特殊单据记账的主要功能是对组装单、调拨单、形态转换单进行记账，如图 11-40 所示。这些业务单据在库存管理系统中保存并审核之后会同时生成一张其他出库单和一张其他入库单，这张其他出库单上的存货成本就是对应的这张其他入库单上的成本，所以可以通过特殊单据记账功能，自动将其他出库单上的出库成本转写到其他入库单上的入库成本上，一步就可以实现对出库和入库单据的记账，这样就不需要在正常单据记账中再分别对其他出库单和其他入库单进行记账。

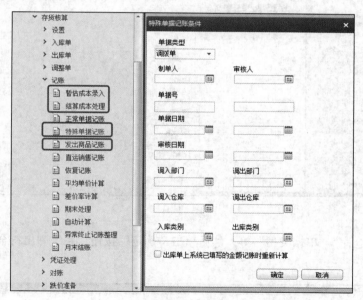

图 11-40

3. 发出商品记账

普通销售发出商品记账：如果在存货核算系统选项中选择按销售出库单核算或按销售发票核算，则在正常单据记账中进行成本核算；如果选择按发出商品核算（请参阅本章图 11-6 的存货核算选项设置），则通过"发生商品记账"功能进行单据记账，并进行成本核算。

发出商品记账方式常常用于销售出库业务和销售开票业务不在同一个会计期间（如同一个月内）的情况，因为这会使得结转主营业务成本的产生和应收账款的确认不在同一个会计期间，进而出现不匹配的情况。一般来讲，企业常常希望将主营业务成本的产生和应收账款的确认保持在同一个会计期间，但为了记录已销售出库、未销售开票的数据，就使用了发出商品记账（销售出库时，由库存商品转至发出商品；销售开票时，由发出商品转至主营业务成本）。

4．正常单据记账

正常单据记账用于将用户所输入的单据登记存货明细账、差异明细账、差价明细账、受托代销商品明细账以及受托代销商品差价账。恢复记账用于将用户已登记明细账的单据恢复到未记账状态。

使用先进先出法、后进先出法、移动平均法、个别计价法这 4 种计价方式的存货在单据记账时进行出库成本核算；使用全月平均法、计划价法、售价法计价的存货在期末处理处进行出库成本核算。

（1）展开"记账"选项，选择"正常单据记账"，系统弹出"未记账单据记账列表"窗口，如图 11-41 所示。

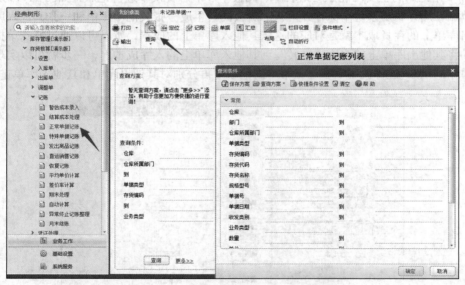

图 11-41

（2）选择"仓库""单据类型"等，然后单击"确定"按钮，系统列出符合条件的记录，如图 11-42 所示。

图 11-42

在这里可以看到，出库业务的单据是没有单价的，因为这个出库成本价是单据记账之后，根据存货核算系统选项中的核算方式和计价方式（先进先出法、后进先出法等）自动计算出来，再由系统反填回单据中的。

（3）勾选需要记账的单据，然后单击工具栏中的"记账"按钮，即可对所选的单据进行记账。

注意　出库成本的计算与所设置出库成本的计价方式有关。如果选择的是"全月平均法"，则在单据正常记账之后，还需要进行"期末处理"的操作，出库成本的单价才会由系统算出来，并反填回前面的出库单据的单价中。如果选择的是"先进先出法"，则只要单据一记账，系统就可以计算出来，并反填回单据中。

（4）经过记账之后的出入库业务单据，其成本已经由系统自动计算了出来，如图 11-43 所示。

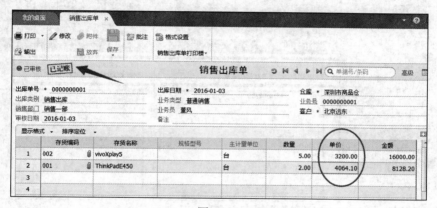

图 11-43

5. 恢复记账

如果记账前的数据尚未处理完或者需要修改，则需要恢复记账。恢复记账是将用户已登记明细账的单据恢复到未记账状态。

（1）展开"记账"选项，选择"恢复记账"，系统弹出"恢复记账"窗口，如图 11-44 所示。

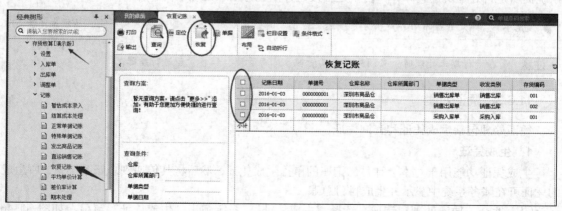

图 11-44

（2）录入过滤条件，单击"确认"按钮，然后在列出的记录上执行恢复记账操作。

注意	恢复记账的操作相当复杂，受成本计算规则的影响比较大，所以在记账和恢复记账时都需要多查看帮助提示。

6. 期末处理

期末处理用来计算按全月平均方式核算的存货的全月平均单价及其本会计月的出库成本，计算按计划价/售价方式核算的存货的差异率/差价率及其本会计月的分摊差异/差价，对已完成日常业务的仓库/部门/存货做处理标志。

（1）展开"记账"选项，选择"期末处理"，系统弹出"期末处理"窗口，如图 11-45 所示。

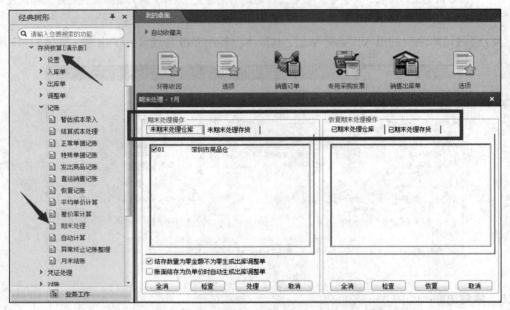

图 11-45

（2）在"未期末处理存货"选项卡中，勾选需进行期末处理的存货，然后单击"处理"按钮，系统提示是否处理所选仓库，单击"是"按钮开始进行期末处理工作。

提示	此处的显示与存货核算系统选项中设置的核算方式有关，即核算方式不同，显示也不同。

注意	在进行期末处理时，必须先对采购管理、库存管理、销售管理进行结账。

11.6.3 凭证处理

凭证处理包括生成凭证和查询凭证。

1. 生成凭证

生成凭证功能用于对本会计月已记账的单据生成凭证，然后将其传递到总账系统中，所生成的凭证可在账务系统中显示并生成科目总账。

（1）展开"凭证处理"选项，选择"生成凭证"，系统弹出"生成凭证"窗口，如图 11-46 所示。

（2）单击工具栏中的"选单"按钮，系统弹出"查询条件-生成凭证查询条件"窗口。

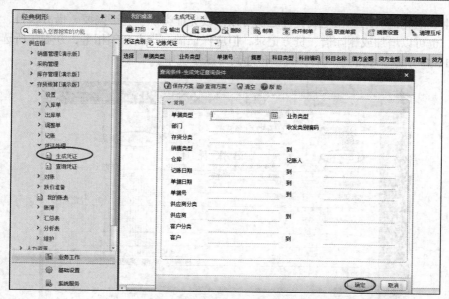

图 11-46

（3）在此输入查询条件，单击"确定"按钮，系统在"选择单据"窗口中列出所有符合条件的记录。

（4）在需要生成凭证的记录的"选择"处双击，也可以单击"全选"按钮选择所有单据，如图 11-47 所示。

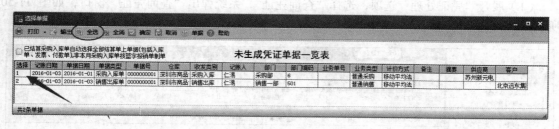

图 11-47

（5）单击工具栏中的"确定"按钮，系统再次弹出所选单据的"生成凭证"窗口，如图 11-48 所示。

选择	单据类型	业务类型	单据号	摘要	科目类型	科目编码	科目名称	借方金额	贷方金额	借方数量	贷方数量	科目方向	存货编码	存货名称	存货代码	规格型号	部门编码	部门名称	业务员编
1	采购入库单	普通采购		采购入库单	存货	1405	库存商品	76,923.08		20.00		1	001	ThinkPad E450			6	采购部	003
					对方	1401	材料采购		76,923.08		20.00	2	001	ThinkPad E450			6	采购部	003
2	销售出库单	普通销售	0000000001	销售出库单	对方	6401	主营业务成本	16,000.00		5.00		1	002	vivo Xplay5			501	销售一部	002
					存货	1405	库存商品		16,000.00		5.00	2	002	vivo Xplay5			501	销售一部	002
					对方	6401	主营业务成本	8,128.20		2.00		1	001	ThinkPad E450			501	销售一部	002
					存货	1405	库存商品		8,128.20		2.00	2	001	ThinkPad E450			501	销售一部	002
合计								101,051.28	101,051.28										

图 11-48

（6）在"生成凭证"窗口中选择需要生成凭证的凭证类别，单击工具栏中的"制单"按钮，系统显示生成的凭证。用户在生成凭证之前可以修改凭证类别、凭证摘要、借方科目、贷方科目以及金额，也可以增加或删除借、贷方记录，但应保证借、贷方金额相平，并等于所选记录的金额，如图 11-49 所示。凭证生成后，直接传递到总账系统中。

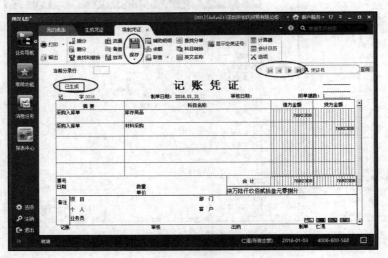

图 11-49

2. 查询凭证

查询凭证功能用于查询本会计年度存货核算系统的凭证。

（1）展开"凭证处理"选项，选择"查询凭证"，系统弹出"查询凭证"窗口，如图 11-50 所示。

图 11-50

（2）在此输入凭证查询条件后，单击"确定"按钮，系统打开"凭证列表"窗口，并在其中显示所有符合条件的记录，选中指定记录，单击工具栏中的"单据"按钮，打开"凭证联查单据列表"窗口，在此查询生成该记录的原始单据，再双击具体的单据，即可打开该单据窗口。

课后习题

（1）画出业务系统（采购管理系统、库存管理系统、存货核算系统、销售管理系统）的数据传递关系图。

（2）采购结算的意义是什么？

（3）如何删除采购结算记录？

实验九　业务系统

【实验目的】

1. 掌握业务系统的基本功能。

2. 掌握业务系统的参数设置。

3. 掌握业务系统的初始化数据录入。

4. 掌握业务系统的日常操作。

【实验内容】

1. 系统参数设置。

2. 初始化数据录入。

3. 销售模块应用。

4. 采购模块应用。

5. 仓库模块应用。

6. 存货核算系统材料成本的核算。

7. 报表的查询。

【实验资料】

1. 仓库档案（见表 11-4）。

表 11-4　　　　　　　　　　　　　　　　仓库档案

代码	名称
1	原材仓
2	半成品仓
3	成品仓

2. 物料档案（见表 11-5）。

表 11-5　　　　　　　　　　　　　　　　物料档案

物料大类	1 原材料			3 产成品
代码	101	102	103	301
名称	K-16GB 盘	K-32GB 盘	木纹包装盒	16GB 盘
规格型号	—	—	20cm×8 cm×4cm	—
物料属性	外购	外购	外购	自制
计量单位组	数量组	数量组	数量组	数量组

续表

物料大类	1 原材料			3 产成品
基本计量单位	支	支	个	支
计价方法	加权平均法			
存货科目代码	1403	1403	1403	1405
销售收入科目代码	6001	6001	6001	6001
销售成本科目代码	6401	6401	6401	6401

 说明　301 是由 101 与 103 包装而成。

3. 仓库期初数据（见表 11-6）。

表 11-6　　　　　　　　　　仓库期初数据

仓库名称	物料代码	物料名称	期初数量	期初金额/元
原材仓	1.01	K-16GB 盘	80	2 840
原材仓	1.02	K-32GB 盘	17	2 720
原材仓	1.03	木纹包装盒	120	240
成品仓	3.01	16GB 盘	80	3 200

4. 采购入库单（见表 11-7）。

表 11-7　　　　　　　　　　采购入库单

日期	供应商	物料代码	物料名称	收料仓库	单位	实收数量	含税单价/元	含税金额/元
2016-01-11	广州速龙数据公司	1.01	K-16GB 盘	原材仓	支	400	41.5	16 600
2016-01-12	广州唯安包装公司	1.03	木纹包装盒	原材仓	个	500	2	1 000

 说明　广州速龙数据公司供应商需要新增。

5. 领料单（见表 11-8）。

表 11-8　　　　　　　　　　领料单

日期	领料部门	物料代码	物料名称	发料仓库	单位	实发数量
2016-01-13	生产部	1.01	笔芯	原材仓	支	420
2016-01-13	生产部	1.04	纸箱	原材仓	个	420

6. 成品入库单（见表 11-9）。

表 11-9　　　　　　　　　　成品入库单

日期	领料部门	物料代码	物料名称	收料仓库	单位	实收数量
2016-01-16	生产部	3.01	16GB 盘	成品仓	支	420

7.销售出库单（见表 11-10）。

表 11-10 　　　　　　　　　　　　　　**销售出库单**

日期	客户	物料代码	物料名称	发货仓库	单位	实收数量	含税价
2016-01-20	上海常星礼品公司	3.01	16GB 盘	成品仓	支	500	70

8. 2016 年 1 月 25 日付 5 000 元货款给广州浩友塑胶制品厂。

9. 2016 年 1 月 28 日收上海常星礼品公司 30 000 元货款。

【实验步骤】

1. 以"贺君兰"的自份登录账套，建立仓库档案。

2. 建立物料档案。

3. 选择"系统设置"→"初始化"→"仓存管理"→"系统参数设置"选项，启用期间设置为 2016 年 1 月，其他保持默认。

4. 录入仓库期初数据。

5. 启用业务系统。

6. 以"叶小英"的身份登录账套，录入采购入库数据，并进行审核。

说明　广州速龙数据公司供应商需要新增。

---

7. 以"李丽"的身份登录账套，录入领料单并审核。

8. 录入成品入库单并审核。

9. 录入销售出库单并审核。

10. 以参考仓库单据的方式生成采购发票和销售发票，默认为增值税专用发票，税率都为17%。

11. 2016 年 1 月 25 日付广州浩友塑胶制品厂货款，以引用"发票"作为源单生成付款单，本次付款 5 000 元，并且生成凭证。

12. 2016 年 1 月 28 日收上海常星礼品公司货款，以引用"发票"作为源单生成收款单，本次收款 30 000 元，并且生成凭证。

13. 进行存货核算处理，将相关单据生成凭证。

14. 查询存货核算下的材料明细账和存货收发存汇总表。

实操考试（1）

涉及模块：总账、报表。

涉及内容：建立账套、用户管理、初始化设置、会计科目管理、期初数据录入、各类凭证录入、凭证查询、凭证审核、凭证过账、期末转账、期末调汇、账表查询、资产负债表、损益表和期末结账。

考试要求：完成从初始化到出财务报表的一系列流程。

检查要点：每一张凭证上的制单人是否为考生的姓名，报表输出是否符合要求。

考试说明：当出现"姓名"时，表示为当前考生的姓名。

考试目的：防止考生使用账套恢复功能互相导入，从而作弊。

一、账套信息和用户

1. 建立账套。

账套号：考生学号。

账套名称：考生姓名 A（如考生是"贺君兰"，则录入"贺君兰 A"）。

账套路径：系统默认值。

公司名称：考生姓名 A。

注意 建账时选择"2007 年新会计制度"。

2. 系统启用参数设置。

设置会计期间：2016 年 1 月 1 日～2016 年 12 月 31 日。

3. 总账参数设置。

启用会计年度：2016 年。

启用会计期间：1 月。

4. 用户名、权限及分工，见考试表 1-1。

考试表 1-1 用户名、权限及分工

用户名	权限	分工
考生姓名 A	账套主管	负责审核"考生姓名 B"录入的业务数据并出报表
考生姓名 B	基础资料、总账、报表	负责凭证录入等日常业务

二、基础设置

1. 新增 HKD—港币，汇率为 0.81。

2. 新增"记"凭证字。

3. 建立客户和供应商档案，见考试表 1-2。

考试表 1-2 客户和供应商

客户		供应商	
代码	名称	代码	名称
01	深圳 A 客户	01	A 供应商
02	深圳 B 客户	02	B 供应商

4. 新增和修改会计科目，见考试表 1-3。

考试表 1-3 新增和修改会计科目

科目代码	科目名称	币别核算	期末调汇	核算项目
100201	中国工商银行开远东桥支行 125	否	否	
100202	中国银行东桥支行 128	单一外币（港币）	是	
1122	应收账款			客户
2202	应付账款			供应商
400101	何成越			
400102	王成明			
500101	基本生产成本			
50010101	直接材料			
50010102	直接人工			
50010103	制造费用转入			
510101	折旧费			
510102	员工工资			
660101	差旅费			
660102	业务招待费			
660103	业务员工资			
660201	办公费			
660202	伙食费			
660203	管理员工资			
660204	折旧费			

三、期初数据

1. 客户期初余额，见考试表 1-4。

考试表 1-4 客户期初余额 单位：元

客户	日期	应收账款	预收账款	期初余额
深圳 A 客户	2015-12-31	13 000		13 000
深圳 B 客户	2015-12-31	25 000		25 000

2. 供应商期初余额，见考试表 1-5。

考试表 1-5		供应商期初余额		单位:元
客户	日期	应付账款	预付账款	期初余额
A 供应商	2015-12-31	8 000		8 000

3. 科目期初余额，见考试表 1-6。

考试表 1-6　　　　　　　　　　　　　科目期初余额　　　　　　　　　　　　单位：元

科目代码	科目名称	方向	期初余额
1001	人民币	借	5 000
100201	中国工商银行开远东桥支行 125	借	285 000
1122	应收账款	借	38 000
1403	原材料	借	56 000
1601	固定资产	借	156 000
1602	累计折旧	贷	32 000
2202	应付账款	贷	8 000
400101	何成越	贷	250 000
400102	王成明	贷	250 000

四、日常业务资料

1. 以"考生姓名 B"的身份录入考试表 1-7 中的所有凭证，注意部分科目的新增和客户档案的新增。

考试表 1-7　　　　　　　　　　　　　　　凭证　　　　　　　　　　　　　　　单位：元

凭证号	日期	摘要	会计科目	币别	汇率	原币金额	借方	贷方
记-1	2016-01-08	实收投资款	100202 中国银行东桥支行 128	HKD	0.81	100 000	81 000	
			400102　王成明					81 000
记-2	2016-01-12	业务部经理报销招待费	660102 业务招待费				2 350	
			1001 现金					2 350
记-3	2016-01-13	向 A 供应商采购一批原材料	1403 原材料				45 000	
			22210101 进项税				7 650	
			2202 应付账款——A 供应商					52 650
记-4	2016-01-15	给 A 供应商支付部分货款	2202 应付账款——A 供应商				30 000	
			100201 中国工商银行开远东桥支行 125					30 000
记-5	2016-01-17	销售 C 客户产品	1122 应收账款——C 客户				81 900	
			6001 主营业务收入					70 000
			22210105 销项税					11 900
记-6	2016-01-18	收到 A 客户货款	100201 中国工商银行开远东桥支行 125				13 000	
			1122 应收账款——深圳 A 客户					13 000

续表

凭证号	日期	摘要	会计科目	币别	汇率	原币金额	借方	贷方
记-7	2016-01-22	购买荣威350	1601 固定资产				95 600	
			100201 中国工商银行开远东桥支行 125					95 600
记-8	2016-01-31	本期生产领料	50010101 直接材料				38 970	
			1403 原材料					38 970
记-9	2016-01-31	期末固定资产计提折旧	510101 折旧费				1 200	
			660204 折旧费				2 150	
			1602 累计折旧					3 350

2. 以"考生姓名 A"的身份进行凭证的审核和过账。

3. 期末调汇，港币期末汇率为 0.80。

4. 自定义期末结转凭证模板，并且生成相应的凭证。

5. 期末结转损益。

6. 生成资产负债表和损益表，调整格式，以 A4 纸张作为打印纸张输出。

7. 会查询各种账簿和报表（条件允许安装 PDF 打印机，让考生输出 PDF 格式文件并上交）。

实操考试（2）

涉及模块：账务处理、报表、固定资产、工资、采购、销售、库存、存货核算和应收应付。

涉及内容：建立账套、用户管理、初始化设置、应收和应付往来处理、固定资产卡片处理、现金管理、凭证处理和出财务报表。

考试要求：进行标准财务模块数据关系流转的操作，懂这些模块的操作方法。

考试说明：当出现"姓名"时，表示为当前考生的姓名。

考试目的：防止考生使用账套恢复功能互相导入，从而作弊。

一、账套信息和用户

1. 建立账套。

账套号：考生学号 2。

账套名称：考生姓名 B（如考生是"贺君兰"，则录入"贺君兰 B"）。

账套路径：系统默认值。

公司名称：考生姓名 B。

注意 ┃ 建账时选择"2007 年新会计制度"。

2. 账套启用参数设置。

设置会计期间：2016 年 1 月 1 日～2016 年 12 月 31 日。

3. 总账参数设置。

启用会计年度：2016 年。

启用会计期间：1 月。

勾选"凭证过账前必须审核"复选框。

4. 应收款管理参数设置。

启用会计年度：2016 年。

启用会计期间：1 月。

设置"坏账计提方法"和"科目设置"。

5. 应付款管理参数设置。

启用会计年度：2016 年。

启用会计期间：1 月。

设置"科目设置"。

6. 固定资产管理参数设置。

启用会计年度：2016 年。

启用会计期间：1 月。

7. 出纳管理参数设置。

启用会计年度：2016 年。

启用会计期间：1 月。

8. 工资新增一个"总类别"。
9. 用户名、权限及分工见考试表 2-1。

考试表 2-1   用户名、权限及分工

用户名	权限	分工
考生姓名 A	账套主管	负责审核"考生姓名 B"录入的业务数据并出报表
考生姓名 B	账套主管	负责日常业务处理，如凭证录入、固定资产和工资录入

二、基础设置

1. 新增 HKD—港币，汇率为 0.81。
2. 新增"记"凭证字。
3. 建立考试表 2-2～考试表 2-4 的基础资料。

考试表 2-2   客户和供应商

客户		供应商	
代码	名称	代码	名称
01	深圳 A 客户	01	A 供应商
02	深圳 B 客户	02	B 供应商

考试表 2-3   计量单位

组别	代码	名称	系数
数量组	11	台	1

考试表 2-4   部门及职员

部门		职员		
代码	名称	代码	姓名	部门
01	总经办	01	何成越	总经办
02	财务部	02	考生姓名 A	财务部
03	销售部	03	考生姓名 B	财务部
04	采购部	04	郝达	销售部
05	仓库	05	张琴	采购部
06	生产部	06	王平	仓库
07	品管部	07	张强	生产部
08	行政部	08	赵理	生产部
		09	李小明	生产部
		10	李大明	生产部
		11	王长明	品管部
		12	李闯	行政部

4. 建立一个固定资产类别为"办公设备"，建立一个存放地点为"公司办公楼"。

5. 新增和修改会计科目，见考试表 2-5。

考试表 2-5   **新增和修改会计科目**

科目代码	科目名称	币别核算	期末调汇	核算项目
100201	中国工商银行开远东桥支行 125	否	否	
100202	中国银行东桥支行 128	单一外币（港币）	是	
1122	应收账款			客户
2202	应付账款			供应商
400101	何成越			
400102	王成明			
500101	基本生产成本			
50010101	直接材料			
50010102	直接人工			
50010103	制造费用转入			
510101	折旧费			
510102	员工工资			
660101	差旅费			
660102	业务招待费			
660103	业务员工资			
660201	办公费			
660202	伙食费			
660203	管理员工资			
660204	折旧费			

三、期初数据

1. 应收客户期初余额，见考试表 2-6，在应收款管理系统的"初始化"模块中进行处理。

考试表 2-6   **应收客户期初余额**   单位：元

客户	日期	应收账款	预收账款	期初余额
深圳 A 客户	2015-12-31	13 000		13 000
深圳 B 客户	2015-12-31	25 000		25 000

2. 应付供应商期初余额，见考试表 2-7，在应付款管理系统的"初始化"模块中进行处理。

考试表 2-7   **应付供应商期初余额**   单位：元

客户	日期	应付账款	预付账款	期初余额
A 供应商	2015-12-31	8 000		8 000

3. 固定资产初始卡片，见考试表 2-8。

考试表 2-8   固定资产初始卡片   余额单位：元

基本信息		部门及其他		原值与折旧	
资产类别	办公设备	固定资产科目	1601	币别	人民币
资产编码	B001	累计折旧科目	1602	原币金额	9 800
名称	IBM 手提电脑	使用部门	总经办	开始使用日期	2015-06-07
计量单位	台	折旧费用科目	660204	预计使用期间数	60
数量	1			已使用期间数	6
入账日期	2015-06-07			累计折旧	882
存放地点	公司办公楼			预计净残值	980
使用状况	正常使用			折旧方法	平均年限法（基于入账原值和预计使用期间）
变动方式	购入				

4. 科目期初余额，见考试表 2-9。

考试表 2-9   科目期初余额   单位：元

科目代码	科目名称	方向	期初余额
1001	人民币	借	5 000
100201	中国工商银行开远东桥支行 125	借	448 082
1122	应收账款	借	38 000
1403	原材料	借	8 000
1601	固定资产	借	9 800
1602	累计折旧	贷	882
2202	应付账款	贷	8 000
400101	何成越	贷	250 000
400102	王成明	贷	250 000

四、日常业务资料

1. 以"考生姓名 B"的身份录入考试表 2-10 中的其他应付单据。

考试表 2-10   其他应付单据   单位：元

日期	供应商	金额
2016-01-11	A 供应商	12 500
2016-01-12	B 供应商	90 000

2. 以"考生姓名 B"的身份录入考试表 2-11 中的其他应收单据。

考试表 2-11   其他应收单据   单位：元

日期	客户	金额
2016-01-20	C 客户	83 000

3. 支付 A 供应商货款，以引用"其他应付单"作为源单生成付款单，本次付款 12 000 元。

4. 收到深圳 A 客户的货款，以引用"其他应收单"作为源单生成收款单，本次收款 13 000 元。

5. 其他应付单生成凭证，付款单生成凭证。

6. 其他应收单生成凭证，收款单生成凭证。

7. 在"总工资"类别中，引入所有的部门和职员，然后核算工资，生成费用分配凭证。

8. 计提固定资产折旧。

9. 以"考生姓名 B"的身份录入考试表 2-12 中的所有凭证，注意部分科目的新增和客户档案的新增。

考试表 2-12　　　　　　　　　　　　　　凭证　　　　　　　　　　　　　　金额单位：元

凭证号	日期	摘要	会计科目	币别	汇率	原币金额	借方	贷方
记-1	2016-01-08	实收投资款	100202 中国银行东桥支行 128	HKD	0.81	100 000	81 000	
			400102 王成明					81 000
记-2	2016-01-12	业务部经理报销招待费	660102 业务招待费				2 350	
			1001 现金					2 350

10. 以"考生姓名 A"的身份进行凭证的审核和过账。

11. 期末调汇，港币期末汇率为 0.80。

12. 自定义期末结转凭证模板，并且生成相应的凭证。

13. 期末结转损益。

14. 生成资产负债表和损益表，调整格式，以 A4 纸张作为打印纸张输出。

15. 会查询各种账簿和报表（条件允许安装 PDF 打印机，让考生输出 PDF 格式文件并上交）。

实操考试（3）

涉及模块：账务处理、报表、固定资产、工资、采购、销售、库存、存货核算和应收应付。

涉及内容：建立账套、用户管理、初始化设置、进销存单据处理、材料成本核算、应收应付往来处理、固定资产卡片处理、出纳管理、凭证处理和出财务报表。

考试要求：进行财务业务一体化数据关系流转的操作，懂这些模块的操作方法（熟练程度为"会操作"即可）。

考试说明：当出现"姓名"时，表示为当前考生的姓名。

考试目的：防止考生使用账套恢复功能互相导入，从而作弊。

一、账套信息和用户

1. 建立账套。

账套号：考生学号 3。

账套名称：考生姓名 C（如考生是"贺君兰"，则录入"贺君兰 B"）。

账套路径：系统默认值。

公司名称：考生姓名 C。

注意 ┃ 建账时选择"2007 年新会计制度"。

2. 账套启用参数设置。

设置会计期间：2016 年 1 月 1 日～2016 年 12 月 31 日。

3. 财务所有模块参数设置。

启用会计年度：2016 年。

启用会计期间：1 月。

4. 进销存参数设置。

启用会计年度：2016 年。

启用会计期间：1 月。

5. 用户名、权限及分工见考试表 3-1。

考试表 3-1 　　　　　　　　　　　　用户名、权限及分工

用户名	权限	分工
考生姓名 B	账套主管	负责审核"考生姓名 C"录入的业务数据并出报表
考生姓名 C	账套主管	负责日常业务处理，如单据录入、凭证录入、固定资产和工资录入

二、基础设置

1. 新增 HKD—港币，汇率为 0.81。

2. 新增"记"凭证字。

3. 建立考试表 3-2～考试表 3-6 的基础资料。

考试表 3-2   客户和供应商

客户		供应商	
代码	名称	代码	名称
01	深圳 A 客户	01	A 供应商
02	深圳 B 客户	02	B 供应商

考试表 3-3   计量单位

组别	代码	名称	系数
数量组	11	PCS	1
其他组	21	台	1
	22	辆	1

考试表 3-4   部门及职员

部门		职员		
代码	名称	代码	姓名	部门
01	总经办	01	何成越	总经办
02	财务部	02	考生姓名 B	财务部
03	销售部	03	考生姓名 C	财务部
04	采购部	04	郝达	销售部
05	仓库	05	张琴	采购部
06	生产部	06	王平	仓库
07	品管部	07	张强	生产部
08	行政部	08	赵理	生产部
		09	李小明	生产部
		10	李大明	生产部
		11	王长明	品管部
		12	李闯	行政部

考试表 3-5   仓库

代码	名称
01	原材仓
02	半成品仓
03	成品仓

考试表 3-6   物料

物料大类	1 原材料				3 产成品
代码	1.01	1.02	1.03	1.04	3.01

续表

物料大类	1 原材料				3 产成品
名称	笔芯	笔壳	笔帽	纸箱	圆珠笔
规格型号	蓝色	—	蓝色	500PCS 装	蓝色
物料属性	外购	外购	外购	外购	自制
计量单位组	数量组	数量组	数量组	数量组	数量组
基本计量单位	PCS	PCS	PCS	PCS	PCS
计价方法	加权平均法				
存货科目代码	1403	1403	1403	1403	1405
销售收入科目代码	6001	6001	6001	6001	6001
销售成本科目代码	6401	6401	6401	6401	6401

4. 建立一个固定资产类别为"办公设备"，建立一个存放地点为"公司办公楼"。

5. 新增和修改会计科目，见考试表 3-7。

考试表 3-7   新增和修改会计科目

科目代码	科目名称	币别核算	期末调汇	核算项目
100201	中国工商银行开远东桥支行 125	否	否	
100202	中国银行东桥支行 128	单一外币（港币）	是	
1122	应收账款			客户
2202	应付账款			供应商
400101	何成越			
400102	王成明			
500101	基本生产成本			
50010101	直接材料			
50010102	直接人工			
50010103	制造费用转入			
510101	折旧费			
510102	员工工资			
660101	差旅费			
660102	业务招待费			
660103	业务员工资			
660201	办公费			
660202	伙食费			
660203	管理员工资			
660204	折旧费			

三、期初数据

1. 存货期初余额，见考试表 3-8。

考试表 3-8　　　　　　　　　　　　**存货期初余额**

仓库名称	物料代码	物料名称	期初数量/支	期初余额/元
原材仓	101	笔芯—蓝色	10 000	1 000

2. 应收客户期初余额，见考试表 3-9。

考试表 3-9　　　　　　　　　　　　**应收客户期初余额**　　　　　　　　　　　　单位：元

客户	日期	应收账款	预收账款	期初余额
深圳 A 客户	2015-12-31	13 000		13 000
深圳 B 客户	2015-12-31	25 000		25 000

3. 应付供应商期初余额，见考试表 3-10。

考试表 3-10　　　　　　　　　　　　**应付供应商期初余额**　　　　　　　　　　　　单位：元

客户	日期	应付账款	预付账款	期初余额
A 供应商	2015-12-31	8 000		8 000

4. 固定资产期初余额，见考试表 3-11。

考试表 3-11　　　　　　　　　　　　**固定资产期初余额**　　　　　　　　　　　　金额单位：元

基本信息		部门及其他		原值与折旧	
资产类别	办公设备	固定资产科目	1601	币别	人民币
资产编码	B001	累计折旧科目	1602	原币金额	9800
名称	IBM 手提电脑	使用部门	总经办	开始使用日期	2015-06-07
计量单位	台	折旧费用科目	660204	预计使用期间数	60
数量	1			已使用期间数	6
入账日期	2015-06-07			累计折旧	882
存放地点	公司办公楼			预计净残值	980
使用状况	正常使用			折旧方法	平均年限法（基于入账原值和预计使用期间）
变动方式	购入				

5. 科目期初余额，见考试表 3-12。

考试表 3-12　　　　　　　　　　　　**科目期初余额**　　　　　　　　　　　　单位：元

科目代码	科目名称	方向	期初余额
1001	人民币	借	5 000
100201	中国工商银行开远东桥支行 125	借	448 082
1122	应收账款	借	38 000
1403	原材料	借	8 000
1601	固定资产	借	9 800
1602	累计折旧	贷	882
2202	应付账款	贷	8 000

续表

科目代码	科目名称	方向	期初余额
400101	何成越	贷	250 000
400102	王成明	贷	250 000

四、日常业务资料

1. 以"考生姓名 C"的身份录入考试表 3-13～表 3-16 的业务单据，并进行审核。

考试表 3-13 采购入库单 金额单位：元

日期	供应商	物料代码	物料名称	收料仓库	单位	实收数量	含税单价	含税金额
2016-01-11	A 供应商	101	笔芯	原材仓	PCS	10 000	1	10 000
		104	纸箱	原材仓	PCS	500	5	2 500
2016-01-12	B 供应商	102	笔壳	原材仓	PCS	20 000	3	60 000
		103	笔帽	原材仓	PCS	20 000	1.5	30 000

考试表 3-14 生产领料单

日期	领料部门	物料代码	物料名称	发料仓库	单位	实发数量
2016-01-13	生产部	101	笔芯	原材仓	PCS	10 000
		102	笔壳	原材仓	PCS	10 000
		103	笔帽	原材仓	PCS	10 000
		104	纸箱	原材仓	PCS	20

考试表 3-15 产品入库单

日期	领料部门	物料代码	物料名称	收料仓库	单位	实收数量
2016-01-16	生产部	301	圆珠笔	成品仓	PCS	10 000

考试表 3-16 销售出库单

日期	客户	物料代码	物料名称	发货仓库	单位	实收数量	含税价/元
2016-01-20	C 客户	301	圆珠笔	成品仓	PCS	10 000	8.30

2. 以参考仓库单据的方式生成采购发票和销售发票，默认为增值税专用发票，税率都为 17%。

3. 支付 A 供应商货款，以引用"发票"作为源单生成付款单，本次付款 12 000 元，并且生成凭证。

4. 收到深圳 A 客户的货款，以引用"发票"作为源单生成收款单，本次收款 13 000 元，并且生成凭证。

5. 进行存货核算处理，做出相关单据并生成凭证。

6. 建立一个"总工资"类别，并引入所有的部门和职员，然后核算工资，生成费用分配凭证。

7. 计提固定资产折旧。

8. 以"考生姓名 C"的身份录入考试表 3-17 中的所有凭证，注意部分科目的新增和客户档案的新增。

考试表 3-17   凭证   金额单位：元

凭证号	日期	摘要	会计科目	币别	汇率	原币金额	借方	贷方
记-1	2016-01-08	实收投资款	100202 中国银行东桥支行 128	HKD	0.81	100 000	81 000	
			400102 王成明					81 000
记-2	2016-01-12	业务部经理报销招待费	660102 业务招待费				2 350	
			1001 现金					2 350

9. 以"考生姓名 B"的身份进行凭证的审核和过账。

10. 期末调汇，港币期末汇率为 0.80。

11. 自定义期末结转凭证模板，并且生成相应的凭证。

12. 期末结转损益。

13. 生成资产负债表和损益表，调整格式，以 A4 纸张作为打印纸张输出。

14. 会查询各种账簿和报表（条件允许安装 PDF 打印机，让考生输出 PDF 格式文件并上交）。

附录 课后习题答案

第1章

（1）会计信息系统是管理信息系统的一个子系统，是企事业单位用于处理会计业务，收集、存储、传输和加工各种会计数据，输出会计信息，并将其反馈给各有关部门，为企业的经营活动和决策提供帮助，为投资人、债权人、政府部门提供财务信息的系统。

（2）会计核算系统、会计管理系统、会计决策支持系统。

（3）提高了数据的准确性；提高了数据的处理速度；提高了会计信息的系统性、全面性；提高了会计信息的共享性。

（4）计算机硬件、计算机软件、数据、会计规范、人员。

（5）理论研究与定点开发阶段、第一批商品化会计软件开发阶段、商品化会计软件不断成熟阶段、财务一体化管理 ERP 阶段。

（6）规范会计科目体系，整理期初数据；往来账户的清理；银行账的清理；存货的清理；固定资产的清理。

（7）模块组成和各模块之间的数据流向如图 1-2 所示。

第2章

（1）

1. 硬件环境
- 服务器：双核 CPU 或以上，内存 8GB 或以上，硬盘剩余空间大于 200GB。
- 客户端：内存 4GB 或以上，硬盘剩余空间大于 100GB。
2. 软件环境
- 服务器：操作系统为 Windows 2003/2008/2016 Server 及以上。
- 客户端：操作系统无需求。
- 网络协议：TCP/IP。

（2）用友 U8 使用的后台数据库为 SQL Server 2008 及以上。

第3章

（1）两种，一是系统管理员（admin），二是账套主管；其权限如表 3-1 所示。

（2）有限制，最多可以同时存在 999 套账。

（3）两种，分别是手工备份和自动备份。

（4）将备份出来的账套文件中的"uferpact.lst"文件以文本文件方式打开，将里面的账套编号信息修改成自己需要复制的账套编号，保存文件，再恢复账套即可。

第4章

（1）会计科目是填制会计凭证、登记会计账簿和编制会计报表的基础。

（2）用户可以给明细的科目指定一个对应的受控系统。在用户录入应收应付系统中的收付款等单据时，系统将只允许使用那些被指定为受控于应收应付系统的科目。在总账中填制记账凭证时，系统不允许使用受控系统中的会计科目，受控系统科目的记账凭证只能由受控系统生成并传递到总账系统中。

（3）因为在经济业务发生时使用的记账汇率与期末调整汇率的差异，所以通过期末调整汇兑损益功能时，系统自动按对应期间的调整汇率折算，并调整汇兑损益额度。

（4）如果要启用销售管理系统、应收款管理系统，则必须要设置客户档案。如果在总账系统中，将往来科目（如应收款、预收款）的辅助核算设置为"客户往来"时，也需要设置客户档案。

（5）使用供应链系统时必须设置存货档案，以供各种出、入库单据引用存货信息。

第5章

（1）制单人与审核人不能为同一人。

（2）可以恢复。

（3）总账系统提供8种转账形式，分别是自定义结转、对应结转、销售成本结转、售价（计划价）销售成本结转、汇兑损益结转、期间损益结转、自定义比例结转、费用摊销和预提。

（4）本期所有凭证已经记账，如果其他业务系统（如固定资产管理系统、薪资管理系统等）已被启用，则需要所有业务系统都先结账之后，总账才能结账。

第6章

（1）在"格式"状态下，可以设计报表的格式和取数公式，但不能进行数据的录入或计算等操作；在"数据"状态下，可以看到报表的全部内容，包括格式和数据，但此时不能修改格式和取数公式。

（2）可以。在"格式"状态下通过对公式单元的设置，可以取指定账套、指定年度的数据。

（3）支持。在"格式"状态下对公式单元进行设置时，可以包含未记账凭证。

第7章

（1）

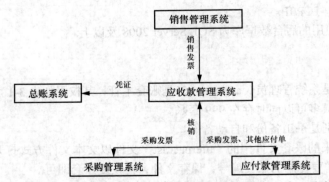

（2）3种方式，分别是销售收入百分比法、应收账款余额百分比法、账龄分析法。

（3）4种，分别是应收冲应收、预收冲应收、应收冲应付、红票对冲。

第8章

（1）可以不同步启用。

（2）可以不计提折旧，选中系统参数中的"不折旧"选项即可。

（3）当期已进行变动的资产不能清理。

（4）可通过资产减少功能进行处理。

（5）不一定操作，当系统没有使用工作量折旧固定资产时，可以不使用该功能。

第9章

（1）不是，提供了多种工资类别。

（2）可以。

第10章

（1）可以导入。

（2）可以自定义。

第11章

（1）

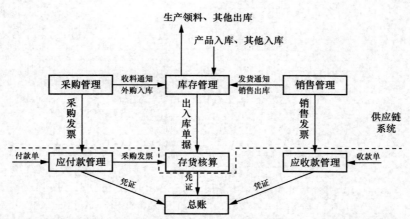

（2）采购结算也称采购报账，是指采购核算人员根据采购入库单、采购发票核算采购入库成本。

（3）通过删除采购结算列表来取消采购结算。